NATURAL JUSTICE
Ken Binmore

＊叢書《制度を考える》
正義のゲーム理論的基礎

ケン・ビンモア [著]

栗林寛幸 [訳]　須賀晃一 [解説]

NTT出版

Copyright©2005 by Oxford University Press, Inc.
"Natural Justice" was originally published in English in 2005. This
Translation is published by arrangement with Oxford University Press.

まえがき
Preface

　1984年，私はカナダで開催される社会選択理論の権威ある学会で報告しないかという急な招待を思わず引き受けた．研究のストックに何も関連するものを持ち合わせていなかったので，私はそれまでにほんの1，2回考えを巡らしただけのテーマについて，すぐに論文をまとめにかかった．

　ジョン・ロールズの名著『正義論』は，ある社会の市民たちが集まって新しい社会契約を立案するという架空のシナリオを提案する．ロールズは，市民たちの同意する社会契約が公平であるためには，交渉中に人々の社会的地位・役割が知られてはならないという．そうすれば，各市民には，最終的な取り決めに組み込まれる不正義の犠牲になることを恐れる理由が等しくあることになる．私の着想は，そうしたロールズ流の無知のヴェールが提起する交渉問題に対して，当時アリエル・ルービンシュタインが考案していた合理的交渉の理論を適用することであった．

　4週間後，会議場へ到着した日の朝，私はほとんど知らない人だらけの多くの聴衆に向かってこのテーマに関する論文を紹介した．報告の後，背の高い紳士が席を立ち，自分はジョン・ロールズであると自己紹介をした．彼が知り尽くしていたテーマについて，私は事実上何も知らなかったにもかかわらずほぼ即興で話をしていたことを考えると，彼の親切はとても義務感のみのなせるわざではなかった．特に，いまでこそ知っているのであるが，彼はその頃までに政治哲学を探求するための道具としての経済学に対する信頼を

失っていたからである．しかしながら，その後も彼が引き続き励ましてくれたおかげで，私は哲学的にやり残したままになっていたことを片づけた後に研究の中身を出版できる形にまとめる価値があると考えるようになった．

1994年，私は依然としてやりかけの仕事を片づけていたが，途中でさじを投げそうになったこともあった．公平規範の科学理論のための適切な基礎を築く試みは，私が意識していなかった新しい未解決の問題を次から次へとあぶり出したからである．イマニュエル・カントに取り組んだことのある者ならば，この格闘が果てしないという気持ちが少しはわかるのではないだろうか．私はミシガン大学の図書館にあるカントの著書をすべて読み，ロールズはカントの定言命法を操作可能にしているだけだという主張の真相に迫ろうとしていたのである．しかし，この努力のおかげで私は救われることになった．私が読み進めていたのは，曖昧な散文体の他には何もまとわない裸の王様だったのだ，ということを私はしだいに理解したのである．

カントは決して自分の主張のまともな擁護論を提示しない．『道徳形而上学の基礎づけ』においてさえ．彼の定言命法はいわゆるフォーク定理を大げさに表現しただけで，つまるところ，「みんながそんなことをしたらどうなるか考えて？」という，私の母が好んだ叱り文句に身を晒すようなことをするのは不道徳だ，というわけである．**合理的な理由によりこの原理を尊重すべきだ**というカントの主張は，どこからともなく魔法のように呼び出されたものである．ところが，カントは歴史上で最も偉大な哲学者として広く認められている．彼の道徳哲学者としての名声が，単に囚人のジレンマに関する謬見のひとつを他の誰よりも先に作り出したことに基づく，ということが本当にあり得るのだろうか．

かつて私がロンドン・スクール・オブ・エコノミクスの数学部長を務め，そこでカール・ポパーと知り合う機会がなかったならば，こんなことを言うのはとんでもないことで，まじめな検討に値しないと考えていただろう．ポパーのやり方はあまり魅力的であったとは言えないが，彼がプラトンの『国家』から引用した箇所を読むだけでわかることがある．ポパーの『開かれた社会とその敵』は，プラトンが合理的リベラリズムの創始者であるという通説がプラトンの実際の信念に一致するなどということを見事に否定している

のである．現代の用語で言えば，プラトンはファシストであって，人間はすべてリーダーを熱望するため，許可なしには誰も「床を出て，動き回り，顔を洗い，食事をとる」べきでないとさえ考えていた．哲学界がこのような青臭い権威主義を洗練された議論のモデルに変換できたのであれば，演繹的推論のルールを回避しようとするカントの試みに対しても同じことをしたのではないだろうか．

　数学者の友人や同僚はまったく助けにならなかった．なぜなら，彼らは論理的思考に鍛えられているため，私よりもはるかに早くカントを見放したからである．そこで私は哲学者に接近し，私の異端の考えをぶつけてみた．私との対話に前向きな人たちは3種類に分かれた．第一の哲学者たちは，定言命法が囚人のジレンマでの協力を求めることに同意し，ゲーム理論は見当違いで無意味である，とはねつけた．第二の集団の説明では，カントの格率概念や普遍的法則はきわめて微妙なため，囚人のジレンマで協力することが合理的であるか否かについて断定的な答えを与えることはできない，とのことであった．しかしながら，私が黄金を掘り当てたのは，デイヴィッド・ヒュームの著作を読むことを勧めてくれた第三の哲学者たちによってであった．

　私は，正真正銘，史上最も偉大な哲学者と呼ぶにふさわしい著者を読んでいるということを直ちに実感したわけではない．ご多分にもれず，私は彼が英語を使う偉大な名文家であるという事実に惑わされ，彼の創造的な天才を見抜けなかった．今日であれば，彼はバスで出会った人に対してまるで単なる会話を交わすかのように，どちらの側にも違和感を抱かせることなく量子物理学の説明をしていることだろう．ところが，財の品質を価格によって評価する傾向は哲学にも持ち込まれている．当然，カントを読解するために格闘した長時間は彼の思想の深遠さと独創性の尺度となっているはずではなかろうか．ヒュームから難なく入手できる洞察が同じほどの価値を持つことがあり得ようか．

　しかしながら，ゲーム理論家が当初から認識すべきであったのは，ヒュームこそ互恵的利他主義の最初の考案者——現在ゲーム理論で研究されている均衡概念が，人間社会のしくみの理解にとって不可欠であることを初めて認めた人物——だということである．彼は，均衡選択問題の解決のためには進

化に目を向けるべきであることを理解していた．現代のゲーム理論家がこの結論に達したのは，50年もの間，実りのない努力を続け，カント流の大げさな合理性の定義を捻り出して困難を打開しようとした後であった．彼は立法改革をメカニズム・デザインの問題と見る点で，現代のゲーム理論家を先取りすらしていたのである．

ヒュームを読んで私は勇気づけられ，カント流形而上学の死の手を振り切って，人間の公平規範のしくみに関するロールズの強力な直観を自然主義的に基礎づける方向へと踏み出した．数学者から経済学者に転身した学問的背景のため，私はフォン・ノイマンとモルゲンシュテルンが開発したゲーム理論の言語を用いてロールズの豊かな思想を簡素な数学モデルへと翻訳する理想的な立場にあったと思われる．

まさに機は熟していた．ハミルトンやメイナード＝スミスたちも，その頃ゲーム理論の言語を進化生物学に適用し，人間の道徳性の進化における家族の役割の理解を可能にしていたからである．長い間，私は効用の個人間比較の理論を考え出す必要性に悩まされていたが，ロールズの平等主義理論とジョン・ハーサニの功利主義理論の間の隔たりは見かけほど大きくないことを悟り，結局この問題はひとりでに解決した．いったん個人間比較に関するハーサニの形而上学的理論が自然主義の用語で再解釈され，さらにロールズのフィルターを通して再利用されると，私は心理学における衡平の法則——これは実験室である程度，経験的に支持されている——に非常に近い公平性の定式化へと導かれた．

この題材を出版可能な形にするのは悪夢であった．私の述べることはほとんどすべて意見の分かれるものであったため，基本的な枠組みを非常に厳密に用意する必要があった．しかし，数学の訓練を受けていない人々に，いかにして物事を厳密に説明できるだろうか．結局，私は妥協して2巻本『ゲーム理論と社会契約』（MIT出版）を書き，長い解説文を含める一方，公式や方程式を必要最低限の範囲で自由に利用した．

1994年に出版された第1巻『プレイング・フェア』は，見通しをよくするため，私が必要とする経済学の考え方で広く誤解されているものを詳説した．例えば，第3章では当時私が出くわしていた囚人のジレンマに関する誤

謬のすべてを列挙し，推論におけるさまざまな誤りを詳しく説明している．それから大幅な遅延を経て1998年に出版された第2巻『ジャスト・プレイング』が理論の核心である．2冊の出版の間に私は人類学，生物学，経済学，哲学，心理学をかなり学んだため，それまでに読み込んでいたカントの著作は比較すると重要性を失っていた．この経験はきわめて実り多いものであったが，正直言って，私がまったく知らない別の分野の文献が山ほどあると気づいた時には意気消沈したものである．

デイヴィッド・ヒュームの最初の偉大な著書が「印刷機から死産」するほど独創的であったのとは違って，私の『ゲーム理論と社会契約』はわりとよく売れた．しかし，それは一般読者向けの本ではない．難解な反論を考慮し，長い脚注とまじめな余談を含む研究書である．そのような著書の常として，重要度の低い多くの文献を検討することで，さもなくば著者の学問的資格を疑いかねない批判者たちの疑念を晴らそうと期待するのである．そして最悪なのは数式である――スティーヴン・ホーキングを信じるならば，数式のひとつひとつが読者数を半減させることになる．

本書『正義のゲーム理論的基礎』は私の考え方をより広い読者層に紹介するために書かれた．これまでに『ゲーム理論と社会契約』を出版しているので，あまり罪悪感に囚われることなく，自由に一般向け科学書の流儀を採用している．本書では，留保や限定で私の推測に制限を加えることをしていない．私の主張は証明されないが，例でもって説明される．学術的な参照はまれである．なんといっても，代数方程式は皆無である．仮にホーキングが正しく，『ゲーム理論と社会契約』から数式を1本取り除くごとに読者が倍増するとしたら，私は史上最も成功した著者となるはずである！

しかし，公共道徳や政治改革に関する論争は，プラトンへの脚注を書き続ける哲人王志願者たちの専売特許ではないのだ，という見解に改宗する人たちが本書によって少しでも現れてくれれば，私にとっては望外の幸せである．2000年にわたる道徳的権威主義は私たちをどこにも導かなかったし，将来そうすることもなかろう．私たちはいまでは人間の本性についてかなり理解しているのだから，少しはうまく行く可能性のある社会目標に焦点を絞り始めるべきである．

最後に，本書の執筆を援助してくれた多くの方々すべてに感謝したい．なかでも，この企画に対するジョン・ウェイマークとテリー・ヴォーンの信念は常に慰みであり，心の支えとなった．

ケン・ビンモア

モンマス（ウェールズ）にて

正義のゲーム理論的基礎 目次

まえがき ————————————————————————— i

第1章 道徳科学 ———————————————————————— 1

- **1.1** 進化倫理学 ————————————————————— 1
- **1.2** 中傷合戦 —————————————————————— 2
- **1.3** 社会契約 —————————————————————— 4
- **1.4** 安定性 ——————————————————————— 8
- **1.5** 効率性 ——————————————————————— 10
- **1.6** 公平性 ——————————————————————— 22
- **1.7** 改革 ———————————————————————— 28

第2章 交渉理論 ———————————————————————— 33

- **2.1** 現実的交渉 ————————————————————— 33
- **2.2** 待ち合わせゲーム —————————————————— 34
- **2.3** 交渉問題 —————————————————————— 36
- **2.4** ナッシュ交渉解 ——————————————————— 39
- **2.5** 効用の個人間比較 —————————————————— 42
- **2.6** 社会指標 —————————————————————— 44
- **2.7** 功利主義的交渉解 —————————————————— 45
- **2.8** 平等主義的交渉解 —————————————————— 48

2.9	功利主義対平等主義	50
2.10	強制執行	51
2.11	文化の進化	53
2.12	何の意味もない？	56

第3章 | 主義の論戦 — 57

3.1	煙に巻く	57
3.2	経験主義	58
3.3	自然主義	65
3.4	相対主義	73
3.5	還元主義	82
3.6	失望することなかれ	85

第4章 | 均衡 — 89

4.1	善悪を創造する	89
4.2	トイ・ゲーム	90
4.3	協力と対立	91
4.4	混合戦略	94
4.5	囚人のジレンマ	97
4.6	複数均衡	103
4.7	ナッシュ要求ゲーム	112
4.8	均衡外行動	115

第5章　互恵性 —— 117

- 5.1　しっぺ返し —— 117
- 5.2　フォーク定理 —— 121
- 5.3　懲罰 —— 125
- 5.4　誰が監視人を監視するのか —— 128
- 5.5　創発的現象 —— 131
- 5.6　不快な行動 —— 136
- 5.7　自由参加の討論 —— 139

第6章　義務 —— 141

- 6.1　善と正と徳 —— 141
- 6.2　権利 —— 143
- 6.3　身なりを整える —— 146
- 6.4　道義的責任 —— 147

第7章　血縁 —— 155

- 7.1　同感 —— 155
- 7.2　血縁選択 —— 156
- 7.3　社会性昆虫 —— 160
- 7.4　ハミルトンの法則を修正する？ —— 165
- 7.5　均衡プレーを学習する —— 168
- 7.6　家族を拡大する —— 169

| 7.7 | 心のぬくもり | 171 |

第8章 共感 — 173

8.1	共感型選好	173
8.2	共感による同一化	174
8.3	効用	177
8.4	効用の個人間比較	185
8.5	共感型選好の進化	190

第9章 黄金律 — 197

9.1	いにしえの賢人たち	197
9.2	狩猟採集民	199
9.3	メカニズム・デザイン	206
9.4	黄金律の起源？	212
9.5	強制執行	219

第10章 功利主義 — 223

10.1	ジョン・ハーサニ	223
10.2	空中の鉤？	225
10.3	最高善？	226
10.4	政治的正統性	228
10.5	原初状態での交渉	230

10.6	社会的進化	237
10.7	功利主義的正義のしくみ	239
10.8	食物共有の例	242
10.9	相対性	244
10.10	なぜ功利主義ではいけないのか？	246

第11章 平等主義 — 249

11.1	原罪	249
11.2	衡平性	250
11.3	ロールズの格差原理	251
11.4	幻の硬貨	253
11.5	公平な社会契約	257
11.6	平等主義的正義のしくみ	264
11.7	信用できない取り引き	265
11.8	社会指標と状況	269
11.9	市場	276

第12章 計画的分権 — 279

12.1	第三の道？	279
12.2	ホイッグ主義	280
12.3	なぜ分権か？	285
12.4	なぜ計画か？	286
12.5	社会メカニズムを設計する	290

12.6	社会契約を改革する?	295
12.7	残された課題	298
12.8	完全な共和国?	301

解題　(須賀晃一)	303
訳者あとがき(栗林寛幸)	316
参考文献	318
索引	323

第 1 章
道徳科学
Moral Science

> ヒヒを理解する者はジョン・ロック以上に形而上学の進歩に貢献するであろう．
>
> チャールズ・ダーウィン

1.1　進化倫理学

　私たちは何を目標とすべきであり，どのような義務を負っているか．いかに生きるべきか．このような問題は何千年にもわたって議論されてきたが，ほとんど実りがなかった．そのため，道徳哲学者たちは概して，これまでの努力をすべて足し合わせてもプラトンへの脚注ひとつ程度にしかならない，ということに同意する．こんなに長い時間をかけてこれだけの成果しか得られていないのはなぜだろうか．

　正統派の道徳哲学が行き場を見失ったのは，問いの設定が間違っているからであると私は考える．道徳が人類とともに進化してきたとするならば，いかに生きるべきかという問いはいささか的外れである．それは，いかなる種類の動物が存在すべきか，また私たちはどの言語を話すべきか，などと問うようなものであろう．

　それは違うと主張する導師たちの権威の由来はまったく定かではない．何らかの絶対的道徳の世界それ自体を直覚できるわけではないという点で，彼らは新聞配達の少年となんら変わりないのである．私たちと同じく，彼らの直観も実際には人々の道徳行為を支配する**現実**のルールの観察に基づいている．それは，私たちが子供に教えるまるで非実用的な道徳原理などではない．子供はそんなものを教わっても，すぐさまサンタクロースや「歯の妖精」

〔抜けた乳歯をコインやプレゼントに交換してくれるとされる西洋の妖精〕と同類のものとみなすようになるのである．子を持つ親なら誰でも知っているように，自ら態度で示さないことを子供に説教しても時間の無駄である．

人々の行動を現実に支配する道徳のルールは本能，慣習，因習などからなるが，それらは伝統的な学問が認める以上に平凡であると同時に複雑である．それらは主に進化の力——生物学的のみならず社会的な——によって形作られる．そのようなルールを研究したいのであれば，それらがいかにして「善」を促進するか，「正義」を維持するかを問うてもしかたがない．むしろ，それらがいかに進化したのか，なぜ生き延びるのかを問わねばならない．つまり，私たちは道徳をひとつの科学として取り扱う必要があるのだ．

1.2 中傷合戦

道徳は進化の観点から理解するのが望ましいという考え方は，遠くチャールズ・ダーウィンにまで遡る．しかし，数多い彼の慧眼のなかで最も論争の的になったこの考え方をさらに発展させる動きは，遅々として進まなかった．人々は道徳に関する伝統的な考え方に固執するあまり，より大胆な人たちの考え方を馬鹿にしたり歪曲したりして，邪魔をするのである．

生存に適した者だけが生き残るのであるから強者は弱者を蹂躙してもかまわないのだ，と主張した初期のモラリスト志願者一派の出現によって，この仕事は容易になった．哲学者ムーアは彼らの見解を風刺して，「我々は進化の方向に進むべきである．なぜなら，まさにそれが進化の方向だからである」と皮肉った．ダーウィニズムが目的論的であるという考えは明らかに馬鹿げているが，彼らの不快な教義は現在，社会ダーウィニズムと呼ばれており，進化という言葉と倫理という言葉を同じ文中で用いる人は誰であれ信用を貶められかねない．エドワード・ウィルソンの『社会生物学』を批判する者たちはこの種の中傷に非常に長けていたので，いまではウィルソンの支持者のなかには，社会生物学的ファシストと非難されないように，自らを行動生態学者とか進化心理学者と呼ぶ者までいる．

中傷に対する同様な用心深さは，いまや空港内の書店でお馴染みの進化理

論に関する一般向け書籍にも見いだすことができる．この種の本は概して，人間の心と体はより単純な有機体から進化したという証拠をきわめて巧みに示す．そのため，進化論はひとつの学説にすぎないといまなお主張し続けて劣勢に立つ人々の知的な誠実さには疑問を抱かざるを得なくなる．しかしながら，話題が進化倫理学に及ぶや否や，人気のある著者たちの雄弁は途端に影を潜め，その話題に言及するのは最終章の終わりにかけて出てくる2，3の無難な決まり文句のみとなるのである．

　私にはそれほど慎重に話を進めることができるとはとても思えない．したがって，私の議論がまじめに受けとめられるならば，よくできた（しかし証明も反証もできない）話を無知もわきまえずに語るとしてあらゆる方面から攻撃されることは承知している．確かに，槍形吸虫やヒメハキリアリの一生を語る時と同じような権威でもって人間の道徳性を論じることはできない．しかし，主題の重要性を考えれば，ある程度の情報に基づく推測は許されるはずである．宇宙論者が，確たる証拠もないのに，宇宙の大部分は暗黒エネルギーと暗黒物質で構成されると推測したからといって，誰かが不平を言うわけではない．道徳性を研究するにあたり，同様な理論的想定が禁じられる理由がどこにあろうか．私に考えられる唯一の理由は，道徳的・宗教的な狂信家がこれを自らの権威の危うい源泉に対する脅威とみなす，というものである．

　とにかく私は，避け難い酷評にあえて立ち向かい，進化の基本的事実を当然のものとみなすつもりである．そして，私たちの正義の観念の根底に横たわる人間の公平規範の進化的起源について，粘り強く考察を進めていくことに本書のすべてを捧げよう．

　この方面における私のこれまでの努力はすべて数学的モデル化を伴うものであったが，本書では代数学を用いていない．重厚な哲学的思索も省き，さらに学術的な参照や私が他人と異なる理由を説明するための高尚な挿話も控えている．私の計画としては，自分のストーリーを語ることに専念し，弁明は最小限に抑えたい．さらに興味を持たれた読者は，傍注で言及する私の2巻本『ゲーム理論と社会契約』の該当箇所を参照されたい〔本書では割愛した〕．

1.3 社会契約

　社会契約（social contract）とは，ある社会の市民が互いの努力に折り合いをつけながら生きていくことを可能にする共通理解の集合のことである．

　社会契約を構成する共通理解ないし慣行は多種多様である．その範囲は，正式な晩餐会における不可解なテーブルマナーから，過去の大統領の肖像が印刷された，財布のなかの緑色の紙切れ（紙幣）がどれほどの重要性を持つのかにまで及ぶ．あるいは，混雑している道路上での運転ルールから，私たちが話す言語における言葉の意味にまで至る．一方で食や性に関するタブーから，他方でお偉いさんに期待される高潔さと正直さの程度まで．はたまた，突飛なファッションから，所有権の確実な保障を当然視する度合いに至るまで．さらには，レストランで渡すチップの金額の相場から，私たちが他人の権威に進んで従う状況如何にまで，共通理解・慣行の範囲は及ぶのである．

　これらのペアの片方は見たところ深遠で，通常は道徳の鉄則に帰せられるが，その恐れ多い由来についてはあまり凝視すべきでないとされている．しかし私が思うに，これらのペアの些細な一方と深遠な他方の違いは程度の差でしかない．私たちの遺伝子に書き込まれた以上の鉄則は存在しないのである．小人の国リリパットにおける巨人ガリバーがそうであったように，私たちをがんじがらめに縛りつけているのは，私たち自身の信条や意見のみである．

　これは，ファッションやエチケットについてであれば，誰もが信じていることである．ここで必要なのは，ルールが矢継ぎ早に変わり，部外者が常に取り残されるため，部内者から区別され得る，ということである．食のタブーはそうではないと主張する者もあろう．しかし，私たちのほとんどが難なく理解することであるが，もしも異なる社会で育っていたとしたら，私たちは牛あるいは豚を食べようとはしないのである．ちょうど，いま私たちが犬や毛虫を食べようとしないのと同じである．また，性に関する道徳規範はとりわけ流動的である．ナイジェリアで不貞の罪を犯した女性は石打の刑に処せられる可能性がある一方，ビバリーヒルズでは貞淑であることが知られた女性は社会的に除け者にされかねない．

社会によって異なる誠実さやフェアプレーの基準についても同じことが言える．普遍的な基準が存在するなどという神話は，はなから怪しいものである．私たちは，自ら状況に応じて異なる基準を適用することは正しいとさえ考える．あなたは，例えば，同僚が納税申告をごまかしていると知ったとして，彼のその程度の不正を密告するだろうか．他方，彼が科学実験の報告で結果を偽っていたとしたらどうだろう．

　もちろん，文化的慣行のなかには法律として成文化されているものもあるが，現代社会の法体系と憲法が社会契約にとって重要な意味を持つのは，それらが現実において実際に尊重されている限りにおいてである．賄賂のやりとりが慣習となっている場合には，法の規定がどうであれ，贈収賄は社会契約の一部なのである．

　憲法の権威についていうと，旧ソビエト連邦の憲法が保障することになっている市民権を喜んで享受しない者はいないであろう．教皇，大統領，国王，裁判官や警察官で，自らが役職を務める社会の社会契約に拘束されない者はいない．彼らは社会契約を守らせるどころか，逆に自らが行使できる権力のすべてを，一般市民は彼らの指導を受け入れるべきだという社会慣行から引き出しているのである．仮にナポリ市民が交通信号を無視するのと同じように彼らが無視されるとしたら，彼らはまったく無力となるであろう．

社会契約はどのように機能するか？　　社会のまとまりを維持する接着剤は何であろうか．それは法律や憲法ではない．それらは紙に書かれた言葉にすぎない．国の役人でもない．役人もあなたや私と同じただの人間にすぎない．道徳的義務の感覚であろうか．しかし，盗人たちの間にさえある種の道義心が見られる．それでは神か．ある種の社会契約は非常に恐ろしいもので，原理主義者にすら時おり疑問を抱かせるほどである．

　これらの答えがどれも不十分なのは，そもそも問いが間違っているからである．安定的な社会契約は接着剤を必要としないのである．

　この点を見事に明らかにするのが，ドストエフスキーの自伝的な小説『死の家の記録』に描かれる，彼自身の政治犯としての強制収容所体験である．「男たちのほとんどは腐敗し，救いようがないほど堕落していた．醜聞や陰

口は止むことを知らない．そこは地獄であり，魂の真っ暗闇であった．しかし，監獄の中で生まれ，受け入れられていたルールに敢えて逆らう者はいなかった．誰もが服従したのである．監獄に来ていたのは，一線を大きく越えてしまった者たち……村や町全体を恐怖に陥れた者たちである……（しかし）新入りの囚人はいつの間にか観念し，監獄の雰囲気に馴染んでいった」．ドストエフスキーの監獄仲間が収容所で進化していた社会契約に従ったのは，道徳的な理由からではないし，看守たちを恐れたからでもない．従わなければ他の囚人仲間に罰せられるため，知らぬ間にその指針に従っていたのである．

　懲罰という言葉で自然に想起されるのは，そもそもドストエフスキーを監獄送りにしたような組織的暴力のことである．しかし，私たちが社会契約を裏切らないように思いとどまらせる懲罰はほとんどの場合，非常に緩いものなので，まったく気づかないことも多い．隣人が微妙な身振り手振りや言葉のニュアンスでもって，私の振る舞いがそのままではより露骨な社会的排除を招きかねないことを示唆してくれたとしても，私自身の国においてさえ，それらの合図を明確に言葉にするのは難しい．適切な対応が習慣になってしまっているため，潜在意識に訴えるような合図は，意識的なコントロールを伴わずに自動的に行動に翻訳されてしまうのである．外国で何か社交上の失態を演じてしまい，見覚えのない反応が返ってきた時だけ，そのメカニズムが明らかになる．

　デイヴィッド・ヒュームは社会契約のしくみを，石を積んだだけの壁やレンガ積みのアーチになぞらえる．隣り合う石が互いに支え合うため，セメントや接着剤の必要はない．この考え方を現代のゲーム理論流に表現するならば，安定的な社会契約のルールは，生のゲーム〔人々が生きていくうえでプレーする極めて複雑なゲーム〕の均衡において私たちの行動をうまく調整するのである．この考え方をきちんと理解すれば，惑星が軌道から外れない理由を説明するために中世の哲学者が考え出した天使に相当するようなものを，社会に探し求める必要がなくなる．太陽系と同様，人間の社会はそれ自身で動いているのである．

　本書の主眼は，生のゲームの特定の均衡に向けて私たちの行為を調整するほぼ暗黙の了解として社会契約を捉える，デイヴィッド・ヒュームの洞察の

帰結を探求することにある．ヒュームが説明するように，「ボートのオールを漕ぐ2人の男は，同意や慣行によってそうするのであるが，互いに約束を交わしてから漕ぐわけではない．所有権の安定性に関するルールも同様に人間の慣習に由来し，時間をかけて発生し，ゆっくりと効力を増していくのである．…同様に，言語は何の約束も伴わず，慣習によってしだいに確立されていく．金や銀が共通の交換尺度となる過程も同様である」．

では，均衡（equilibrium）とはなんであろうか．それはどのようにしてヒュームの壮大な考え方を捉えるのか．社会はいかにしてある特定の均衡状態にたどり着くのであろうか．

この主題について書くことはまるで，不機嫌な観衆に腐った野菜を次々と投げつけられながら，滑りやすいボールをいくつも同時に空中で操るようなものである．とりわけ批判者たちは，ボールを一度にひとつだけ取り扱う必要性を理解せずにいらいらする．どのボールを最初に見せられてもそれが理論の全体であると即断し，そのくせ，他のすべてのボールを考慮していないという理由で今度は単純すぎると片づけるのである．

本章と次の章では，こうした性急な批判を未然に防ぐため，社会契約論に対する進化的アプローチが要請する3つの優先事項を区別しながら，より差し迫った大きな問題に対して大まかな回答を与えることにする．3つの次元の優先事項とは以下のとおりである．

- 安定性（stability）
- 効率性（efficiency）
- 公平性（fairness）

社会契約はそれ自体で安定していなければ存続できない．さらに，効率的でなければ他の社会の社会契約との競争に勝てない．従来の道徳哲学は，これらの論点のどちらにもほとんど注意を払わないのであるが，後述するように，安定性と効率性は第三の次元の問題，つまり社会契約の公平性の中身と原因を理解するのに不可欠である．

これほど長い序文で1冊の本を書き起こすのが危険であることは承知している．批判者たちは，私が自らの主張を詳細に擁護することができないのだと仮定してしまうであろう．しかし，詳細は後の章において3つの優先事項

の次元を徐々に取り上げる過程で論じられ，この概観で示される主張を正当化することになる．よって，社会正義が自然な起源を持ち得ると考えない人たちには少々我慢してもらう必要がある．この主題については第9章で初めて本格的に論じることになろう．

1.4 安定性

　映画『ビューティフル・マインド』以来，ジョン・ナッシュの名前は誰でも聞いたことがあるだろう．彼は統合失調症のため40年もの間，知的探求の表舞台を離れていたにもかかわらず，それを克服してノーベル賞を受賞した．授賞理由は交渉理論の研究とゲームの均衡という考え方の定式化の双方であった．映画はナッシュ均衡の例を挙げようとかすかに試みているが，救いようのない間違いを犯している．ただし，基本的な考え方を理解するのは難しくない．

　ゲームとは，複数の人間または動物が相互に影響を与え合うような状況である．プレーヤーの行動計画は戦略（strategy）と呼ばれる．ナッシュ均衡（Nash equilibrium）とは，各プレーヤーの戦略がその他のプレーヤーの戦略に対する最適反応になっているような戦略の組み合わせ——プレーヤー1人に対してひとつの戦略——のことである．

　ごく簡単な例として，朝，車に乗り込んで職場へ行くたびにプレーする「運転ゲーム」を取り上げよう．道路の左側を運転するか，それとも右側を運転するか．事故の回避のみを考えるならば，このゲームには3つのナッシュ均衡が存在する．第一の均衡では，全員が左側を運転するという戦略をとる．第二では，全員が右側運転という戦略を採用する．そして第三の均衡では，各自がコインを投げて左側運転か右側運転かを決める．第三の選択肢は疑わしく見えるかもしれないが，他の人がすべてランダムに選択するのであれば，あなたが事故に見舞われる確率は，あなたが何をしようと同じである．よって，コインを投げて決める方法は，他のあらゆる方法と同じく最適反応である．

　なぜナッシュ均衡が大切なのか．少なくとも2つの理由がある．第一に，

あるゲームがプレーヤーの間で共有知識となっている合理的な解を持つならば，それは均衡でなければならない．もしそうでなかったとしたら，他のプレーヤーがとるであろう戦略に対して最適反応をしないことが自分にとって合理的である，と信じるプレーヤーがいなければならないことになる．しかし最適でないプレーは合理的たり得ない．

均衡が大切である第二の理由はさらに重要である．ゲームにおける利得がプレーヤーの環境への適応度と一致するのであれば，適応度の低い者を犠牲にして適応度の高い者を利する進化過程は——文化的なものであれ生物的なものであれ——均衡にたどり着いた時点でその歩みを止めるであろう．なぜなら，均衡で生き残るすべてのプレーヤーは可能な限り環境に適応しているからである．

ゲーム理論の概念的道具としての力の源泉は，主に均衡の合理的解釈と進化的解釈の間を行ったり来たりすることができる可能性にある．この考え方は誤解されやすいので，そうした解釈の切り替えが正当であり得る理由を最初に説明しよう．

利己的な遺伝子？　　進化の作用は均衡で停止するので，生物学者はナッシュ均衡が進化的に安定している（evolutionarily stable）と言う[1]．染色体の各因子座は最大の適応度を持った遺伝子で占められる．遺伝子は単なる分子であるから，適応度を最大化するよう**選択する**ことはできないが，進化によりあたかもそうであったかのように見えるのである．これは貴重な洞察であって，おかげで生物学者は，均衡の合理的解釈を通じて進化の過程の結果を予測することができるのであり，その過程が見せる可能性のある複雑な紆余曲折をいちいちたどる必要がないのである．

リチャード・ドーキンスの『利己的な遺伝子』というタイトルはこの考え方を一言で表現しているが，同時に多くの批判を招く．例えば，分子が自由

---

[1]　ジョン・メイナード・スミスの定義によれば，進化的に安定な戦略（ESS）とは「それ自身に対する最適反応であり，しかも，他のいかなる最適反応に対しても，後者がそれ自身に対する場合よりも高い利得をもたらすもの」である．ただし，生物学者が他の最適反応を含む細かい部分を気にすることはまれである．

意志を持つことは絶対にあり得ないことを見過ごしている，という年配の婦人のドーキンスに対する非難を私は耳にしたことがある．彼女のような批判はまだ我慢できるが，レウォンティンやグールドなどの批判者の場合，そう簡単に許すわけにはいかない．彼らは似たような根拠に基づいて，エドワード・ウィルソンや彼の支持者たちに対する公衆の敵対心を掻き立てたのである．オルコックの『社会生物学の勝利』が記録するように，社会生物学者が求める生物学的現象の説明は，至近要因（proximate causes）よりもむしろ究極要因（ultimate causes）によるものである，ということを彼らは決して理解しないふりをするのである．

なぜ，例えば，ヒバリは初春に歌を歌うのであろうか．至近要因を簡潔に説明するのは困難である．ある分子が別の分子にぶつかる．そして，あの化学反応がこの酵素の触媒で誘発される．しかし，究極の要因は，不要な衝突を避けるために鳥たちが互いに縄張りを合図しているのである．鳥はこの行動が合理的であることを知らないし気にもかけない．ただ単純にそうするのである．しかし，きわめて複雑な進化過程の最終的な効果として，ヒバリはあたかも自らの適応度を最大化することを合理的に選択した**かのように**行動するのである．

ヒバリや他の動物の社会的行動を研究する時，観察される現象の至近要因について進化生物学者が動物自身よりも深い知識を持っていることはまずない．しかし彼らは，ゲーム理論家の心を打つ流儀で，社会的行動を究極要因によって説明した．その成功は，偏見に満ちた批判者を除けば誰もが認めるところであろう．

1.5 効率性

社会契約にとって第一の優先事項は安定性であり，それはゲームにおける均衡の考え方を用いて大まかにモデル化される．次の優先事項である効率性は，何も無駄にしてはならないということを意味する．経済学者はヴィルフレート・パレートにならい，無駄がないとはすなわち「（その状況から）誰かの状態を改善するためには，他の誰かの状態を悪化させなければならない」

という要請に等しいと考える．

アダム・スミスの有名な説明によれば，「見えざる手（invisible hand）」は完全競争市場を効率的な結果に導く．この見えざる手は利己的な遺伝子のような隠喩の一種である．実際に何が起こるのかというと，なかなか買い手を見つけられない売り手がしだいに販売希望価格を下げる一方，売り手の見つからない買い手はだんだん購入希望価格を上げていく．この過程が止まる時，需要と供給が一致するため無駄は存在しない．このような経済的調整過程において遺伝子が生き残りをかけて競争しているわけではない．それでも私がこの過程を進化的と呼ぶのは，それが自律的に働いて，計画や監督なしに均衡にたどり着くからである．

伝統的な経済学者は，完全競争市場が原則ではなくむしろ例外であることを時おり忘れてしまい，人々がプレーするあらゆるゲームの均衡の効率性を私たちが期待すべきであるかのような顔をする[2]．しかしこれは真実からは程遠い．

共有地の悲劇（The Tragedy of the Commons）は，均衡がしばしば非効率的であることを示す定型化されたゲームである．100家族が共有地の牧草を食むヤギを飼っているとしよう．ミルクの総生産量が最大となるのは1000頭のヤギが共有地に放される時である．各家族は何頭のヤギを飼えばミルクの自家生産を最大化することができるだろうか．

一見すると答えは10頭ずつのように思われるが，各家族がそれぞれ10頭のヤギを飼うのは均衡ではない．仮に他のすべての家族が10頭のヤギを飼うとしたら，あなたの家族の最適戦略は同じく10頭飼うことではないのである．もう1頭追加することで，あなたはよりうまくやることができる．なぜなら，あなたの家族は追加されたヤギから得られる利益をすべて手中にするのに対し，他のヤギたちが食べる牧草が減るために生じる費用は共同体全

---

[2] 競争が完全であるためには，調整過程における摩擦の問題を無視したとしても，さらに多くの条件が満たされなければならない．まず多数の買い手と売り手が必要であり，独力で市場影響力を持つほど大きなプレーヤーがいてはならない．さらに誰も秘密を保持してはならない．生産規模に関して収穫逓減が成立する必要がある，等々．

体が負担するからである．したがって，共有地が不毛の地と化すまでヤギが追加されることになる．しかし，この結果はきわめて非効率的であるというほかない．

共有地の悲劇は，私たちが自ら引き起こした広範囲に及ぶ環境破壊のしくみを見事に捉えている．サハラ砂漠が南方に容赦なく拡大している一因は，その辺境に住む牧畜民が限界牧草地を頑固に利用し続けるからである．私たちは道路を自動車であふれさせている．河川を毒し，大気を汚し，多雨林を伐採する．漁場を乱獲したため，ある種の魚のストックは決して以前の水準に戻らないかもしれない．

ゲーム理論家はこの種のことを口にするためしばしば酷評される．社会がこのような災難を作り出すことがいったいどうして**合理的**なのか，と批判されるのである．各自がもう少し共有資源の乱用を控えれば事態は全員にとってより望ましいものになる，ということを私たちは理解できないのだろうか．この種の推論の誤りは初歩的である．人間の生のゲームにおけるプレーヤーは「各自」などという抽象的存在ではない．私たちは皆別々の個人であり，それぞれ目標も目的も異なるのである．愛の力によって私たちが他人のために犠牲を払う時でさえ，各人がそれぞれの仕方，それぞれの理由でそうするのである．

生物学では，個体の目標と個体が構成する集合体の目標を混同する誤りは集団選択の誤謬と呼ばれている[†]．この誤謬の創始者として公然と非難され続けている生物学者ウィン＝エドワーズには同情を禁じえないけれども，自らの適応度を犠牲にしてまで種の存続を優先するような遺伝子が有利になるはずはない．例えば，ムクドリが夜に群れをなすのは，個体数を推定してそれを最適な水準に保つために，各ムクドリが自制して生殖の機会を調整するためではない．もしそうであったとしたら，仲間の節制に乗じて遠慮なく繁殖するような突然変異種のムクドリが間もなく支配的になるであろう．

---

† 集団選択（群淘汰）説とは，生物が個体ではなく集団や種全体の利益のために行動するように進化する，つまり自然選択の力は集団や種の間で作用するという考え方．

互恵的利他主義　見えざる手が集団をゲームの効率的な結果に導くことができるのは，すべての均衡が偶然にも効率的である，という例外的な場合に限られる．完全競争市場がその一例であるが，人類が他の類人猿と別の道を歩み始めた時には市場は存在しなかった．いったい私たちの協力の独特な様式はいかに進化してきたのだろうか．

親族は遺伝子を共有するので，家族内における協力の進化を説明するのは容易である．例えば，私の遺伝子はどれも半分の確率で私の妹の体に存在する．仮に私が，次世代へ残す自分の遺伝子の複製の平均数を最大化するように遺伝的に組まれているとしたら，私の妹の子供は私自身の子供の半分の価値があることになるだろう．おそらくはこのような理由のため，鳥類のなかには，自らの家族を形成する見込みがあまり高くない時，甥や姪を育てる手伝いをするものが見られるのである．

しかし，人間の協力はもっと複雑である．ギャング仲間や軍の小隊内で育まれることのある強烈な忠誠心は，集団が代理家族の役割を果たしているのだと説明できるかもしれない．ところが私たちは，まったく知らない人々や嫌悪または軽蔑の対象としている人々とさえ，しばしば見事な協力を成し遂げる．利己的な遺伝子の教義に対するこの見かけ上の矛盾を解く鍵はなんであろうか．

1976年，この神秘の解としてロバート・トリヴァースは「互恵的利他主義（reciprocal altruism）」の考え方を提唱したが，すでに1739年にデイヴィッド・ヒュームはこれを理解していた．

ヒュームが説明するように，「私は本物の親切心を抱かないまま他人に奉仕することができる．なぜなら，彼が私の奉仕に応えてくれるだろうと見越すからである．彼がそうするのは同様な見返りを期待し，そして私や他の人々との好意的な関係を維持するためである．こうして，私が彼に奉仕し，私の行為の結果として生じた利益を彼が得た後，彼は自らの役割を拒否することの帰結を見越し，結局はそれを演じる気になるのである」．

チスイコウモリは互恵的行為の風変わりな例を提供する．コウモリは日中，大勢で洞窟内のねぐらに就く．夜になると獲物を探し回って血を吸うが，常に成功するわけではない．何日か続けて血液を獲得できないと死んでしまう．

そのため，血液を分け合う進化的な圧力は強い．

生物学者ウィルキンソンの報告によれば，空腹なコウモリは寝床の仲間に血液を乞い，時々その仲間は胃のなかに残っている血液を吐き出してやる．ねぐら仲間が血縁関係にあるならば，これはたいして驚くに値しないが，コウモリは親族以外のねぐら仲間とも血液を分け合う．それでも，この行動は進化的に安定している．なぜなら，血液の共有は**互恵**原則に基づいており，コウモリは過去に自分を助けたことのあるねぐら仲間に対して助けを差し伸べる可能性が高いからである．仲間を助けないコウモリは，将来自分自身が助けてもらえない危険を冒しているのである．

たとえ吸血遺伝子が利己的であっても，互恵的共有はチスイコウモリの生のゲームにおいて均衡として維持可能であることがわかる．よって，人間の生のゲームにおいて協力が発生することを説明するために，人々が無私無欲であることを常に前提する必要はない．ハイド氏〔悪人〕からなる社会であっても，互恵的利他主義のおかげでジキル博士〔善人〕の社会と同じようにうまく効率的な社会契約を維持できるのである．ハイド氏が無駄を省く動機は好ましく思われないかもしれないが，無駄が省かれさえすれば社会契約は効率的になるのである．

心温まる思い？　互恵的利他主義が人間の社会契約の存続にとって重要であると言うと，無私の利他主義の存在を不当にも否定していると思われやすい．そこで，この私でも時には自らの無私の行為によって心温まる思いがする，ということを申し上げておこう．私は他の中産階級の人々と同じように慈善団体へ寄付をする．もっとうまく泳げたなら，私だって命の危険を顧みずに，溺れている見知らぬ人を助けるために激流へ飛び込んでいくかもしれない．

とはいえ，こうした無私の利他主義が生き延びるのは，その費用があまり大きくないか，またはそれがまれにしか求められない場合である，という事実を直視しなければならない．わずかにいる聖人を除けば，生活が苦しくなるほどの金額を自分の所得から慈善団体へ寄付する者がいるであろうか．犬を散歩に連れていくといつも見知らぬ人が溺れ死にかけているとしたら，そ

のたびに川に飛び込む者がいようか．仮に税金が廃止されて自主的な寄付に代わったとしたら，その結果生じる共有地の悲劇は最終的にどのような状況をもたらすであろうか．警察官がいなければ，夜，誰が安全に歩けるだろうか．

　私たちは皆，無欲なジキル博士と利己的なハイド氏の双方の顔を持っている．人間の本性がジキル博士のほうに近く，ハイド氏からは遠いとしたら素晴らしいだろう．しかし，どんなに社会生物学者たちを罵倒したところで，進化によって形成されてきた私たちの本性を変えることはできない．歴史はユートピアの残骸に満ちており，条件が整うや否や，ジキルがハイドを追放しようと試みては失敗したのである．このような失敗を繰り返さないためには，人間の寄せ集めに混ざっているジキルとハイドの相対的な量について，私たちは現実的になる必要がある．

　私が育った近隣は柄が悪かったため，あまり人の情けには頼らないようにと教わった．ごく親しい仲間以外には，多くのハイドがいたけれどもジキルは少なかった．本書の読者のほとんどはもっと幸運で，より穏やかな社会契約のもとで育ったと思われる．しかし，人間の本性の暗い側面については誰もが新聞や歴史書で知ることができる．

　かつて，思い上がった黒人をリンチして殺すことに興奮を覚えていた，あの南部の紳士たちは何者だったのか．普通のドイツ人主婦がラーフェンスブリュック〔ナチ時代の女性収容所〕の監視員となった時に示した残忍さは何だったのか．さらに，権威者の指示に従い，無力な犠牲者に対して痛ましい電気ショックを与えた，ミルグラム実験の被験者はどうなのか．これらの人々は私たちと同じなのである――あるいは，もし私たちが彼らの文化のもとで彼らのような生活を送っていたならば見せたかもしれない姿である．あなたや私は勇敢な例外のひとりであったかもしれないが，すべての人が例外であることを当てにして社会契約の存続を望む者はいないであろう．

フォーク定理　　ゲーム理論家は利他主義にはまったく言及せずに互恵性を論じる．そのためであろうか，彼らが互恵的利他主義のしくみの鍵を発見した時には誰も注目しなかった．それはトリヴァースが生物学者たちにこの考

え方を紹介する25年近くも前のことである．ジョン・ナッシュが50年代初頭に均衡を定式化して以来，この秘密の鍵はあまりにも明白に見えたため，この考え方が誰に由来するのかは誰にも知られていなかった．このような経緯により，それは「フォーク定理（the folk theorem）」〔folklore＝民間伝承〕と呼ばれている．

合理的な互恵性がうまく働くためには，人々の交流が繰り返され，その関係が無期限に続くという見通しがなければならない．私が今日あなたの背中を掻くのは，あなたが明日私の背中を掻いてくれると予想するからであるとしよう．この場合，もしも明日がやってこないと知ったら，私たちの協力協定は崩壊してしまうのである．

よって，互恵性が現れる可能性のある最も単純なゲームは，時間の見通しが無期限の**繰り返し**ゲームである．最も簡単なフォーク定理は，誰も情報を隠蔽することができず，全員が常に明日のことを今日とほとんど同じくらい大事に思う場合について，そうしたゲームのすべての均衡の特徴を記述する．重要なのは，プレーヤーが合意したいと思うかもしれない元のゲームの効率的な結果が，繰り返しゲームの**均衡**結果を近似するという点である．

例えば，共有地の悲劇において，効率的な結果はちょうど1000頭のヤギが共有地の草を食む場合である．100家族が集まって会合を開けば，各家族が1000頭のヤギのうち何頭を所有してよいかについて合意に達するかもしれない．ただし，監視する外部の強制執行機関がなければ，その取り決めは遵守されないだろう．なぜなら，取り決めを破り，会合で割り当てられた数を超えるヤギを飼う家族が出てくるのを防ぐ手立てがないからである．

しかし，共有地の悲劇のゲームが際限なく頻繁に繰り返されるならば，フォーク定理が述べるように，会合で結ばれた取り決めは**自己統制的**社会契約として維持可能である．均衡では，今日取り決めを破って得をしようとする家族は現れない．なぜなら，他の家族の将来の反応によって自らの今日の利益が台無しになる，ということがわかっているからである．

後の章で見るように，フォーク定理は社会契約を支える均衡戦略の詳細な検討を可能にするため，社会契約とはレンガ積みのアーチか石積みの壁のようなものであるというデイヴィッド・ヒュームの洞察を深めることになる．

そうして私たちは，社会契約を説明するための公理として権威，義務，信頼といった概念を捉える伝統を離れ，多様な社会契約を記述するために進化してきた言葉としてこれらを見直すことができるのである．

例えば，現代の社会問題の原因を，私たちの祖父母の世代が享受していた「社会資本（social capital）」の欠如に求めることが最近流行っている．その含意は，問題を解決するには政治体により多くの社会資本を注入すべきだ，というものである．しかし，より多くの社会資本を探し回るのは，新人職工に肘の潤滑油1パイント〔ありもしないもの〕を取りにいかせるようなものである．社会資本はものではない——それは生のゲームとともに進化してきた均衡の性質を語る時に使う言葉にすぎない．同様に，市民が国家の役人に従う理由を知りたいとしても，それは市民が役人の権威を尊重するから，と言うのでは説明にならない．それでは，レンガ積みアーチの石が崩れ落ちないのは石が動かないからだ，と言っているようなものである．

人々が無私に行動しない場合にも協力は可能であると語るのはたちが悪いとされるのと同じように，フォーク定理が権威，義務，信頼といった一見複雑な概念の作用を説明できると考えるのは無邪気であるとされる．言うまでもなく，いかなる社会契約においてもこれらの概念の作用するしくみが単純であるなどと考える者はいない．現実の社会契約の詳しいしくみは，私たちの想像力をはるかに超えて複雑である．しかし，伝統的な道徳の専門家たちは，易しいことをわざわざ難しく考えるのに忙しく，こうした原理的な問題を論じるには程遠いのである．フォーク定理が人間の社会性を理解するためのひとつの小さな鍵以上のことを教えてくれると考えるのは無邪気である，という点で彼らは正しいが，後に見るように，たったひとつの小さな鍵があるだけで，同じ専門家たちが猛烈にまき散らす煙を鎮めることができるのである．

協力の進化　ダーウィンは私たち人間がヒヒに似ていることに言及していた．近年では，チンパンジーのほうが人間に近いと認められている．私たちは，ほぼすべての遺伝子をチンパンジーと共有するだけでなく，多くの点でチンパンジーと同じように行動する．ドゥ・ヴァールの『利己的なサル，他

人を思いやるサル』はさらに進んで，チンパンジーが共感し合い，仲間の立場に立って物事を相手の視点で見るという確たる証拠を提供する．よって，私たちの正義感の礎石は人類が歴史に登場する以前に築かれていたはずである．

　チンパンジーや他の霊長類に関してこうした驚くべき新事実が発見されたことにより，人間は単なる類人猿の一種にすぎないと主張する論者が現れるようになった．これは，私たちが何か神性の輝きを賦与されていて，犬や猫のような単なる機械的動物以上の存在であるという，よく知られたデカルト的主張に対する自然な反応である．しかし，私たちと他の動物の区別をなるべく小さく見る視点を採用すると，チンパンジー社会によく見られる食物の割り当てと，現代にまで生き延びた狩猟採集民族に時おり見られる極端な平等主義との間の大きな隔たりを説明する望みをすっかり放棄することになる．

　私たちは確かに裸の類人猿であるが，だからといって，人間のテーブルマナーについて知るためにはヒヒの食事の様子を観察すべきだ，ということにはならない．私たちの脳は生物学的なしかけの寄せ集めであるが，掃除機の音を聞くことによってフランス語を習得できるわけではない．エチケットや言語のように，正義もまた人間だけに見られる現象である．これを理解するには，人間と他の動物の共通点と同じくらい，いやそれ以上に，相違点に注目する必要がある．答えの一部は，均衡選択問題を解くための手段として文化を利用する人間独自の能力にあると思われる．

　ゲームには通常，多くの均衡が存在する．例えば，運転ゲームには3つある．全員が左側を運転する均衡と全員が右側を運転する均衡はどちらも効率的である．道路のどちら側を運転するかランダムに決める均衡は非効率的である．なぜなら，道路の同じ側を運転することにより，全員がより高い利得を得ることができるからである．

　生のゲームには複数の均衡が存在するため，プレーヤーを組織してうまく機能する社会にするためには，進化の過程が均衡選択問題を解かなければならない．運転ゲームの例でいうと，進化の過程はいかにして，ドライバーがランダムに運転する非効率的な社会契約ではなく，全員が道路の同じ側を運転する効率的な社会契約を採用するのだろうか．

フォーク定理によれば，複数均衡の問題は人類の祖先がプレーした繰り返しゲームにおいてはるかに深刻であった．合理的なプレーヤーが合意したいと考える可能性のあるすべての効率的な結果のみならず，多数の非効率的な均衡解も均衡結果として利用できるからである．なぜ進化の過程は多くの非効率的な均衡ではなく効率的な均衡のひとつを首尾よく選び出すと期待すべきなのだろうか．

　答えは集団間の競争を仮定して説明される．まったく同じ型の小さな社会が多数存在し，それぞれ2つの社会契約 a か b のいずれかを実行しているとしよう．もし a を実行する社会の各メンバーの適応度が b を実行する社会でその人に対応するメンバーの適応度よりも高いとしたら，やがて a が支配的になるだろうという主張が成立する．

　ある市民の適応度が高いというのは，この文脈においては，平均してより多くの子供を持つということである．社会契約 a を実行している社会はしたがって成長が早い．人口増加の問題は親社会（元の社会）の社会契約を引き継ぐ植民地の形成・分離によって解決されると考えるならば，最終的には社会契約 b と比べて a を実行する社会の複製を多数観察することになるであろう．

　標準的な進化論の話をこのように読み替えるのは2つの点で独特である．第一は，選択が集団間で起きることである．とすると，なぜこれは集団選択の誤謬の一例ではないのか．

　理由は，競合する社会のひとつひとつがプレーする生のゲームの**均衡**が社会契約とされるからである．しかし，均衡間の選択は，個々人が公共善のために何らかの犠牲を払うことを要求しない．なぜなら，どの集団のどの個人も，自らが属する社会の社会契約に従ってすでに自己の適応度を最適化しているからである．利己的な遺伝子のパラダイムは終始維持されるのである．

　この話が独特である第二の点は，親社会の社会契約が遺伝ではなく**文化的**な手段によって植民地に伝えられることである．

　この観察は社会生物学の批判者を困惑させる．なぜなら彼らは，社会生物学者は「遺伝子決定論者」である，と信じて疑わないからである．よって，ここでちょっと脱線して，共進化について説明する必要があろう．人間につ

いて重要なことはすべて遺伝子が決定する，というまったく愚かな見方に社会生物学者は同意しないのだ，ということを肝に銘じなければならない．皆と同じように，彼らも文化は重要であると信じているのである．

共進化　私たちを他の動物から区別するものは何であろうか．素朴な答えは，進化がどういうわけか私たちに大きな脳をもたらしたおかげで，私たちは科学と芸術を生み出して世界を支配できるようになった，というものである．しかしながら，大きな脳が先行し，それゆえ人類の成功を説明する主役の座を与えられた，という安易な仮定を拒否する社会生物学者のほうがはるかに正しいと私は思う．

　社会生物学者は人間の行動に重要なのは生物学のみであると信じている，と批判されるが，ローラ・ベツィヒの『人間の本性』やボイドとリチャーソンの『文化と進化過程』などで採用されている社会生物学の主流の立場では，私たち人間は生物学的進化と文化的な進化の連携作用の産物である．エドワード・ウィルソンはさらに進んで「共進化」という用語を使い，私たちが生まれ育つ文化から学ぶことは遺伝子に書き込まれている本能と同じくらい重要であることを強調した．

　さまざまな野生児に関する逸話が示唆するように，私たちの大きな脳は，発達段階に応じて適切な情報を提供する文化で育たない限り，何の役にも立たない．デカルトの神性の輝きに代えて大きな脳の理論を単純に持ち出すのではなく，私たちは文化それ自体を自律的な現象として扱うことを学ぶ必要がある．

　文化はいかにして私たちを他の動物から区別するのだろうか．結局のところ，チンパンジーやヒヒも社会的動物であり，ある種の文化を維持している．また，ヒバリでさえ近隣でどんな歌が流行っているかを聴いて覚えるのである．人間特有の性的行動を除けば，明らかな答えは，私たちが高度に柔軟な言語を持つ一方，他の動物はごく身近な出来事だけに関する限られた一連の信号を使うにすぎない，ということである．しかし，人間の社会契約の起源を理解するためには，人間の信号体系が言語として認識される**前**の時代に遡って，なぜ人間の社会は言語が発達するための豊かな土壌になり得たのかを

問う必要があろう．私の推測では，すでにそれまでの間に共進化の過程が人類を他の類人猿から分かつ大きなステップを踏み出していたのである．

私たち人類はどうやら，文化をある種の集団的無意識または集団心理として用いて過去の試行錯誤の結果を蓄積し，現在の個人による新発見を組み入れていくようになった．このような文化的資源のおかげで，人間の集団は新しい課題や機会に直面しても柔軟に対応できるようになり，個々人が自らの経験を通じて知り得ることしか知らない場合に比べてより大きなパイを作り出すことができるのである．

文化というものは，いかに私たちが互いにうまくやっていくか，つまり共同で作ったパイを無駄な争いを起こさずにどうやって分け合うか，ということに関するものがほとんどである．私が最も関心を寄せるのは社会契約のこの側面である．多くの人類学者は依然として，文化的伝統のみがそのような問題にとって重要であると主張する．しかし，いかなる社会契約が進化できるかについて人類生物学が制約を課さねばならないことは私には明らかに思われる．ちょうど，進化可能な言語の深層構造を人類生物学が制約するように．

デイヴィッド・ヒューム（David Hume）は同様な点を指摘して以下のように述べた．すなわち，私たちの社会を支配する「自然法」は実際には人為的なものであるが，それが「自然」と呼ばれるのは，そのような法の存在が人類にとって自然であることが一目瞭然だからである，と．同様に，人間の社会が言語を持つのは自然であるが，実際に使われる言語はその社会の文化・歴史の所産である．私は同じことが社会契約一般について当てはまると思う．人間の社会が社会契約を持つのは自然であるが，実際の社会契約はその社会の文化・歴史の所産である．

それゆえ，人類の道徳に**普遍的特性**を見いだすためには，さまざまな社会の多様な文化の表面下に横たわっているものを見つめなければならない．私たちの遺伝子に書き込まれた社会契約の深層構造に注目すべきなのである．

伝統主義者はこの提案に対して敵意を剥き出しにする．なぜなら，遺伝子には自然の野蛮さしか書き込まれていない，と考えているからである．私たちに可能な社会契約は生のゲームの均衡以外にない，という限りにおいて伝

統主義者は正しいと思われるが，そのような均衡が必ずホッブズの自然状態に似たもので，人生は「孤独，貧困，陰湿，残酷，短命」である，と考えるのは間違いであろう．反対に，フォーク定理が教えるように，人類の祖先が生の繰り返しゲームの均衡に対応する社会契約に縛られていたとしても，社会において効率的な協力が進化する妨げにはまったくならなかったはずである．

1.6 公平性

　安定性の要請により，社会契約は生のゲームの均衡でなければならない．しかし，ほとんどのゲームには多数の均衡が存在するため，私たちは均衡選択（equilibrium selection）の問題に直面する．効率性の要請がこの問題の解決をいくらか助けるが，フォーク定理が教えるように，社会契約として利用できる効率的な均衡は数多い．社会がうまく機能するためには，これらのうちのひとつを選び出して調整を行わなければならない．

　共有地の悲劇の例でいうと，効率的なヤギの数は1000頭である．これを100家族で分け合う方法は多数あり，いずれも繰り返しゲームの均衡結果として支持される．私たちはこの話に出てくる家族の具体的な状況については何も知らないが，これらの結果のうちのひとつ——各家族が10頭のヤギを飼うもの——が特に注意を引く．なぜか．それは，何らかの理由でそれが公平な結果であると思われるからである．

　私たちはなぜ公平性を気にかけるのか．それは，進化の過程で私たちの祖先が直面した生のゲームの均衡選択問題を解く鍵が公平性にあるからだ，と私は考えている．

　この推測にはどんな根拠があるだろうか．人類学者の調査対象となり，今日に至るまで純粋な狩猟採集経済を維持して生き延びてきた社会は，すべて似たような社会契約を似たような深層構造とともに有していた．これは全世界に——カラハリ砂漠のブッシュマン，グリーンランドのエスキモー，オーストラリアのアボリジニ，そしてブラジルの先住民に——当てはまる現象である．彼らはボスの存在を許さず，非常に平等主義的な共有の基準を持つの

である．

　この興味深い事実については後ほど詳しく論じるが，とりあえずここでひとつだけ強調しておきたい．世界的に観察されるこの態度は遺伝的に決定されるのであろうが，私たちは決して，各人が能力に応じて貢献しニーズに応じて受け取るユートピア的無政府状態に生きるような遺伝的傾向にまったく逆らえないわけではない．社会の経済的生産手段が複雑化するにつれて社会契約が適応しなければ，より高度な技術と分業によって可能となる利益を効率的に利用することはできない．しかし，歴史上に見る多くの適応はすべてほぼ間違いなく文化に起源を持っている．生物学的にうまく説明するには時間間隔が短すぎるからである．

　食物の共有について人類学者が定量的な証拠を集め始めた頃には，すでに純粋な狩猟採集社会は絶滅しかけていた．よって，異なる社会の異なる人々が抱く公平感の詳細を決定するうえで文化がどれほど重要であったのか，私たちには知る由もない．ただし，公平規範が現代社会でどのように作用するかについて，エルスターの『局所的正義』やヤングの『衡平性』などが示す一般的評価を信頼して案内役とするならば，現在観察される文化的な差異はきわめて大きい．私たちが用いる公平規範がすべて遺伝子によって決定されていることは，あり得ない話である．

　異なる社会で何が公平とされるかは，話される言語と同じで社会によって変わる可能性がある．基本的に単一言語の国においても異なる地域で異なる方言が使われるように，公平に関する見方は社会によって，あるいは同じ社会でも時と場所によって，異なるかもしれない．さらに，ある社会に属する人々は，相手にする集団によって，あるいは同じ集団であっても異なる状況において，異なる基準を用いるのである——ちょうど，子供たちが互いの間では十代の若者言葉を話す一方で，両親とはきちんと話をして理解するように．

　私たちが何をもって公平とするかは文化と遺伝の双方に依存する，というのが私のこれまでの主張である．文化は多様であるから，正義についての**普遍的な**原理——その深層構造——が存在するのであれば，同じ種のメンバーとして私たち全員が共有する遺伝子に書き込まれていなければならないであ

ろう．そのような深層構造の存在を推測してかまわないとしたら，次に問うべき問題は明らかである．公平性の深層構造はどのような形をしているのだろうか．

原初状態　私は本書で以下の命題を擁護する．すなわち，人間の公平規範に共通する深層構造は，ジョン・ロールズが名著『正義論』で**原初状態**（original position）と呼んだ概念装置に定型化された表現を与えられている．

　ロールズは，原初状態を仮説的な立脚点として用いて，公正な社会はどのように組織されるかについての判断を下す．社会のメンバーは，仮に自らの現在の社会的地位・役割が「無知のヴェール（veil of ignorance）」の向こう側に隠されていてわからないとしたら，どのような社会契約に同意するか，と想像してみるように問われる．この無知のヴェールの背後では，構想される社会での利益の分配はあたかもくじで決定されるかのように見える．「遅れた者は鬼に食われろ」〔早い者勝ち〕というのでは，原初状態で交渉している者たちにとって魅力的な原理にはならない．あなた自身が，後ろのほうを割り当てるくじを引いてしまうかもしれないからである．

　ロールズは，イマニュエル・カントの定言命法を応用可能にするものとして原初状態の概念装置を擁護するが，私に言わせれば，これはうわべを飾っているにすぎない．この考え方を初めて耳にする人々はたいてい納得するけれども，それはその人たちが生まれつき形而上学に向いているからであるとは思えない．本当の理由は，日々の生活の大半をなす無数の小さな調整ゲームの均衡選択問題を解くために，人々が毎日実際に用いている公平規範に合致する原理がそこに見いだされるからであろう．

　強調しておくが，私はここでロールズにならって国民国家が直面する大規模な調整問題を論じているのではない．私たちの公平感はそんな大きな規模で使われるように進化したのではない．また，道徳の自称専門家たちが売り込もうとする，人為的で非現実的な正義の原理を話題にしているのでもない．そんなものにはせいぜい口先だけの敬意が払われるだけである．あるいは，西側の手によってイスラム世界が被ったとされた屈辱の代償として何千人もの罪のないニューヨーク市民が死すべきである，ということをオサマ・ビ

ン・ラディンに信じさせるに至った道徳的病理の類のことを話しているのでもない．私が対象とするのは，日々の調整問題の解決のために私たちが現実に用いている実際の原理である．

　私が念頭に置いている調整問題は，私たちが概して熟慮や議論なしに解決している類のものである——通常きわめてスムーズに難なく解決されるため，私たちは解かれるべき調整問題が存在することに気づきもしない．誰があの扉を最初に通るのか．アダムがどのくらい話したらイヴの番が来るのか．狭い通路で買い物袋を抱える太った婦人が，鼻にリングを引っかけた少年のそばを通る時，どちらがどれだけ動くべきなのか．人気のある料理が全員に行きわたるには十分でない時，誰がどのくらいとるべきか．車の交通量が多い時，誰が誰に道を譲るのか．誰があの駐車スペースを確保するのか．今晩，皿洗いをするのは誰の番か．これらはささいな問題であるが，解決が必要になるたびに争いが起こるとしたら，社会は崩壊するだろう．

　2人の人間が通路でどのようにすれ違うかについて何か問題になることがあるかもしれないと聞くと，たいていの人は驚く．文化を共有する人々の間では，そうした調整問題は難なく解決されるので，問題として意識されることすらない．私たちの公平性のプログラムは意識の次元のはるか下を走っており，自動車の運転や靴紐の結び方の内面化・慣習化された手順のようである．モリエールの『町人貴族』に出てくるジュルダン氏が，生涯にわたって散文調で話をしていた自分を発見して喜んだように，ささいな状況において道徳的であっても，私たちはそれをまったく意識しないのである．

　親指に気をとめるのはそこに痛みを感じる時だけであるように，私たちが道徳のルールに気づきがちなのは，それらを適用する試みがうまくいかない状況においてのみである．コンラート・ローレンツは，生後間もないコクマルガラスの雛が大理石のテーブルの上に置かれた時に水浴びの一連の仕草を見せたことを観察したが，私たちは彼と同じ立場にいるのである．特異な状況でそのような本能的行動を引き起こすことにより，ローレンツは鳥が水浴びをする時に本能的であることとそうでないことについて多くを学んだ．しかし，この重要な情報を得るためには，水浴行為によって大理石のテーブルの上の鳥が何らかの進化的優位性を獲得すると想定してしまう間違いを避け

る必要がある．

　同様に，道徳的アルゴリズムのしくみについては，それを特異な状況に置いてみることにより多くを学べる——ただしそのためには，道徳ルールはそれが解決しない調整問題に適応して変化すると仮定する過ちを犯してはならない．しかし，思うに伝統的なモラリストたちが無意識のうちに自らの倫理原則を蒸留抽出するのは，まさにそのような例外的状況からである．私たちはこうした状況のみに着目して際限なく議論するが，それは調整の失敗が否応なく私たちの目をこうした状況に向けさせるからである．

　そのようなゲームについて論じるべきではない，と言っているわけではない．反対に，そもそもこの問題を研究する価値がある理由の一部は，社会契約が適切に扱うことのできるゲームの範囲を広げる必要性である．しかし，自然な道徳がどう作用するかを学ぶには，それが作用しない状況だけに注目してはならない．

平等主義か功利主義か？　ロールズの原初状態が人間の公平規範の深層構造に組み込まれていると論じるにあたり，私には２つの任務が課される．第一に，そのようなメカニズムを私たちの遺伝子に書き込ませるに至った可能性を持つ進化の圧力について，納得のいく説明をしなければならない．第二に，この生物学的メカニズムが文化的伝統と作用し合い，私たちがプレーする生のゲームで特定の均衡を選び出すしくみを説明しなければならない．

　第一の任務は第９章に進むまで棚上げしておかなければならないが，第二の任務には直ちに注目する必要がある．なぜなら，原初状態に関する正統派の文献は，一般に正反対と考えられている２つの方向性を示すからである．ジョン・ロールズによれば，各市民の基本的な権利と自由が保障されたうえで原初状態の装置を用いると，財とサービスの平等主義的な分配に行き着くという．他方，ジョン・ハーサニ——ロールズとはば同じ頃，独自に原初状態の装置を提案した——は，原初状態の利用は功利主義的な分配にたどり着くと主張する[3]．

　私の自然主義的アプローチは，ハーサニとロールズの結論をある程度調和させるが，調和の実現には，彼らの考え方を脱カント化してヒューム流のボ

トルに注ぎ直すという犠牲を伴う——ただし，この作業に寄せる両者の支持はかなり慎重であった．しかしながら，このような新しい視点を採用することにより，形而上学的推論がまったく不要になるだけでなく，人間の共感能力と，公平性を調整装置として利用することとを関連づけて考えられるようになるのである．

共感と個人間比較　原初状態は，「自分がしてほしいことを他人にしなさい」という原理を基礎に，「自分がしてほしいからといって，それを他人にしてはならない．人々の嗜好は異なるから」という反論を考慮したもの，といえるかもしれない．例えば，アダムはジョギングに熱心で，凍てつく雪景色のなか10マイル走に出かけるために，夜明け前に起こされても何ともないかもしれないが，自分がそうしてほしいからといって，アダムがイヴを日の出前に揺り起こそうとしたら，イヴは機嫌を損ねるであろう．

　原初状態は，このような状況ではアダムがイヴの嗜好を考慮することを要請する．すなわち，原初状態においてアダムは，仮に自分が仮説的な無知のヴェールの背後からイヴの地位・役割を占めてこの世に登場したらどう思うだろうか，ということを考えなければならないのである．したがって，彼は自らを彼女の立場に置いて，彼女の視点で物事を見るため，彼女に共感する能力を持たねばならない．彼女も同時に，彼の立場に立って，彼の視点で物事を見るため，彼に共感できなければならない．

　ジョン・ハーサニが見抜いていたように，2人の合理的な人間が共感し合うことの意味を把握するということは，理にかなった効用の個人間比較がいかにして可能であるかという永年の謎を解くことに等しい．彼は公平性の比較を可能にする形でアダムとイヴの厚生水準を測定できるような簡潔な理論を作り上げた．そして，そこで得た個人間比較の基準を形而上学的に説明しようとしたが，私はこの基準は社会の文化・歴史の所産であると考える．

　個人間効用比較の基準は文化的に決定されるというこの主張は，公平性と

---

3) ハーサニによれば，この考え方はウィリアム・ヴィクリーのものである．哲学者ロバート・ヘアは，この考え方の彼自身による解釈をクラレンス・ルイスに負うとしている．

言語の間にアナロジーが成立するという私の考えの2本目の柱を成す．エルスターの『局所的正義』やヤングの『衡平性』が提供する情報によると，公平規範は時間と場所によって大きく異なる可能性があるが，異なる規範を記述する際の暗黙の前提は，個人間比較の基準には何の問題もなく，変化するのは規範の深層構造である，ということになっている．私の解釈では，少なくともある種の差異については，生物学の保証により深層構造は一貫して原初状態の装置であって，観察される規範の相違は主に個人間比較の基準が文化や状況に応じて異なることで説明される．

　以上のような考慮事項をアダムとイヴの原初状態における交渉の分析に取り入れるにはどうすべきだろうか．それはハーサニとロールズの間の論争にどう関わってくるのか．日常生活の公平規範は平等主義的か，それとも功利主義的であろうか．これらを大まかに説明するだけでも，交渉の経済理論に関する知識がいくらか必要になるが，次章でその作業にとりかかる前に，これまでの議論でわかったことを要約しておきたい．

1.7　改革

　本章では公平性に関する私の理論のあらましを説明したが，その特色は，実際に使われている公平規範がすべてロールズの原初状態という深層構造を共有するという主張にある．この深層構造は生物学的に決定されるため，人類に共通のものである．しかし，原初状態で入力情報として必要になる個人間比較の基準は，文化的に決定されるため，時と場所によって変わってくる．

　言語とのアナロジーは顕著である．公平性の基準を用いて調整問題を解決する能力は，言語と同じく，私たち人類を他の動物から区別する数少ない特徴のひとつであると思われる．大胆な推測であることは承知しているが，私の考え方はそれなりに説得力を持ち，後の章でその含意を追求する価値が認められるようになったと希望する．

　カール・マルクスならば，社会の理解に努めるのは大いに結構だが，要は社会を変えることだ，と答えるだろうし，私もそれに反対はしない．私の切なる願いであるが，社会の現実のしくみを科学的に研究すれば，どんな種類

の改革が人間の本性と両立するか，または両立しないため失敗する運命にあるかが明らかになり，そのおかげで私たちの孫の世代にとって世界はより住みやすい場所になるだろう．

　例えば，小規模な調整問題の解決のために私たちが日常的に用いる公平規範を社会改革という大規模な問題に適応させようという実際的な提案を考えてみる．これは私が述べる事柄のなかで伝統的モラリストも部分的には受け入れる数少ないもののひとつである．しかし，彼らはこの考えで急ぎたがり，小規模な問題の解決に公平規範が実際にどのように用いられるのか，その現実をまずじっくり考えることを怠りがちである．特に彼らは，公平規範が力の行使の代用品としてではなく，力を均衡させる多数の方法からひとつを選び出す調整手段として進化した，という事実を直視したがらない．

　この現実逃避傾向が明白になるのは，伝統主義者が原初状態の装置を用いる際に個人間比較をどのように行う「べき」かを皆に指図し始める時である．しかし，小規模な公平判断を行う際に私たちが入力情報として実際に用いる個人間比較の基準は文化的に決定されているということが正しいならば，そうした態度は必然的に社会の基礎的な権力構造を反映するだろう．理由は何であれ，こうした態度が異なるものであったなら，と望まれるかもしれない．しかし，どこか架空の理想世界で何が公平とみなされるかについての形而上学的な議論を切り売りしたところで，実際に人々の心を捉えたいと願っている現実的な改革者にとっては，事態を混乱させるだけである．改革によって生じる費用と便益の分配が，確立された個人的習慣や文化的慣習に照らして公平でないならば，説教壇から何が聞こえてこようと，公平性を根拠としてその改革案に同意する者はいないだろう．

　たしかに，このような事実を直視するためには，社会にとって時期尚早な改革を急き立てるのは時として無意味ないし逆効果である，ということを認識する必要がある．古代において奴隷制の廃止を強く迫ったとして，誰が得をしたであろうか．当時はアリストテレスでさえ，異邦人は奴隷になって当然だと考えていたのである．聖人のようなスピノザでさえ，女性が劣っているのは自然であるとわざわざ時間を割いて詳述していた時代に，女性の解放が何を意味したであろうか．ひとり相撲をとる代わりに改革の主導者たちが

行うべきは，現行の社会契約の性質と，現時点で利用可能なあらゆる手段を用いてそれを変革することで可能となるすべての社会契約の性質とを，情に流されずに評価することである．実現可能性の問題を真剣に考え抜いて初めて，何が最適であるかを問う意味が生じる．

　この実用的な態度に当惑する伝統的モラリストたちは，私のような自然主義者がいったい最適性について論じることができるのか，理解できないふりをする．社会にとって何が最適であるか，私にどうやってわかるというのか．私の権威の源泉は何か．私にとっての燃え尽きない柴〔聖書で神の使いがモーセに語った言葉〕や石の銘板〔正義・法の象徴〕はどこにあるのか．

　答えはというと，私には道徳的権威の源泉などまったくないのである――ただし，私は誰もがまったく同じ境遇にあると思う．より良き社会を目指す私の願いは，私の個人的な来歴と生まれ育った文化による偶然の産物であることを私は重々承知している．もし私の人生が違った歩みを遂げていたとしたら，あるいは私が異なる文化の下で育っていたとしたら，私の願いは異なるものであっただろう．にもかかわらず，私は現在の私の願いを抱くのである――他の人も皆同様である．

　この点に関する自然主義者と伝統主義者の唯一の違いは，自然主義者が何らかの絶対的権威の源泉をでっちあげて自らの願いを他人に強制しようとはしないことにある．権威の源泉などなくとも，社会が異なる仕方で組織されていたならば，と思い描くことはできる．同様な願いを抱き，権力の梃子に近い人々が数多く存在すれば，結束して社会契約を変更することができるのである．人々がそれを望むから，というそれだけの理由で．

　私たち自然主義者の考えでは，改革が意識的に実施される時は常にこうしたことが起こっているのであり，それに伴うレトリックは何でもかまわないのである．その時その時で最も有効なレトリックの方針を探し回って何であれ使うという伝統的戦術に従うならば，私たちももっとうまく仲間を増やせるだろうことは間違いない．そうしないのは，文化の歴史がどうやら私たちの頭に組み込んだ人為的美徳のひとつに，知的な誠実さというものが残っているからである．

　私たちがこの不便な考え方に囚われるようになってしまった理由と経緯は，

私にはまったく説明できない謎であるが，私たちは不利な条件に負けず最善を尽くし，敵が建てた空中楼閣をからかうことにする．ただし，そのお楽しみは第3章までお預けにしておいて，次に交渉理論を駆け足で見ていくことにしよう．

第 2 章

交渉理論

Bargaining

> 30 ポンドという彼の数字に対して,私はそれよりよさそうな 25 ポンドを提示した.すると彼は残念そうに白髪交じりの頭を横に振った.私たちは値段交渉を続けたが,彼のほうが一枚上手で,結局は 35 ポンドに落ち着いた.
>
> P・G・ウッドハウス『ジーヴスとねこさらい』

2.1 現実的交渉

本章では,第 1 章に引き続いて公平性に関する私の理論の大まかな検討を続けるため,原初状態を論じる際に生じる交渉問題に注目する.

公平性に基づいて日々の調整問題を解決する時,2 人の人間は,交渉が終わった後で自分たちの社会的地位・役割は無作為に割り当て直されると仮定し,そのもとで到達するであろう合意の内容を暗黙のうちに計算していると思われる.このような仮説的な交渉は,一般に無自覚のまま行われるが,私たちは何が起きているのかについて十分に認識しているので,そのしくみが初めてジョン・ロールズの原初状態という形で描写されても,たいていの人は身に覚えがあると感じるのである.

私はロールズが思い描いたとおりに原初状態が用いられることを期待し,孫の世代にはより公平な社会でより満足のいく人生を送ってほしいと考える人たちの改革熱に焦点を合わせたい.しかし私は,同様の願いを抱く大多数の人たちとは異なり,次のように信じている.すなわち,原初状態という装置が社会問題を解決する潜在的な力を失わないためには,私たちがいま現在それを使って公平性に関するささいな問題を解決しているのと同じやり方でこの装置を大規模な目的に用いるのでなければならない.

とりわけ重要なのは,無知のヴェールの背後で行われていると想像される

交渉について現実的になるということである．仮説的交渉が原初状態の装置を用いるプレーヤーたちの経験の範囲外であったとしたら，どうして現実にそれを用いているといえるだろうか——たとえそれが，今晩，皿を洗う人を決めるような，つまらないことについてだけであったとしても．

　よって，ここから前進するためには交渉に関する適切な経済理論が必要である．その理論は，交渉のあり方を左右するルールを現実的に設定しなければならないのみならず，原初状態にある交渉当事者に対して自己利益の増進という衝動を超える動機を賦与する誘惑に負けてはならないのである．したがって，この理論では，原初状態で人々がどのように交渉するかを予測するために公平基準が用いられることはない．他の考慮はさておき，原初状態の利用自体が公平性に関する判断を常に伴うとしたら，原初状態を公平性の問題に関する最終控訴審にしようと提案するのは無意味であろう．さらに非戦略的な交渉の利用も，第9章で提示する原初状態の進化的起源には適さない．

　私は，公平な交渉に関する諸理論には意味がない，もしくは興味がないと言っているのではない．反対に，本書の目的のひとつは，公平な交渉とは何かについて，特定の見解を擁護することにある．ただし，その見解は理論に組み込まれる入力としてではなく，出力結果のひとつとして明らかにされるべきである．

2.2　待ち合わせゲーム

　トマス・シェリングは1950年代に，人々が調整問題をうまく解決する方法について，示唆に富む実験をいくつか行った．そのうち最も有名な実験では，2人の人間が翌日ニューヨークで会うことに合意したが，前もって時間と場所が指定されていない場合，この2人はいったいどうすべきか，という質問が被験者に向けられた．標準的な答えは，正午にグランド・セントラル駅に行くべきだ，というものである．ロンドンであれば，それはピカデリー・サーカスだろう．

　シェリングによれば，こうした調整問題の解決にあたって一般に人々の意見が一致する時，その総意はひとつの焦点（focal point）を形成する．ここ

で私は以下の点が非常に重要であると考える．すなわち，人々は焦点となるものが決まる過程で結局は何が重要であるかを事前に見抜いているようにはほとんど見えないが，どんな調整問題であれ，他の人々が何を焦点とみなすかについては，かなりうまく見極めるのである．本書は，人々が公平であるとみなすような焦点を考察の対象とする．シェリングのニューヨークの例では，公平性の問題は生じない．なぜなら，どこかで会える限り，どこで会うかは問題にならないからである．しかし，交渉の諸問題を論じるために数値例として私が利用する予定の待ち合わせゲームでは，どこで会うのが最善かについて，アダムとイヴの意見は真っ向から対立する[1]．

待ち合わせ場所	1	2	3	4	5	6	7	8	9	10
アダムの利得	0	6	16	19	22	28	34	40	44	46
イヴの利得	36	36	34	32	30	26	22	18	8	0

表1　待ち合わせゲームにおけるアダムとイヴの利得

各プレーヤーは別々に，表1に示されている場所からひとつを選んでそこで相手を待つ．選ばれた場所が一致した場合，それぞれが対応する利得（payoff）を，経済学者が効用（util）と呼ぶ有用性の概念単位で受けとる．違う場所が選ばれた場合，アダムはわずかな利得4を，イヴはわずかな利得2をそれぞれ手にする．したがって，同じ場所への調整は共通の利益となるが，アダムの満足度は右に行くほど高く，イヴのそれは左に行くほど高い．

アダムとイヴは，どのようにしてこの典型的な調整問題を解くべきか．2つの待ち合わせ場所は直ちに除外できる．アダムは場所1で会うくらいならば，むしろ会わないほうを選ぶだろう．イヴにとっては場所10で会うよりも，いっそ会わないほうがましである．しかしながら，その他の8箇所はどれも待ち合わせゲームの効率的な均衡であり，アダムとイヴは均衡選択問題に直面するが，公平性の考えはこの種の問題を解決するために進化したのだ

---

[1] 伝統的に，待ち合わせゲームは偏見混じりで「両性の闘い」と呼ばれている．新婚旅行中のアダムとイヴは，バレエの公演とボクシングの試合の会場のうちどちらで待ち合わせるか，事前に合意できなかった．イヴは前者に，アダムは後者に行きたいと思っている．

と私は信じている．

このような状況において公平性はいかに作用するのか．多くの理論が競合しているが，最も注目すべきは，公平な結果についての平等主義的（egalitarian）概念と功利主義的（utilitarian）概念の2つである．諸研究がこれら2つの選択肢に焦点を当てるのは正しいと思われるが，どちらがいかなる状況で適用されるのだろうか．私は，原初状態の装置に訴えることにより，いかなる場合にもこの問いに答えることができると思う．しかしながら，アダムとイヴが無知のヴェールの背後で交渉するとしたらいかなる取り決めに達するだろうかということを予測するためには，戦略的交渉を分析するための現実的な理論が必要である．

そうした戦略的交渉の理論を待ち合わせゲームに**直接**適用するとどんな結果になるだろうか．すなわち，アダムとイヴが利己的なプレーヤーで，対面交渉の機会が与えられたとしたら，どの場所で会うように合意するのが2人にとって合理的であろうか．本章の残りでは，この問いに対するゲーム理論の解答を，さまざまな平等主義的および功利主義的な公平規範をこの問題に適用する結果と比較検討する．

2.3 交渉問題

図1は一般的な交渉問題を本質に絞り込んで示している．図の網の部分である集合Xは，実現可能なすべての合意の集合である．X内の点の2つの座標は，2人のプレーヤーがこの点で合意した場合に受け取る利得を表す．待ち合わせゲームの場合のように，利得は効用と呼ばれる有用性の概念単位で計測される．実現可能集合Xの境界は，利用可能な効率的合意のすべてからなっている．

文字Dで記された実現可能集合内の点は現状を表す——アダムとイヴがなんら合意に達しない場合の結果である．境界の太線部分が示すのは，合意形成に失敗する点Dと同等以上に好ましいと双方が合意するような効率的合意のすべてである．合理的なプレーヤーはこれらの点のうちのひとつで合意に達するだろうということは一般に認められている[2]．

交渉決裂点Dが点（4, 2）にある時，交渉問題を待ち合わせゲームの一般化と見ることができる．そこでは，待ち合わせゲームの待ち合わせ場所に対応する，実現可能集合Xの境界線上の効率的な点だけではなく，X内の非効率的な点も合意として利用可能である．

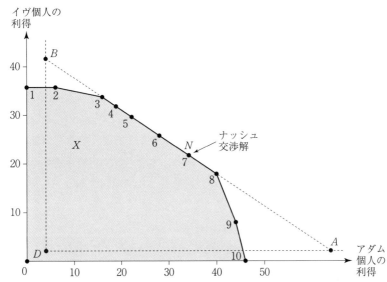

図1　待ち合わせゲームを一般化した交渉問題。10の待ち合わせ場所は数字で示されている．ナッシュ交渉解 N を見つけるには，A と B の中点で X の境界に接する接線を引く．

社会契約　本書では社会契約の問題はほぼ常に単純化され，2人のプレーヤーのみに焦点を当てる．私がロマンチックにも思い描くのは，エデンの園から追放されたアダムとイヴである．

　交渉問題を社会契約として解釈する場合，実現可能集合X内の各点は，アダムとイヴが直面すべき生の繰り返しゲームにおいて数多くの均衡のひとつに調整する際に受け取る効用ないし利得の組に対応する．集合Xが表現するのは，すべての実現可能な社会契約の集合——人間の生のゲームにおい

2）　合理的なプレーヤーは効率的な結果に合意するだろうという主張は経済学者によって「コースの定理（the Coase theorem）」と呼ばれているが，エッジワースは同じことを早くも1881年に提唱していた．

て可能なあらゆる安定的形態の社会経済編成——である．交渉問題における交渉決裂点 D は，現在アダムとイヴが実行しているとされる非効率的な社会契約を表している．

社会契約の豊かな構造のうち，集合 X における利得の組以外の要素は捨象されるため，重要な社会的活動がどれほどブラックボックスに放り込まれてしまうかを私たちは見失いがちである．特に，通常，右派の論者がもっぱら注目する安定性の論点は，ほぼ完全に捨象される——ただし，だからといって忘れてよいわけではない．

社会の富が，起業家に与えられる自由と労働者に提供される誘因とに依存することは誰も否定しないが，そのような考慮は生のゲームの均衡構造に組み込まれている．集合 X を構成する時に各均衡に割り当てる利得を決定する際には，そのことを考慮する必要がある．とりわけ，市場を適切に利用する社会契約は，指令経済よりも高い利得をもたらす傾向がある．しかし，いったん集合 X が構成されると，こうした論点は X の大きさと形に影響を与えない限り目につかないことになる．

もちろん，ある社会契約が実現可能集合 X から選ばれた後には，ブラックボックスを開けて，社会が合意した結果を実現するためにとるべき戦略を全員に知らせる必要がある．X からどの効率的な結果を選択するのが公平であるかを議論する際に無視されている（と右派の論者が考える）あらゆる論点が浮上するのはこの時である．

自然状態　　社会契約について論じる場合，交渉決裂点は伝統的に**自然状態**（state of nature）と呼ばれるが，私の自然状態はトマス・ホッブズの「万人の万人に対する闘い」とはまったく似ていない．また，すべての人が自然権を享受するジョン・ロックの牧歌的風景とも関係がない．後者では「誰も他人の生命，健康，自由，所有物を傷つけてはならない」し，財産権は自らの労働と財をかけ合わせることによって獲得される．ただし「他の人々が共同で利用できるように，充分な量と質のものが残される」という条件つきである．彼らの概念は，私の目には単なるフィクションにすぎず，ある特定の先入観に有利な結論を導くために作り出されたように見える[3]．

そうかといって，功利主義者の後を追い，現行の社会契約を完全に無視して新しいエルサレムを建設することができるふりをすることにもたいして意味はない．古いアイルランドの笑い話を思い起こそう．ある農民は，「ダブリンに行くなら，俺はここからは出発しないよ」と説明した．どこか違う場所から出発できたら，あるいはそもそも出発点などなかったら便利だったかもしれない，という点で彼は正しい．しかし，私たちは現在地にいるのである．好むと好まざるとにかかわらず，私たちは歴史の産物なのである．

2.4　ナッシュ交渉解

２人の当事者が，自分の自由になる交渉力をすべて持ち寄って対面交渉を行う時，交渉問題はどのように解決されるだろうか．このような戦略的交渉においては，公平性はレトリックの機能を果たすにすぎない．例えば，ヤン・エルスターは，スウェーデンの賃金交渉において24の異なる公平規範が提案されていたという．具体的な時間給をめぐる露骨な要求の代わりに，交渉当事者は，いったい誰の「公平規範」が適用されるのかを議論することができたのである．

ゲーム理論が合理的なプレーヤーによる戦略的交渉の分析を著しく進展させたのは，プレーヤーの特徴と交渉問題の性質が共有知識となっている場合であった．そこで，あまり現実的とは言えないこともあるが，私は常にこの場合を念頭に置くことにする．というのは，そうすることでさまざまな角度からの検討結果が収斂し，プレーヤーが平等な交渉力を持つ場合にはナッシュ交渉解が合理的な合意であることを示せるからである[4]．

ナッシュ交渉解を最初に考案したナッシュという人物は，ナッシュ均衡の概念を定式化したナッシュと同じであるが，２つの考え方が非常に異なるこ

---

3)　ホッブズは，イングランド市民戦争の混沌の後，王政を正当化しようとしていた．ロックは同様に，彼の時代に中世キリスト教の伝統に取って代わろうとしていた新しい商人階級の道徳を正当化するような議論を捻り出そうとしていた．

4)　交渉力が等しい場合に焦点を当てる理由は，無知のヴェールの背後で利用可能な交渉戦略が双方のプレーヤーにとって同じだからである．

とは言うまでもない．私のような見方をする者はほとんどいないのであるが，私はナッシュがノーベル賞に値するのは均衡概念よりも交渉解のおかげであると考える．交渉理論に対する彼の貢献はまったく独創的であるのに対し，彼の均衡の考え方には多くの先駆者がいたからである．

　数値例でナッシュ交渉解を求めるのは簡単である．それは，合意に達しない場合を基点として2人のプレーヤーの利得の増分の積が最大になる時である．したがって，待ち合わせゲームにおけるナッシュ交渉解は表1の場所7である．2人の利得の増分の積はこの時（34-4）×（22-2）=600であり，他のどの場所よりも大きいからである[5]．最も近いライバルは場所6と場所8で，利得の増分の積はそれぞれ（28-4）×（26-2）=576と（40-4）×（18-2）=576である．

　幾何学の好きな人は気づくかもしれないが，ナッシュ交渉解は図1の文字Nで示された点に当たる．この点は，NにおけるXの境界の接線上の点AとBの中点である．

なぜナッシュ交渉解か？　　ナッシュ交渉解は，等しい交渉力を持つ2人の合理的なプレーヤーが公平性に訴えることなく直接交渉する場合に到達する合意を予測する時，ゲーム理論が提供できる最強の武器である．これには，例えばカライ＝スモロディンスキー交渉解の一種でデイヴィッド・ゴティエが『合意による道徳』で再考案したもののようなライバルが存在するが，ナッシュ交渉解ほど強力に擁護できるものはない．ただし，本書の主題は戦略的交渉ではないので，ナッシュ交渉解の支持に使える最も素朴な議論を挙げておくにとどめる．

　図1において，点NはAとBの中点である．したがって，交渉当事者が等しい交渉力を持つ場合，実現可能集合がAとBを結ぶ直線の下方のすべてであるなら，合理的交渉の結果として自然な候補はNである．ここで，この仮の実現可能集合から結果を除去していき，最初の実現可能集合が残る

---

[5]　これが最大であることは，アダムとイヴにコインを投げるかカードを切るかして言い争いを避けさせる場合も変わらない．しかし本章では妥協の手段として無作為な仕掛けを用いることにあまり気を揉むつもりはない．

まで続けよう．これら捨てられた選択肢は「無関係」である．交渉当事者は，それらが利用可能であったにもかかわらず拒否し，代わりにNを選んだからである．したがって，合意される結果は，それらが除去された後も依然としてNのはずである．交渉にとって重要な要素は何も変わっていないからである．

ナッシュはこの議論を補完するため，2人のプレーヤーが同時に「受け入れるか否か」の要求を同時に出す，という特定の交渉モデルを考察した（4.7節参照）．そのような交渉ゲームには常に多数の均衡が存在するが，均衡選択問題の自然な解決はナッシュ交渉解に落ち着く．アリエル・ルービンシュタインは，誰かが折れるまでプレーヤーが交互に要求を出し合うという，より現実的な場合を考察した．均衡選択問題の自然な解決は，またしてもナッシュ交渉解であった．ただし，次々に出される要求の時間間隔が充分に小さいという条件つきである．

ナッシュ交渉解を支持するこれらの（そしてその他の）議論は，強力ではあるが反論の余地をまったく残さないわけではない．私の理論でナッシュ交渉解の代わりに何か別のうまい方法が用いられたらどうなるだろうか．理論の詳細はより複雑になるであろうが，結論の性質に実質的な変更が加わるとは思われない．

なぜ直接交渉しないのか？ ナッシュ交渉解は原初状態における交渉の結果を予測する手助けとして導入された．しかし，なぜアダムとイヴの交渉問題を直接解決するためにそれを使わないのか．2つの理由がある．

第一に，公平性は対面交渉が選択肢として存在しないような状況で使われるように進化してきたからである．私の推測では，おそらく言語の発生以前の話である．結局のところ，私たちは何らかの方法で互いに調整し合い，真の言語の進化を可能にする諸条件を作り出さねばならなかった．現在，日常的な状況で公平規範が用いられるのは，交渉が不可能であるか，交渉の費用が時間や金銭の面で便益を上回る場合がほとんどである．

第二の理由は，ナッシュ交渉解が公平性の内実とはまったく関係がないという点にある．これは，ナッシュ交渉解の導く結果がアダムとイヴの効用水

準を測る単位にまったく依存しない，という点に注目すれば明らかである．例えば，アダムの効用を2倍して，新しい効用1単位が古い効用1単位の半分に値するとした場合，新しいナッシュ交渉解は単純にアダムの享受する効用の数を2倍すればよい．結局，待ち合わせゲームにおいてナッシュ交渉解として選ばれるのは，アダムの利得を（交渉決裂点の利得も含めて）すべて2倍する前も後も変わらず場所7である．同様に，イヴの利得のすべてに3を加える前後でも，場所7が選ばれることに変わりはない．戦略的交渉で，そうならないことがあり得ようか．プレーヤーが効用水準を測るための秤を変えても，交渉力を変化させることはできない．それは，物理学者が気温の測定単位をセ氏からカ氏に変えたところで室温は変えられないのと同じである．

2.5 効用の個人間比較

ナッシュ交渉解は公平規範としての要件をまるで満たしそうにない．公平性の基準となるためには最低限，いかなる形であれ，アダムとイヴの厚生水準を比較しなければならないからである．

経済学の教科書は一般にそうした個人間の効用比較は不可能であるという．文字通りに受け取れば，これはなんら理論的正当化を伴わない一片の独断にすぎないが，教科書は以下の限りにおいて正しい．つまり，アダムの効用とイヴの効用は一般に認められたある比率で交換可能であるということを安易に仮定してはならないのである．この問題に敢えて言及する哲学者はほぼ例外なくそう仮定しているのであるが．よって私は，ジョン・ハーサニにならい，効用の個人間比較の理論的基礎を人間が互いに共感する能力に求める，とここに明記しておこう．

共感による同一化　仮にアダムとイヴが自閉症かその他の理由で互いにうまく共感することができないとしたら，原初状態の装置は2人の役に立たない．私たちが日々のゲームで公平規範を用いる試みがうまくいかない時（実際しばしばそうであるが），その主な理由は，共感によって他者と同一化することに失敗するためであろう．しかし，公平規範がどのように作用するかの

説明を始めるにあたり，私はジョン・ハーサニにならって，アダムがイヴに対して完璧に共感できる理想的な場合を見てみる．

アダムは控えめで，選択を迫られるとリンゴよりもイチジクの葉を選ぶかもしれない．これに対して，イヴが厚顔無恥で同じ状況下ではリンゴを選ぶとしたら，理想的にはアダムは，**もし自分がイヴであったら自分もリンゴを選ぶであろう**，と認めるはずである．この仮定のもと，ハーサニは簡単な議論により，原初状態にある人々はアダムの効用がイヴの効用とある一定の比率で交換できると考えているかのように交渉を行う，ということを示した．

文化　実のところ私たちは効用の個人間比較の基準を持っており，それが特定の社会では広く共有されているということは，よほど頑固な新古典派経済学者でない限り，誰も否定しないだろうと思う．しかし，さまざまな状況において誰がどれほど価値を持つのかを決めるために必要な複雑な計算を行う無意識の能力が，**なぜ進化の過程で私たちの脳に備わるようになったのか**，その理由が問われることはまれである．

この能力は，拡大家族のメンバーが互いの血縁関係の近さを認識する必要があったことに由来する，と推測するのは容易である．しかし，なぜ家族の範囲外で効用の個人間比較をする必要があるのだろうか．ひとつの理由は，そのような比較が原初状態の装置への入力として欠かせない，というものである．強硬な主張ではあるが，人類が自己と他者の厚生を比較する能力を進化によって授けられた理由はこれ**のみ**であると私は考えている．

しかし，ハーサニやロールズが仮定するように，特定の状況にあるすべての人が個人間比較の**同じ**基準を用いるのはなぜだろうか．答えは社会の文化・歴史に求めなければならないと思う．すなわち，ある社会で通用している個人間比較の基準は社会あるいは文化の進化によって決定され，その結果，用いられる基準の差異はいずれも長期的傾向としては解消されるのである（第8章）．

したがって，前章で述べたように，公平性と言語のアナロジーの第二の柱は，効用の個人間比較の基準が**文化的**に決定される，という主張である．何をもって公平とするかが場所，時間，状況によって異なるのはそのためであ

る．日本語がフランス語とは異なるように，現代ニューヨークの公平規範は，古代アテネのそれとは違うのである．例えば，古代アテネと比べて今日のニューヨークでは，女性の地位ははるかに高いが，騙されやすい人が平等な機会を与えられることはもはやない．

2.6　社会指標

　原初状態の装置を用いて公平性の判断を下す時，アダムとイヴは実際に交渉を行うわけではまったくない．仮に無知のヴェールの背後で交渉するとしたら合意するであろう取り決めについて，調整を行うのである．しかし，この取り決めはどんなものになるのであろうか．ハーサニとロールズはそれぞれ独自にこの問題を検討したが，非常に異なる答えに行き着いた．ハーサニは最終的な結果は功利主義であると主張する．他方，ロールズはそれが平等主義になると主張するのである．

　功利主義的交渉解および平等主義的交渉解が意味を持つためには，各プレーヤーに**社会指標**が与えられなければならない．この用語は十分に中立的で，社会指標の高低がすなわち「善」「悪」を意味するかのような先入観を決して与えないことを私は願っている．ものを買う立場にある時は安い価格を，売る時には高い価格を望むように，社会指標の高低の意味は状況に決定的に依存するのである．

　社会指標が必要となる理由は，交渉問題を特定する際に使われる私的な利得を公平性の計算にとって意味のある形で直接比較することができるという保証がないからである．例えば，待ち合わせゲームの利得がドルで与えられるとしよう．この時，アダムが乞食でイヴが億万長者であることが知れたら，表1の場所10においてアダムのほうがイヴよりも良い状態にあるとは誰も言いたくないだろう．

　したがって，私たちは各プレーヤーの私的な利得をそれぞれの社会指標で割って，測り直す．この再測定ないし**調整**の結果は，そのプレーヤーにとって交渉問題のさまざまな結果の可能性が持つ価値を社会的に評価したもの，と考えることができる．より正確に述べると，アダムの社会指標が3でイヴ

のそれが2であるということは，アダムの私的な効用3単位がイヴのそれ2単位と同じ価値を持つ，として話を進めるということである．

このような社会的判断は，待ち合わせゲームのような調整ゲームが過去にプレーされてきた歴史的状況によって形作られた，実に多くの要素を反映するものである．アダムは金持ちか，それとも貧しいか．イヴは太っているか，痩せているか．アダムは不法移民か．イヴは鼻にリングを引っかけているか．2人は夫婦であるか．2人は兄妹か．

考慮すべき文化的・状況的要因のリストは当然きりがないが，功利主義的交渉解と平等主義的交渉解の双方がこうした複雑性を端折り，そうしたの要因がアダムとイヴの社会指標に与える影響だけが重要であると主張する．実際，大事なのはそれらが2人の社会指標の比率に及ぼす影響のみであって，2人の社会指標が100と50であろうと，2と1であろうと，答えは同じである．

2.7 功利主義的交渉解

功利主義者は，結果の価値を評価するにあたって，アダムとイヴがその結果のもとで受け取る私的利得を各自の社会指標で割って得られる調整済み利得を合計する．よって，功利主義的交渉解は調整済み利得の和が最大となるような結果である．

数値例 待ち合わせゲームの功利主義的交渉解を異なる社会指標の組に対して求めてみると役に立つであろう．

アダムの社会指標がイヴのそれの2倍である――よって彼の私的効用2単位が彼女のそれ1単位に相当する――場合，待ち合わせゲームの功利主義的交渉解は場所3を選択する．彼の社会指標を2，彼女のそれを1とすると，場所3における調整済み利得の和は

$$\frac{16}{2} + \frac{34}{1} = 42$$

であり，これは他のいかなる場所に対応する合計値よりも大きい．最も近いライバルは場所4であり，功利主義的な調整済み利得の和は

$$\frac{19}{2} + \frac{32}{1} = 41\frac{1}{2}$$

である．イヴの社会指標がアダムのそれの2倍である――よって彼女の私的効用2単位が彼のそれ1単位に等しい――場合，功利主義的交渉解は代わりに場所8を選ぶだろう．この場所で新たに調整された功利主義的合計値は

$$\frac{40}{1} + \frac{18}{2} = 49$$

となり，これは他のいかなる場所に対応する合計値よりも大きい．最も近いライバルは場所9であり，調整済みの功利主義的合計値は

$$\frac{44}{1} + \frac{8}{2} = 48$$

である．

注意 社会指標を適切に選ぶことによって，待ち合わせゲームの功利主義的な結果を思いのままにできることは明らかである．したがって，あらかじめどのような社会指標が用いられるのかを特定せずに功利主義的な結果を論じても意味がない．とりわけ，アダムとイヴが等しい社会指標を持つのはなんら特別な場合ではない．特別であると考えるのは，あたかも私たちがすでにアダムとイヴの利得をあれこれ調整し，適切な比較を可能にしたことを当然視するようなものである．

アダムとイヴの調整前の利得が比較可能であると仮定する資格が私たちにはないように，さまざまな調整方法を用いて得られた功利主義的合計値が比較可能であると単純に仮定することもできない．例えば，アダムとイヴに同じ社会指標を割り当てる社会からイヴの社会指標の値を半分に減らすと社会は悪くなる，というのは馬鹿げているだろう．事実，どちらの社会も場所8

に落ち着くのである．

　最後に，功利主義的合計値が最大化される場所は複数あるかもしれない．例えば，アダムの社会指標が3でイヴのそれが2である時，対応する功利主義的合計値は場所3と8を含めて，その間のすべての点で最大となる．場所7はこの時，功利主義的交渉解であると同時にナッシュ交渉解でもある．

図解　こうした数値例よりも図2による図解のほうが簡単であろう．描かれているのは傾きマイナス1/2の直線である（この線上の点は2単位右に進むごとに1単位下降する）．アダムの社会指標がイヴのそれの2倍である時，調整済みの功利主義的合計値はこの線上のすべての点で同じ値をとる．集合 X と交わらない直線に対応する功利主義的合計値は実現不可能である．したがって，功利主義的交渉解は，傾きマイナス1/2の直線が X の境界にちょうど接する点 U で与えられる．

　アダムの社会指標が3，イヴのそれが2である場合，傾きマイナス2/3の直線が X の境界に接する数多くの点で功利主義的結果が生じるだろう．

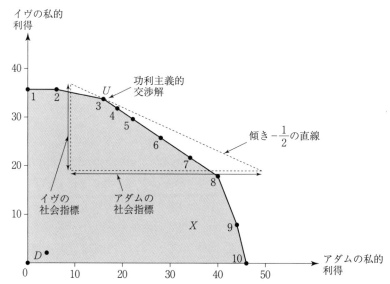

図2 アダムの社会指標がイヴのそれの2倍である時の功利主義的交渉解 U。U よりも大きな調整済み功利主義的合計値を持つ点は実現不可能である。なぜなら，より大きな合計値に対応する直線は実現可能集合 X と共通点を持たないからである。議論の本質を変えずに社会指標の値を増減させることができる。

2.8 平等主義的交渉解

各プレーヤーの私的利得は，まず当人の社会指標で割ることにより調整される．そのうえで，私たちが関心を寄せる種類の平等主義者は，ある結果を評価するために，それが現状を基点として各プレーヤーの調整済み利得をどれだけ増やすかを比較する．平等主義的交渉解とは，各プレーヤーの調整済み利得の増分が等しいような効率的結果のことである[6]．

待ち合わせゲームにおいて，現状でのアダムの私的利得は4，イヴのそれは2である．

---

[6] ロールズの格差原理は，プレーヤーの現状における私的利得をゼロとする時，この平等主義的結果に帰着する．ただし，ロールズが格差原理に訴えるのはプレーヤーの基本的な権利と自由が保障された後の話である．

アダムとイヴの社会指標が同じ時，平等主義的交渉解は場所6を選ぶ．そこでは

$$\frac{28-4}{1} = \frac{26-2}{1}$$

が成り立つからである．イヴの社会指標がアダムのそれの2倍である場合，平等主義的交渉解は場所4を選ぶだろう．なぜなら，

$$\frac{19-4}{1} = \frac{32-2}{2}$$

だからである．さらに，アダムの社会指標が3，イヴのそれが2であれば，以下の等式より，平等主義的交渉解は場所7でナッシュ交渉解と一致する．

$$\frac{34-4}{3} = \frac{22-2}{2}$$

アダムの社会指標がイヴのそれの2倍である時，調整済み利得の増分がちょうど等しくなる点は存在しない．アダムとイヴに可能な最善の策は，場所7と8を無作為に選ぶことである．2人が1週間のうち何曜日に出会うかを無作為に決めるとすれば，休日は場所7へ，平日は場所8へ行くというのが慣例になるかもしれない[7]．

この図解は図3に示されている．アダムの社会指標がイヴのそれの2倍である場合の平等主義的交渉解は文字Eで表されている．交渉決裂点Dを通る傾き$1/2$の直線が集合Xの境界を通過する点である．

[7) 場所7で会う確率を2/7とすることで，両者の調整済み利得の増分は平均して等しくなる．

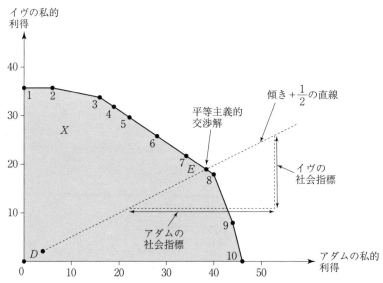

図3 アダムの社会指標がイヴのそれの2倍である時の平等主義的交渉解 E。議論の本質を変えずに社会指標の値を増減させることができる。

2.9 功利主義対平等主義

功利主義者と平等主義者を区別するものは何か．2つの見解の相違点がとりわけ注意を引く．

功利主義者は現時点の現状 D を無視する．私たちが現在どこにいて，どのようにしてそこへ至ったのかは，次にどこを目指すべきかとは無関係だと考えるのである．平等主義者は歴史に配慮する．現状 D の位置は，平等主義的交渉解で誰がどれだけ手にするのかに大いに関わってくるからである．したがって，この限りでは，フランス革命をめぐる大論争に関して，平等主義者はエドマンド・バークを，そして功利主義者はトマス・ペインを支持することになる．

2つ目の違いは社会指標の意味をどう理解するかにある．あるプレーヤーの社会指標を減少させると，調整済みの功利主義的合計値への彼・彼女の貢献分は増加する．よって，功利主義者は社会指標の低い市民への援助を好む．

他方，あるプレーヤーの社会指標を減少させると，平等主義的交渉解が彼・彼女に与える効用は**減少**する．よって，平等主義者は社会指標の高い市民への援助を優先するのである．

このように，功利主義者と平等主義者は社会指標の意味について正反対の見方を持っている．功利主義者は社会指標の低い人がパイのより大きな分け前にあずかるべきだとし，平等主義者は社会指標の高い人こそより大きな報酬を得るべきだと考えるのである．

2.10 強制執行

原初状態における合理的交渉の結果について正しいのはハーサニとロールズのどちらであろうか．

ハーサニとロールズはどちらも，仮にアダムとイヴが原初状態で交渉した場合に成立させるであろう仮説的な取り決めが2人によって遵守されるように何らかの形で強制する執行機関の存在を仮定する．ロールズは「自然な義務（natural duty）」と呼ばれる作用を考え出し，ハーサニは「道徳的コミットメント（moral commitment）」という同様な作用を提案した．私はそのような虚構を認めない．実効的な強制執行機関の候補として唯一ふさわしいのは，アダムとイヴが公平にプレーしない場合に罰を与える，この2人以外の人間だけである．しかしながら，ハーサニやロールズが仮定した類の強制執行機関が存在するならば，ゲーム理論がお墨付きを与えるのはハーサニの主張であり，つまり，アダムとイヴは無知のヴェールの背後では功利主義的社会契約に同意するだろう．

ゲーム理論家がジョン・ハーサニに賛同するのはさほど驚くべきことではない．1992年に彼は，ゲーム理論に対するノーベル賞をジョン・ナッシュ，ラインハルト・ゼルテンと分かち合ったからである．ただし，私たちの賛同は同類の人に対する見当違いの忠誠心によるものではなく，論理が導く帰結である．これが意味するのは，ロールズが原初状態における交渉問題を正しく分析していたとしたら，ハーサニと同じ功利主義的な結論に達していたはずだ，ということである．

ロールズの誤りを見つけるのは容易であるとゲーム理論家は考える．ロールズは，原初状態の場合には通常の意思決定理論が適用されないと主張し，代わりに，フォン・ノイマンが2人ゼロサムゲームにおいて最適であることを示したマキシミン基準の使用を提案した．よって，ロールズが考え出した公平規範がマキシミン基準の適用を求めるのはなんら驚くに値しない．しかし，なぜ無知のヴェールの背後でプレーされる交渉ゲームを純粋な利害対立のゲームであるかのように扱わなければならないのか．

　ロールズが『正義論』を書いたのは，当時隆盛を極めていた功利主義に対して周到に吟味された代替案を提供するためであったことは明らかで，これは致命的な批判に見えるかもしれない．しかし，ロールズの道徳的直観は彼のゲーム理論よりも優れていた．彼は，生のゲームの均衡ではない社会契約を維持するために必要となるような「コミットメントの力」について，長々と説明したのである．

　結局，原初状態で結ばれる仮説的合意を強制執行するために何らかの現実または架空の力を利用することができる，という仮定を外すと何が起こるであろうか．ことによると，アダムとイヴが社会のすべてかもしれない．また，2人が互いに公平にプレーするかなど誰も気づかず，あるいは気にしないかもしれない――私たちの公平感が進化の途上にあった時はそうであったに違いないのである．他に誰も監視を行う人がいないのであれば，アダムとイヴが採用する慣習はいずれも自己監視するのでなければならない．

　第11章で見るように，こうした自己監視の要求を課すとこれまでの結論がひっくり返る．ハーサニの功利主義的な社会契約は，適切な交渉結果として支持することができなくなり，代わりに私たちはロールズの平等主義的な社会契約にはるかに近づくのである．この逆転に何か深遠なものが絡んでいると思われるといけないので急いでつけ加えるが，コインを投げて問題を解決するためには，敗者がその結果に従うという同意を反故にしない保証が必要である，ということを認識するだけで十分である．

2.11 文化の進化

公平規範に組み込まれている個人間比較の基準は社会の文化・歴史によって形成されると考えることにより，時と場所に応じて異なる基準が観察される理由を論じることが可能になる．第8章では，この作業の最初の大まかな試みとして次のように主張する．すなわち，文化の進化が，社会における市民の共感に基づく選好の形成に大きな影響を与え，このシステムは私が共感均衡（empathy equilibrium）と呼ぶ状態に達する．

外部の強制執行機関の存在を仮定する場合もしない場合も，アダムとイヴの社会指標は進化を続け，ついには，原初状態に訴えることが単にナッシュ交渉解を遂行することと実質的に変わりない状態に達する，ということが明らかになる．

ある種の批判者はこれだけを根拠に私の理論を完全に拒絶する．結局のところ，経済学者が公平性の話をする時はもっぱら剝き出しの権力の行使を隠すためにうわべを飾っているにすぎない，という結論以外に考えられるだろうか．しかしながら，批判者にはこのような結論に飛躍する権利はない．

仮に規範のひとつひとつがそれぞれ特定の調整ゲームに固有のものであるとしたら，文化の進化の作用は，最終的に公平規範の道徳内容をすべて浸食してしまうだろう，という点に関する限り批判者たちは正しい．しかし，私たちはまったく同じ調整問題を2度プレーすることは決してない．したがって，ひとつの規範がさまざまな種類のゲームの均衡選択問題を解決するために用いられることになる．もっといえば，ゲームの種類が時間とともに拡大するペースは文化の進化が追いつけないほど速い可能性がある．この時間問題の重要性は第10章と11章で詳細に論じるが，ここでは数値例を挙げるにとどめ，各規範が多様なゲームに用いられる事実がなぜ重要となり得るのかを示しておこう．

何度も出会う　同じ公平規範を多くの調整問題に同時に適用することの帰結を考察する最も簡単な方法は，アダムとイヴが待ち合わせゲームを頻繁に――ただし毎回異なる交渉決裂利得のもとで――プレーしなければならない

場合に何が起こるかを考えてみることである．交渉決裂点の場所は功利主義的な公平規範に無関係なので，当然私たちはより興味深い平等主義的な公平規範の場合について検討する．

話を簡単にするため，アダムとイヴの**平均**交渉決裂利得をそれぞれ4と2としよう．ただし，2人が待ち合わせゲームをプレーするたびに実際の交渉決裂利得は独立かつ偶然に選ばれるため，その値は平均値から大きく乖離することもある．

待ち合わせゲームがプレーされる時は，今日偶然に選ばれる交渉決裂利得は共有知識になると仮定されるが，公平規範を特徴づける社会指標は交渉決裂利得がどう選ばれようと同じであるとしよう．このことは見かけほど自明とはいえないが，文化の進化はアダムとイヴの社会指標に影響を与え，最終的には**平均**交渉問題の平等主義的交渉解がナッシュ交渉解と一致するに至るのである．

これらの適応した社会指標がどんな値をとるかはすでにわかっている．なぜなら，平均交渉問題は本章の最初に導入された待ち合わせゲームと一致するように注意深く選ばれたからである．ナッシュ交渉解は，アダムの社会指標が3，イヴのそれが2である時，このゲームの平等主義的交渉解と偶然一致する．よって，モデルから捨象された要素の影響がない限り，文化の進化によって最終的には，アダムの私的効用3単位とイヴのそれ2単位が等しいとみなされるようになる，と考えなければならない．

交渉決裂利得が32と0の時，アダムとイヴが待ち合わせゲームをプレーするとどうなるだろうか．それぞれの社会指標が3と2であれば，平等主義的交渉解は表1の場所9となる．というのは，

$$\frac{44-32}{3} = \frac{8-0}{2}$$

が成り立つからである．しかし，場所9は決してアダムとイヴの現在の問題に対するナッシュ交渉解ではない．なぜなら，そこでのナッシュ積が（44-32）×（8-0）=96でしかないのに対し，場所8におけるナッシュ積は（40-32）×（18-0）=144だからである．

したがって，交渉決裂利得が32と0の場合，アダムとイヴの調整問題の解決方法は，それぞれの交渉力を持ち寄ることができる場合とは異なるのである．平等主義的な公平規範が用いられると，イヴはナッシュ交渉解よりもはるかにひどい結果に終わる．

状況　2人の人間が待ち合わせる時に生じる調整問題は，その状況が単純無害なので，交渉解を導入するには便利な例である．私たちの文化は，そのような場面で何が公平であるかに関してさほど強い感情を掻きたてるわけではないので，他の可能性をあえて考慮することはない．しかし，戦略的に同じ交渉問題に対して異なる解釈を与える可能性を検討すると，私たちの冷静な観察力は曇り始める．

　例えば，アダムとイヴが何年にもわたって花屋を共同経営した後に別れたとしよう．このビジネスの資産を公平に分ける方法はいかなるものであろうか．

　この問題が抽象的な交渉問題として定式化されると，偶然にも待ち合わせゲームと同じ利得表を持つことになるかもしれない．しかし，利得に反映されていないはるかに多くの情報を明らかにしないまま何が公平であるかについて説教するのはまったく不適切であろう．ビジネスを立ち上げた時，誰がいくら投資したのか．各パートナーはそれぞれ1日何時間働いたのか．どちらかに扶養すべき子供はいるか．起業に役立つスキルをどちらがどれだけ提供したのか．どちらがロータリー・クラブの昼食会に顔を出したのか．顧客のためにしぶしぶ立て替えをしたのはどちらか．

　これらが問われる理由は，何が公平であるかを決める時に文化的要請によって私たちが用いる社会指標が，どうやら調整問題の生じる**状況**によって決定される，ということを私たちが知っているからである．状況に関する一連の変数がいかにして私たちの文化的プログラミングを通じて適切な社会指標に変換されるのか，その正確なしくみを知っている者はほとんどいない．なぜなら，この過程は無意識の次元で作用するからであるが，この問題を科学的に究明する望みを持つことはできる．

　私は第11章において不十分ではあるがこの問題を取り上げ始める．そこ

第2章　交渉理論

では，文化の進化が社会指標の値を特定の状況に合わせて調整する機会を持った後に，ニーズ，努力，能力そして社会的地位がどのようにしてアダムとイヴの社会指標に影響を与える可能性があるかを調べる．ただし，最終的な審判は心理学実験室で行われる．

2.12 何の意味もない?

　哲学の一般的な慣例では，効用の個人間比較は退屈で二次的な問題として扱われる．本章を終えるにあたり，なぜそのような態度がひどい間違いであるのかを示しておこう．

　容易に確認できることであるが，本章で言及した3つの交渉解のうち任意の2つが一致するようにアダムとイヴの社会指標を選ぶならば，3つの交渉解すべてが一致する．待ち合わせゲームでそうなるのは，アダムの社会指標が3でイヴのそれが2の時である．

　したがって，私たち独自の生のゲームに焦点を絞ると，社会的進化の働きによって，功利主義者と平等主義者はどちらも同じ社会指標をアダムとイヴに割り当てる——そしてまったく同じ改革を主張する——ことになりそうである．事実，ハーサニとロールズは哲学上のライバルであったが，現実の政治問題について話す時には驚くほど似た見解を表明していた．

　教訓をまとめよう．功利主義者と平等主義者の間の伝統的な激しい論争は，場合によっては単なる戯言にすぎないかもしれない．なぜなら，両者は単に同じことを違う仕方で表現しているからである．両者の根本的な相違が明らかになるとしたら，それは個人間比較の現行の基準の変更を思い描く場合である．しかし，基準がどういうわけか形而上学的な考察によって不可逆的に決定されると考える限り，そのような想像力を要する行為は不可能である．

第3章
主義の論戦
Battle of the Isms

> 倫理の代わりに，哲学者たちは一般に風刺を書いてきた．
>
> スピノザ

3.1 煙に巻く

　どんな分野であれ，研究という活動の大半は，自ら人を煙に巻いておきながら，遠くが見えないと不平を言うことで成り立っている．哲学では，言葉の意味を転倒させることにより，この混乱はしばしば高い水準で維持される．例えば，カントによると，「したがって人は，彼の意志を打ち砕いて一般意志に強制的に従わせるような主人を必要とする．その一般意志のもとでは誰もが自由になれるのである」．

　このハンプティ・ダンプティのような推論は標準的な道徳哲学の本のいたるところに見られる．科学者は当然そのような戯言からは距離を置こうとするが，それでもその犠牲となりやすい．例えば，何人かの生物学者が私に対して，「自然主義的誤謬」のため考察対象を道徳問題にまで拡げることができない，と説明したことがある．しかし，自然主義的誤謬は実のところヒューム——道徳に対する科学的アプローチの熱心な擁護者——によって定式化され，哲学の反科学的流派が使う「べし（当為）」にはなんら根拠がないことを示すために用いられた，ということをどれだけの人が知っているのだろうか．

　したがって，本章ではさまざまな主義の間の論戦を検討する必要があろう．反科学的哲学者たちが侮蔑を意図して私たちに貼りつけるレッテルのいくつ

かを私とともに堂々と背負ってもらえるよう，私は他の人々を説得したい．ただしひとつだけ勘弁してほしいのは，哲学の敵というレッテルである．デイヴィッド・ヒュームは，私が最も高く評価する多くの科学的哲学者のうちの1人にすぎない．振り払う必要があるのは悪質な哲学だけであろう．

3.2 経験主義

　哲学者はさまざまな思想の流派にレッテルを貼るのが大好きであるが，レッテルに込められる意味を辞書の定義から推定するのはほとんど不可能である．本書が支持する，道徳に対する科学的アプローチの特徴を記述するにあたって，最初に直面する分類の問題は，これを**合理主義**と呼ぶべきか**経験主義**と呼ぶべきかである．

　たいていの道徳哲学者は合理主義者である．といっても，他の哲学者が非合理的であると考えているわけではない．データを収集せずに世界について知ることができると信じている，という意味である．特に，言葉を弄んだり本能的な直感に頼ったりすることで，人々が何をなすべきかを決めることができる，と信じているのである．イマニュエル・カントは合理主義者のなかで最も有名であって，歴史上で最も偉大な哲学者である，と一般には考えられている．しかし，本書で採用するアプローチが多少とも正しいとすると，彼はほとんどあらゆる事柄について混乱と錯綜をもたらした，という事実に直面する必要がある．

定言命法　カントは仮言命法（hypothetical imperative）と定言命法（categorical imperative）を区別する．仮言命法とは，何らかの目的を達成するためには何をすべきかを指示する命令である．例えば「大きく強くなりたいのであれば，ホウレンソウを食べなさい」というものである．定言命法は，「もし〜なら」という条件なしに「〜すべし」という命令である．それは，個人的な目的が何であるかとは無関係に，何をすべきかを指示する．

　カントの主張によれば，真に合理的な個人は必ず，ある特定の定言命法を遵守するはずである．すなわち「それが同時に普遍的法則となることを君が

欲し得るような格率〔人が行為する時に主観的に従う方針・一般的規則のこと〕に従ってのみ行為せよ」というものである．私の母は同様な考え方を持っていた．私がいたずらをすると，「みんながそんなことをしたらどうなるか考えなさい」と言ったものである．子供にすら，この手の推論の誤りは明らかである．みんなの行いが悪いと困ったことになるのは確かであるが，私はみんなではない——私は単に私自身である．

　カントは実際的な助言を与えるのにあまり熱心ではないが，常に真実を述べることが定言命法の適用によって導かれる格率の例であると考えているように見える．合理性は帰結にかかわりなく**常**に真実を述べることを要求する，という信念を強調するため，彼は，隣人がどこにいるかを尋ねる殺人犯の木こりに対しても嘘をついてはならない，と主張した．嘘をつくのは**非合理的**ということにされる．なぜなら，皆が常に嘘をつくとしたら，嘘をつくという行為に意味がなくなるからである．しかし，だからといって，カントの定言命法により私は**常**に真実を述べなくてはならない，というのは単純に間違いである．どんな子供にでもわかるように，無理なく推定できるのは，人々が**時**には真実を述べなければならない，ということぐらいである．

　定言命法を適用する時のカントの論理が貧弱であるとすると，定言命法それ自体を正当化しようとする時はさらにひどい．出発点からして明らかに間違っており，人間の諸々の能力はその目的に完全に合致すると主張する．そうしておいて，私たちの推論の能力の目的を尋ねるのである．カントによれば，その目的は厚生や幸福の増進ではあり得ない．なぜなら，そのような物質的な目標を達成するには，私たちの推論の力を完全に奪い去り，あらゆる可能な刺激に対して最適に反応する反射行動の体系に取って代えたほうがましだからである．

　したがって，私たちの推論の能力は，何か他の目的があって存在しているはずである．しかし，この目的は何であろうか．カントによれば，その「真の機能は，何らかの目的のための手段としてではなく，それ自体として善であるような意志を生み出すことでなければならない」．なぜ目的がこれでなくてはならず，他の無限に考えられる可能性が排除されるのかは説明されない．しかも，善なる意志を持つことがどうしてカントの定言命法を尊重する

ことになり，あなたや私が想像するかもしれない他の定言命法の尊重にはならないのか，何のヒントも与えられないのである．

科学的伝統　幸いにも，このような『不思議の国のアリス』流の推論がまぎれ込む余地のない，長く尊敬すべき哲学的伝統が存在する．この科学的伝統はソクラテス以前の哲学者，例えばアンティポンやクセノファネスなどに始まり，アリストテレスやエピクロスを含み，そしてトマス・ホッブズ，スコットランド啓蒙の偉人デイヴィッド・ヒュームやアダム・スミスにまで至る．

アダム・スミスとトマス・マルサスを通じてこの伝統はチャールズ・ダーウィンによる自然選択説の定式化に直接の影響を及ぼした．バートランド・ラッセルとカール・ポパーは周知のように科学哲学を現代の水準に引き上げたが，この伝統を引き継ぐ道徳哲学者による近年の研究でおそらく最も周到なものは，ジョン・マッキー『倫理学——道徳を創造する』，ピーター・シンガー『輪の拡大』，そしてブライアン・スカームズの『社会契約の進化』であろう．

何らかの結論に達する前に必ずデータを観察すべきであると主張する科学哲学の伝統を私は**経験主義**と呼ぶ．その偉大な提唱者はデイヴィッド・ヒュームである．彼には，カントが賞賛されるような言葉遊びに耽る時間はない．ある本が何かを納得させようというのであれば，私たちは2つの質問を自らに問うべきだとヒュームは言う．それは，言葉や象徴の定義から導かれる論理的帰結について何か述べているか．また，世界のあり方を実際に観察してわかったことについて何か述べているか．もしそうでなければその本は焼却してしまおう．詭弁と幻想以外の何物でもないのだから．

定言命法などに関して，ヒュームは理性が「情熱の奴隷」にすぎないと言う．したがって，仮言命法だけが意味を持てるのである．端的に言うと，私たちはあれこれを行う義務を負っていると宣言するだけでは不十分であり，義務を果たすように言われた時に注意を払うべき理由の説明が必要である．ヒュームが言うように，「いかなる道徳の理論も，それが推奨するさまざまな義務がすべて各個人の真の利益にかなうということを示せないのであれば，

いったいどんな役に立つというのだろうか」．

　この引用で，ヒュームは見境のない利己主義の道徳を勧めているのではない．成功するはずのない改革のことを考えるのは時間の無駄である，という実際的な点を指摘しているのである．嘘をつく場合を考えてみよう．誰だって，人々がめったに嘘をつかない社会に住みたいだろうが，そんな社会を嘘が根付いてしまっている社会からどうやって作り出せるのか．カントの思想がこうした実際問題に多少とも役立つとすれば，彼はおそらく，誰であれ聞く耳を持つ人に対して，定言命法を尊重しないのは不合理である，と諭して回るのであろう．しかし，そんな空想的なユートピア戦略はうまく行くはずがない．人間の本性の現実を無視しているからである．カリスマ的説教師ならば，無条件に互いの言葉を信じるようにと人々を一時的にうまく説得することができるかもしれない．しかし，仲間の信頼に背いて得をする裏切り者が現れるにつれ，すぐにも堕落が始まるであろう．

　とはいえ，私たちは現に子供には真実を話すよう教えるし，その結果，人々はそれほど頻繁に嘘をつき合うわけではないとも言える．しかし，この反論が忘れているのは，現在の社会契約のルールのもとでは，信用できるという評判が非常に価値あるものとなっている，という事実である．仮にあなたがパートナーの信頼をひどく裏切った過去があることが知れ渡ったら，あなたを信用して将来のパートナーに，と考える人がどこにいようか．

　私たちは，嘘をついてはいけないと子供に教える時，ほとんどの場合に子供の自己利益にかなうようなことを教えているのである．もちろん，子供は大きくなるにつれて，子供の時に教えられたルールを訂正するようになり，見つかりそうにない時や嘘で落胆させる人々の意見がほとんど重要でない時にはより自由に嘘をつくようになる．したがって，嘘は社会に生き残り，これからもずっとなくならないはずである．

ギュゲスの指輪？　　ユートピアは手の届かないものであるという考えは，一部の人々にとって非常に受け入れ難いものである．しかし，私が言うまでもなく，そうしたユートピアを夢見る社会改良家たちは，人間の本性について現実的であろうとする私たちと比べて，社会契約の安定性に対するはるか

に大きな脅威となる．

　魔法まがいの推論を使って不可能が可能であると自らに言い聞かせる合理主義者は，すべての**可能な**世界のうち最善のものだけを創造するという神の決定に逆らった，サンタナヤ〔スペイン生まれの哲学者，詩人．1863-1952年〕のルシファー（神学的悲劇の主人公）と同じ過ちを犯している．しかし，ルシファーのように無理をしてうまくいかない改革を実現しようとすれば，私たちは新しい社会契約が崩壊した後に残る地獄であれ何であれ，そこで生きていかざるを得ない．したがって，ヒュームのような経験主義者は，何が最適であるかを心配する前に，まずはどのような改革が可能であるかを科学的方法によって究明するほうが賢明であると考える．

　この見解が支持を集めるうえで主に障害となるのは，権力について現実的でなければならないという要請である．人々は正義を勢力均衡の手段としてよりも権力の代用品と考えやすい．しかし，目隠しをされて秤と剣を携える少女に「正義」を体現させることにはそれなりの理由がある．私の理論では，目隠しの布は無知のヴェールに該当し，秤はアダムとイヴの価値を測るのに使われる．剣が必要なのは，トマス・ホッブズが述べたように，「剣を伴わない契約は単なる言葉にすぎない」からである．

　こうした権力の話は現代人の耳には衝撃的に響く．伝統的な哲学者は，プラトンの『国家』においてソクラテスが抑圧的な権威主義国家を支持し，すべての権力を哲人王とその守護者たちに授けることを提唱するに至った事実を忘れ，以下のように仮定しがちである．すなわち，権力が重要であると考える者は誰もがトラシュマコスに同意し，正義とは単に強者がうまくやりおおせる事柄にすぎない，と考えるのである．姿を隠すことのできる魔法の指輪を使った神話上のギュゲスは，そうした無節操な権力行使の古典的な象徴である〔羊飼いギュゲスは指輪を利用してリディア王を殺し，自ら王になった．プラトンの『国家』でグラウコンの語る逸話に登場する〕．

　権力は腐敗するというトラシュマコスの指摘を否定するのは馬鹿げているだろうが，『国家』における私の英雄は，トラシュマコスではなくプラトンの兄グラウコンである——彼は本書で擁護される社会契約の考え方に近い見解を述べて，ソクラテスに軽くあしらわれている．現代のグラウコンは私に

賛同し，公平規範は集団内で力を**均衡させる**ための多くの方法からひとつを選択するために進化してきた，と考えるだろう．

しかし，私たちは古典の時代からほとんど進歩していないため，即座の反応は依然として矛盾を見つけ出そうとすることである．いったい専横と圧制が正義とフェアプレーに何の関係を持つというのか．しかし，トラシュマコス流の無制限の自由競争は，権力が行使される数多くの方法のうちのひとつにすぎない．私たちの目的にとって最も重要な例は，現代にまで生き延びた狩猟採集民である．世界中からの人類学的調査報告が示すように，この人たちは驚くほど似通った社会契約を営み，食べ物はだいたいニーズに応じて分配され，ボスの出現は許されないのである．

現代の狩猟採集民がボスなしでやっていけるという事実は，「高貴な野蛮人」〔文明に汚されぬ素朴で勇敢な未開人という理想的人間像．ルソーなどのロマン主義文学者によって描かれた〕といった類のコメントを招きがちである．人間の自然な状態はすべてが甘く光に満ちたのどかな田園風景である，という考えは確かに魅力的ではあるが，高貴な野蛮人はしばしば驚くほど頻繁に殺し合うということがひとたびわかれば，もっと複雑な思考を始める必要がある．いったいなぜ力のあるハンターが専制を敷かないのか．それは，狩猟採集民が仲間を支配することを嫌うからではなく，また母親たちが説得に長けていて，皆が行うと困るような行動を抑制させるからでもない．個人としては，狩猟採集民も他の人間とまったく変わるところはない．唯一の違いは，いかなる個人の力の突出をも抑えるため，誰かが威張り散らす兆しを見せるやいなや，集団**全体**の圧力をかける，という社会契約を営んでいる点である．ボス面をする者は，最初のうちは茶化される．それでも止めないと，仲間外れにされる．極端な場合，集団から完全に追放されるかもしれない——そうなれば，生き延びるだけで幸運であろう．こうして，力のあるハンターでもあまり威張り散らさないよう，気をつけるのである．

したがって，公平性を理解しようとするのであれば，ニーチェやフォン・クラウゼビッツなどの研究を無視するわけにはいかない[1]．彼らのマッチョ気取りは不愉快であるが，にもかかわらず役に立つものでもある．それは，普段の生活の礼儀正しさの裏側に潜む政治的現実に目を向けるように気づか

第3章　主義の論戦　　63

せてくれる．通常，私たちは力の規模の均衡を保つために社会的なスキルを用いていることを意識しないが，それこそ生のゲームの均衡を維持するために私たちが果たしている役割なのである．この事実を無視するのはまるで，自分がこれまでの人生で車にひかれたことがないという理由で，道路を渡る時に交通を無視するようなものである．

つまり，自由を愛する者は権力の所在から目を離すわけにはいかない．警戒を怠れば，私たちは1789年フランス革命の闘士たち同然になってしまう．彼らは，人権宣言で奴隷制を廃止したと考えていたが，実際には，彼らの不安定な体制の後を継いだナポレオン・ボナパルトの軍事独裁下で奴隷制を復活させる地ならしをしたにすぎないのである．

力の非対称性　生のゲームのルールは力関係を組み込んでおり，誰が何をいつ行えるかを指定する．どんな結果を均衡として維持できるかはゲームのルールで決まるため，力関係は実現可能な社会契約の集合Xの大きさと形に反映される．

したがって，力の不平等は実現可能集合Xの非対称性に翻訳される．例えば，ギュゲスが生のゲームのプレーヤーであったとしよう．彼が他の人々と違って姿を隠せる指輪を持っていたならば，集合Xは彼にとってより有利な結果を含むものとなるであろう．

ホッブズ，ニーチェ，フォン・クラウゼビッツに言及したので，重要な注意点を2つ挙げておこう．第一に，資本家や国王が行使するような権力は，Xの形に反映されないという点である．財産の所有権や服従を命じる権利は，プレーヤー個人の性質ではなく社会が営む社会契約の性質である．それらが重要なのは，現行の社会契約Dに影響を与える限りにおいてであって，すべての可能な社会契約の集合Xから新しい選択を行う場合，そうした権力

---

1) とはいえ私は，正義とは単に「同程度の力を持つ者たちの間で作用する善意」にすぎないというニーチェに同意するわけではない．彼が正しいと考えたならば，私はナッシュ交渉解の直接適用を主張しているだろう．また，戦争とは「外交の，他の手段による続行」であると述べるフォン・クラウゼビッツに賛同するわけでもない．交渉問題において，戦争の勃発は交渉決裂としてモデル化されるのである！

を考慮し続ける必要はないのである．ギュゲスの指輪でさえ，周りの者たちが力を合わせてそれを没収することができるのであれば，その所有者にとって少しも役に立たない．すでに見たように，狩猟採集社会における力のあるハンターの強靭な体力にも同じことが当てはまる．

　第二の注意点は，集合 X の重要な非対称性が，ある個人の強さというよりはむしろ他の人たちの弱さによって生み出されるということである．結局のところ，目の不自由な人にとって私たちはギュゲスの体現以外の何であろうか．同様なことが高齢者や病人，またはごく幼い――特に出産あるいは妊娠前の――子たちについて当てはまるのである．

　ロールズはこのようなハンディを「誕生あるいは自然賦与における不平等」と呼び，公正な社会ではこれを補償すべきであるとした．力は正義とは無関係である，ということにしておきたがる批判者たちにはちょっと考えてもらいたい．もし X が対称的であったら，補償に値するとロールズが考えるような人たちを見つけ出す方法はないのである．

3.3　自然主義

　道徳に対する科学的アプローチを支持する者は，経験主義者であるのみならず，自然主義者，相対主義者，還元主義者でもある．こうした形容語句はすべて軽蔑を意図して用いられる．なぜなら，これらのレッテルのひとつを受け入れることは，哲学者たちが長い時間をかけて発明してきたあらゆる種類のナンセンスを信じているという態度表明であるとされるからである．レッテルを拒否すると，一貫した立場をまったく持っていないと言われる．

　例えば，合理主義者でない者は，経験主義者と呼ばれることにしぶしぶ同意せざるを得ないだろう．少なくともこのレッテルは科学の経験的方法を重視するという考えをうまく捉えるからである．しかし，このレッテルを受け入れることは，明らかに誤りである「タブラ・ラサ」説の信奉を意味すると哲学者は解釈しがちである．この説は一般にジョン・ロックに帰せられ，私たちが生まれる時の心は空白の石板であり，経験のみがそこに書き加えることができるという．結果として，生物学者は私たちの知識の一部が遺伝子に

あらかじめ包まれてくるという事実をカント的認識論と呼ぶことがある——ただ，私たちは自己の世界の見方を常に正当化することはできないが，それでもあらかじめプログラムされているように思考せざるを得ないのだ，ということを最初に指摘したのは実際にはデイヴィッド・ヒュームであった．

言葉を操る　生物学における自然主義者とは，生物に関する事実を収集し，超自然的・形而上学的な存在についての思弁的仮説を排除した枠組みにそれらをまとめようとする者のことである．私が自然主義者を自称する時の言葉の使い方がこの生物学的用法と異なるのは，私の焦点が人間という特定の生物種の道徳的行動にある限りにおいてである．

　道徳哲学では，自然主義者の意味するところはかなり異なる．それは，人々が道徳について語る時に用いる言葉の自然主義的な定義を探そうとする哲学者を意味する．例えば，G・E・ムーアによれば，「善」とは誰もが直観的に理解する超越的概念であるが，これを自然主義的に定義することは不可能である．それが可能であるとする主張は誤謬——自然主義的誤謬——の犠牲に他ならない．

　この見解を擁護するにあたり，ムーアは「善」の自然主義的定義を適切に行うことは決してできないと主張する．なぜなら，（本当かどうかはさておき）「善」を体現すると言われる複合的な自然現象を探し出すことが常に可能だからである．カントの場合同様，こうした議論が真剣に受けとめられているという事実にまともに対処するのは難しい．黒いレインコートを着ている男はスミスであると言われ，彼の身元が正しく確認されたか疑問があるからといって，彼はスミスではあり得ないと推定すべきだろうか．

　これとはかなり異なる議論がより一般に自然主義的誤謬と呼ばれ，私の英雄であるデイヴィッド・ヒュームに帰せられている．ヒュームは合理主義者の信憑性に疑義を抱かせるため，定言命法が魔法のようにどこからともなく捻り出されることを指摘し，さらに，**存在（である）**から**当為（すべし）**を導くように見せかける哲学者は常にごまかしているのだと主張した．しかし，現代の合理主義者は以下のように述べて形勢を逆転している．すなわち，定言命法をどこからか導かなければならないのであるから，ヒュームの格言は

道徳的自然主義が支持不可能であることを示していると！

しかし，自然主義者の考えでは**仮言命法**のみが意味を持つのであり，この種のすべしを適切な**である**から導き出すのは容易である．例えば，いま3時半であるから，電車をつかまえるためにはいますぐ出発すべきである，というように．

カントは同じトリックを当為の定義に用いて，**当為（すべし）は可能（できる）**を意味するという格言から，私たちがある種の超越的な自由意志を持っていると結論づけた．もちろん，電車をつかまえたいのならいますぐに出発すべきだと言うからには，いま出発すれば実際に電車に間に合うと思っているのである．よって，「すべきならばできる」という原理は仮言命法にはうまくいくが，カントはこれを**定言命法**に適用する．そうして，私たちには状況を度外視してなすべきことがあると哲学者が述べている事実から，彼は，必要とあらばどういうわけか物理学の法則を一時停止できる超自然的な原動力（unmoved mover）が私たちの頭のなかに存在する，という結論を導いているのである．

言葉を巧みに操れば世界について知ることができるという合理主義の考え方が，不思議なほど根強い．一部の哲学者はこの考え方に固く心を囚われてしまう結果，自然主義者にとって重要なデータは人々が道徳現象について語る時に「述べる」事柄にとどまらないという可能性にまで頭が回らないことが多い．

同じアプローチが物理学に対してとられていたら，どうなったであろうか．水銀気圧計を用いて実験を行ったトリチェリにならう代わりに，哲学者の仲間たちは，「自然」は真空を忌み嫌うという法則をいまだに分析していることであろう．「自然」とは何ものであり，なぜこれほどまでに何もない空間を嫌うのか．幼い頃に穴に落ちたのであろうか．どうやって真空を満たすのか．遍在すると同時に万能でもあるのか．

注意すべきは，「自然」が真空を忌み嫌うという原則に基づく予測はだいたい外れる，という事実が間違いの元になっているわけではないことである．間違いは，法則を表現する際に用いる言葉に組み込まれている**説明**が正しい，と仮定することにある．哲学者は，道徳問題を議論する際に用いる文章の意

味の分析に専心する時，似たような過ちを犯す．そうした文章が健全な忠告を体現することは多くない，と言っているのではない．ただ，その忠告を表現する言語に組み込まれた説明が忠告の健全さの真の理由になっているという特別の理由は存在しないのである．

空中の鉤　合理主義者が道徳的自然主義者の存在を定義によって排除しようとするひとつの理由は，前者が主張する権威の源泉を後者が認めようとしないからである．ジェレミー・ベンサムは合理主義者の正体を見抜き，独断主義者と呼んだ．それは自らの偏見を定言命法として身にまとい，他者が従うように説教する者のことである．

　満足のゆく社会に関する彼らの構想が勝利すべき理由を問われると，独断主義者はライバルの出したカードに対して，超自然的・形而上学的な存在を切り札として持ち出す．彼らが自らの哲学の楼閣を空中にとどめておくためにでっちあげる権威の源泉を，ダニエル・デネットはスカイフック（空中にぶら下がっていると想定される鉤）になぞらえた．

　かつては神々が空中の鉤として好評を博したが，歴史はこの手の詐欺を暴露してきた．文化はそれぞれ，同時代の社会契約を期せずして支持するような宗教的しきたりに何であれともかくも落ち着くことが歴史的に示されるからである．したがって，神の意志に関する信念は時と場所によって異なる．イングランドでは現在多くの婚外子が生まれており，ヨーク大主教はついに，「同棲（living in sin）」でさえもはや罪ではないと断言した．

　自然主義者は，何らかの証拠を見ない限り，神の名において説教する者が至高の存在の要請について私たちよりも多くを知っている，ということを信じない．かつて偉大なる守護神マンボウ・ジャンボウを崇めていたアフリカ奥地の占い師が誇る権威は皆に笑われるが，私たち自身のエホバの司祭が頼りにする伝統の基盤が同様に脆いものであることを見抜けないのは幼少期の条件付け（しつけ）のために他ならない．お粗末な政治的妥協によって三位一体説という支離滅裂な学説を打ち立てたニケーア公会議の場合のように，教会がいかにして新発明の空中の鉤を「神の言葉」として人々に売りつけたかを立証できることさえあるのだ．

独断主義者がいつも特殊な襟を着用していれば，見分けるのは容易であろう．ところが，哲学者とか政治学者と称する彼らは聖職にある同業者よりも概して巧妙に自らの権威の源泉となるべきものを考え出す．マンボウ・ジャンボウは神の化身ではなく，何らかの抽象的なプラトン的形式を具体化したものとされるのである．私たちは，「実践理性」，「道徳的直観」，「一般意志」の要請により，カント，ムーア，ルソーなど著名な哲学者の偏見を採用しなければならないと言われる．形而上学的な「自然」は，植物や動物の自然界とは無縁であるが，私たちが「自然権」を有し，「自然法」に従うことの正当化に時として持ち出されるのである．

　いにしえの神々にふさわしい超自然的後継者を探し求めて，多くの人々は，唯一無二の普遍的な道徳的真理を把握するために考え出された無数の絶対的な「善」あるいは「正」の観念のひとつを好むようになる．しかし，競走はまったく終わっておらず，常に新しい走者の候補が提案されている．なかでも最近人気なのは，理想化された「共同体」の観念であり，右派がこれに訴えかけている．というのも，彼らが推奨しかねない近視眼的利己主義が実際に人間の本性に合致しているとしたら，その場合に生じるであろう社会の崩壊を防ぐための魔法が彼らには必要だからである．彼らの新しい神とマルクス主義の殿堂の死せる神々との類似は顕著であるが，完全に見過ごされているようである．

　古代ギリシア人は神々を演じる役者を舞台に登場させるのにある種の機械を用いていた．英国のパントマイムに出る残虐王は，同様に煙一吹きの間に舞台のせりから現れる．自然主義者の考えでは，合理主義者が超自然的な存在を哲学の舞台に持ち出すのも似たような手段によるのである．言い換えると，この企てはすべてが壮大な信用詐欺であって，それが存続するのは，楽しみに耽るために実演中は疑念を差し挟まないのが慣例となっているからにすぎない．しかし，道徳を真剣に研究するのであれば，こうした子供じみた幻想は捨て去る必要がある．

空白の石板？　　合理主義者による人間の道徳の説明は本質において超自然的であり，これに対抗できそうなのは進化の理論のみである．こうした進化

への注目は，生物学だけが重要であり，私たちは単なる本能の生き物にすぎない，という明らかに間違った主張と受け取られることが多い．しかし，人間が社会的動物になるうえで**社会的**進化が少なくとも生物学的進化と同じくらい重要であったことは明らかである．

　最も顕著な例は言語の進化であり，それはスティーブン・ピンカーの名著『言語を生み出す本能』に示されている．周知のように，チョムスキーはすべての言語が共通の深層構造を有していることを発見した．進化心理学者はこの事実を説明するため，遺伝子には言語に対する生得の能力が組み込まれていると仮定する．これはなにも，フランス人はフランス語を話すための遺伝子を持っているとか，日本人両親の養子となったアメリカ人の赤ん坊は実の子と比べて日本語を学ぶのに苦労する，とかいう意味ではない．ちょうど，免疫システムが単なる特定の抗体の備蓄ではなく，体が必要に応じて必要な時に抗体を作ることを可能にする生物機器であるように，言語本能もまた機器に組み込まれた学習装置であり，そのおかげで幼児は一定の生得の原理に従って構造化された言語を比較的容易に学ぶことができるのである．しかし，心のなかの機器は，ある言語の詳細をすべてカバーするには程遠い．反対に，フランス語と日本語がこれほど異なるのは，遺伝子ではなく社会的進化によって決定される余地が非常に大きいからである．

　一部の社会科学者は，人間が生まれながらにして脳に組み込まれた深層構造を持っているという考えに対して無条件反射的な敵意を見せる．赤ん坊の心は空白の石板であり，経験が何でも書き加えることができるという考えに洗脳されてきたのである．この**タブラ・ラサ**説に固執する部分的な理由は，そうすれば，私たちが生まれながらにして平等であると主張できるからである．エドワード・ウィルソンが述べるように，「この国は市民宗教である平等主義にすっかり取り憑かれており，すべての人が平等であるという中心的倫理を損なうように見えるものからはとにかく目を逸らしてしまう」．

　私は平等主義に対するウィルソンの疑念を共有するどころか，本書を通じて以下のことを示したい．すなわち，進化が人類にもたらしたものとしては，初期のアメリカ共和国で実践されていたような平等主義的社会契約の方が，過去のほとんどの社会が背負わされた権威主義的な方法よりも適しているの

である．ただし，平等に心を奪われるあまり生物学の厳然たる事実を拒否するような理想主義者をウィルソンが攻撃する時，私は彼に賛同する．人間の本性と相容れず，よって失敗する運命にあるようなユートピアを売り歩く理想主義者は何の役にも立たない．実行可能な改革を推奨する現実主義者の行く道を邪魔するだけである．

　私たちは他の動物とはまったく異なり，本能的行動の特質を持たずに生まれてくる，という彼らの公然たる信念も本物ではあり得ない．人間の性的衝動が生得であることを否定する者がいるだろうか．パニック反射はどうか．あるいは，傷んだ食べ物を出された時に感じる嫌悪感はどうか．

　愛情，嫌悪，恐れ，怒りといった強い感情に囚われている時の私たちの行動が示すロボットのような特徴はもちろん一目瞭然なので，上記のような問いに対して重大な疑いが生じることはない．仲間である人間に共感する能力が本能に基づいていることはそれほど自明ではないが，ドゥ・ヴァールの『利己的なサル，他人を思いやるサル』やダマシオの『生存する脳』などの著作で示される，チンパンジーや脳に損傷を負った人に関する証拠は歴然としている．サックスの『火星の人類学者』に登場する自閉症のヒロインは，私たちがまったく当然のものと考える社会的手段を生まれつき本能的に利用できないとはどういうことか，その心情を内側から垣間見させてくれる．

　私の知る限り，社会契約を形作るうえで社会的進化が生物学的進化よりも重要でないという学説を支持する人は皆無である．つまり，遺伝子決定論者など存在しないのである．したがって，社会科学者は従来の**タブラ・ラサ**説の修正を迫られるとしても，行き詰まったと恐れる必要はない．人類は変化する環境に柔軟に対応できるように自然から授かった能力のおかげで，自分自身の経験や生まれ育った社会の他の——現在および過去の——メンバーの経験から教訓を得ることができるのである．

　心の石板のスペースはほとんど遺伝子に占有されているが，それでもなお私たちは，経験が書き込むことになる巨大な空白スペースとともに生まれてくる．したがって，社会学者や人類学者が自らの専門分野に侵入してくる生物学に対して抱く敵意は見当違いということになる．もちろん，生物学者は私たちとチンパンジーやヒヒを比べる際に，学問的訓練の影響で私たちの石

板の空白スペースの大きさを過小評価することがあるが，この誤りは修正可能である．社会科学の伝統的役割に取って代わるどころか，進化生物学は学問再生の先駆けとなる可能性がある．そこではもはや，社会的進化がいかにして遺伝子に書き込まれた深層構造を作り出したかということをいたずらに説明しようとするのではなく，誕生時には空白であった石板の部分を社会的進化がうまく満たしていく過程の説明に努力が向けられるのである．

説教は不要　　社会科学者が自らの領域への道徳的自然主義の侵入を喜ぶのはもっともかもしれないが，同じことが伝統的な哲学者に言えるわけではない．哲学者が自らの専門に属すると考えていた問題が実際には科学の問題である，というのは彼らにとって悪いニュースであるが，事態はさらに厳しい．ある時代のある社会である事柄が正しいとされるか否かは客観的事実の問題であるが，異なる社会が常に同じ善悪の基準を持っているとは限らないのである．

　例えば，ヘロドトスによると，ギリシア人とインド人の2集団がダレイオスの宮廷に呼び出され，最初期の人類学実験の被験者となった．ギリシア人は，インド人が死んだ父親の肉を食べることを知って震え上がった．他方でインド人は，ギリシア人が火葬することを知ってやはりゾッとしたのである．

　ギリシア人の慣習のほうが私には文明的に見える．私の両親は火葬されたのであって，食されたのではないし，私は人肉を口にしてみたいとはまったく思わない．私見を問われれば，私はギリシアの慣習のほうがインドの慣習よりも好ましいと言うだろう．さらに近年の発見について述べさせてもらうならば，ニューギニアのある社会では，死亡した親族の脳を少し食べることが礼儀にかなうと考えられていたため，本来ならば死滅していたはずのある種の病気が生き長らえてきたのである．しかし，このため，あるいはその他の理由により，私が火葬を好むという個人的選好が倫理的根拠に基づいて特権的な扱いを受けるに値すると主張するならば，私は独断主義者の過ちを犯していることになるだろう．ある慣習が別の慣習よりも良いとか悪いとかいう判断が意味を成すのは，ある特定の社会契約に照らし合わせた場合だけである．したがって，自然主義者は**道徳的相対主義者**であり，基準として採用

する文化を前もって指定せずに倫理学の用語を用いて異なる社会契約を比較するのは無意味である，と考える．

こうして私たちは，進化倫理学の有無を言わせぬ苦い教訓に立ち戻る．それは，世界を改宗させよという使命感に燃えるユートピア主義者の主張する権威を失墜させる．さらに，人間の社会にとって実現可能な種類の社会契約を文化に依存せず評価することが可能になるが，その実現可能集合から最適な点を選ぶための特権的かつ文化中立的な方法の存在は否定される．

道徳的自然主義者は，どのような社会で子供を生み育てたいと思うかについて，仲間の人々に語りかけることができる．善き生についての個人的構想に対する熱意で他人を感化しようとすることもできる．さらに，十分広く共有されている熱望を実現するための社会改革に参加するように人々を駆り立てることもできる．しかし，誠実な自然主義者であれば，進化科学の知識のおかげで社会契約に関する自らの個人的選好が特権的な社会的・道徳的価値を持ち，どういうわけか他者の個人的選好に勝ることになる，などと主張することは決してできないのである．

3.4 相対主義

はるか昔にクセノファネス〔古代ギリシアの詩人・哲学者〕が述べた経験的観察は，長年の間に考え出されたさまざまな超自然的存在の普遍的とされる性質について，言うべきことを言い尽くしている．「エチオピア人の神々は色黒で鼻が低く，トラキア人の神々は紅毛碧眼である」．

しかし，この観察の起源の古さとその妥当性を認めた偉大な哲学者たちの知的名声にもかかわらず，現代の哲学者のほとんどは道徳的相対主義にうんざりする．そして，道徳的相対主義者が支持するに違いないとされる馬鹿げた話を，真に独創的にでっちあげる．ここでは5つの中傷を取り上げるが，そのうちの3つはすぐに片づけることができる．

循環論？ 相対主義は，ソクラテスがエウテュプロンを一蹴する時に用いたような詭弁に弱いと言われることがある．相対主義者によれば，人々があ

る行為を正しいまたは善いと思うのは，社会で一般にそう考えられているからである．しかし，ある見解が一般に支持されているということはどのようにしてわかるのであろうか．それは，たいていの人がそう考えている，ということの観察によってである．

　このような循環論法は必ず致命的であると考える哲学者は，自らの議論が均衡という概念に依存する科学をすべて拒絶することになる，ということを自覚しているのであろうか．ゲーム理論におけるナッシュ均衡の概念は直ちに却下されるだろう．議論の堂々巡りが一見して明らかだからである．なぜアダムはああしたのか．イヴがこうしたから．ではイヴはなぜそうしたのか．アダムがああしたから．

ポストモダニズム？　　道徳的相対主義者の考えでは，道徳的事実が真であるのは，それがある特定の文化において一般に真であると思われているからである．ポストモダニストは同じことが**あらゆる**事実に当てはまるという考えを主張する．したがって，ポストモダニストは道徳的相対主義者でなければならないが，道徳的相対主義者がポストモダニストである必然性はまったくない．例えば，私はきわめてプレモダン（前近代的）であるが，それでも道徳的相対主義者である．

　ジョン・ステュアート・ミルは，デイヴィッド・ヒュームの考えがトーリー党（後の英国保守党）寄りに響くはめになったことを非難した．ヒュームの懐疑主義が，改革を立案する手段としての理性に信を置くことを妨げたとされたのである．ポストモダニストは，世界について科学的に語ろうとするあらゆる試みにこれと同じ議論を適用しがちであるが，ミルと同じ理由で的を外している．ヒュームは私たちが正しい推論の仕方を心得ていると確信する根拠について確かに懐疑的であったが，だからといって社会が——概してホイッグ党の目指す方向に——改革されるべき理由の表明を躊躇したわけではない．

　ポストモダニストの極端な懐疑主義に対しては，同様な現実的流儀で対応する必要がある．実際のところ，純粋に絶対的なものは存在しないかもしれないが，人間の道徳を論じる時に数学の定理や物理学・生物学の法則を代用

物としても差し支えないだろう．特に，歴史的に見て人類の遺伝的相違は非常に小さいので，人間の本性を絶対的なものとしたうえで異なる文化を比べる意味があると私は信じている．

矛盾？　道徳的相対主義者は，絶対的道徳などは存在しないという絶対的道徳を主張する点で矛盾していると言われる．しかしなぜ絶対的道徳の存在を否定することが**道徳的**な主張となるのか．魔法の存在を否定するのは摩訶不思議だなどと言う者はどこにもいない．

　とにかく私は，絶対的道徳の不在が確実にわかっていると主張するわけではない．単に，証拠がないものの存在を信じるのは不合理だと考えているだけである．文化に依存しない道徳的判断の存在を否定する私の立場は，庭の片隅に妖精がいることを否定するような慎ましいものである．

何でもあり？　次の中傷は，道徳的相対主義者と道徳的主観主義者——道徳は個人的嗜好の問題にすぎないと考える人——を混同する．**相対的**という言葉と**主観的**という言葉を一緒にしてしまう混乱は，それぞれの対義語である**絶対的**と**客観的**を同じように混用することで助長される．ジョン・マッキーでさえ客観的道徳は存在しないと言うが，彼が意味するのは，絶対的道徳が存在しないということであろう．

　相対主義者は，すべての社会契約を等しくよいものとする，煮え切らないリベラルな教義に固執すると言われる．こうなると，もろもろの感情的な誹謗へはあと一歩である．例えば，小児性愛者が思春期前の性交は子供にとってよいというような自説を展開する時に法を無視するのはもっともだと述べて私は非難されたことがある．同様に，相対主義者は奴隷の保持や妻の虐待をまったく悪く思わないということにされる．どちらの行為も過去の社会では道徳的に健全であると是認されていたからである．さらに馬鹿げたことに，相対主義者は善悪の違いを子供に教えるのは無意味だと信じていると咎められる．

　しかし，相対主義者はすべての社会契約が等しくよいものであると主張するわけではない．異なる社会契約にまたがる文化中立的な比較——すべてが

同程度にランクされるべきであるという評価も含めて——が意味を持つこと自体を否定するのである．生物学的に普遍的な特性は存在するが，道徳論争に出てくる善や正の概念は常に**文化的**所産である．何らかの形で文化の影響を完全に排除できたとしたら，私たちは道徳的判断を下すように求められても無力であろう．まるで，チェスのゲームの結果を予測判断するように依頼されたカラハリ砂漠のブッシュマンのように．

万が一，すべての社会契約を等しくよいものとする社会が出現したとしても，その市民が道徳的主観主義者である理由はまったくない．例えば，ほとんどの文化において，2つの社会で道路の異なる側を運転するからといってそれらの社会の評価が変わることはない．しかし，ある社会で道路のどちら側を運転するかは重要でないという人は，皆が自由に個人的な好みで朝出かける時に道路の右側を通るか左側を通るかを決定すべきである，と言っているのではない．日本人全員が道路の左側を運転するか，それとも右側を運転するかということは重要ではないが，日本では誰もが道路の**同じ側**を運転するということは当然きわめて重要である．

運転の例が示すように，道徳的主観主義は馬鹿げている．それは道徳のルールが人間の行動の**調整**を助けるために進化してきた事実を見逃しているからである．しかし，調整がうまくいくためには誰もが**同じ道徳ルール**に従わなければならない．社会の各メンバーがそれぞれ自分自身の基準を作り出すのでは，道徳ルールの存在意義がすっかり失われるだろう．自分が所属する社会の道徳的価値を超越する価値観を持つと語るような個人は，できれば異なる社会契約のもとで生きたいと思っている事実を大げさに脚色しているにすぎない．バートランド・ラッセルがニーチェについて述べたように，「彼の信条はもっと簡潔で素直な文に言い換えることができるかもしれない．『私はペリクレスの時代のアテネかメディチ家が活躍したフィレンツェに生きたかった』と」．

道徳的相対主義者は，主観主義者であるどころか，社会の道徳的価値はその文化の**客観的**特徴であると主張する．あらゆる重要な科学的事実と並んで，文化が違えば善悪の判断基準も異なることを子供に教えれば役に立つであろう．しかしこのことは，同時に子供に対して**自分自身の社会**で通用している

善悪の基準を尊重することの重要性を教えてはならない，ということとはまるで違う．反対に，史実の示唆するところによれば，市民が社会契約への信頼を失ってしまい，子供が社会のしくみについて明快な助言を得られなくなった社会は崩壊するのである．

　奴隷の保持や妻の虐待が悪いことであるとは考えられなかった社会の存在を過去に確認できるからといって，今日の民主主義において人間を所有物のように扱うことが許されるという嘘を子供に教えていいことにはならない．プラトンの周りに集った道徳的絶対主義者たちが，未成年の少年を愛するのはまったくけっこうなことである，と考えたのは歴史的記録の問題である．おそらく彼らはいつまでもそうであろうと考えたのである．しかし，道徳的相対主義者は次のように主張する．今日では，いかなる社会においても小児性愛が許されないことは客観的事実となっている——したがって，子供を虐待する者たちを捕まえることができる場合には必ず罰する義務が私たちにはある——と．

すべての変化が悪か？　　哲学者は社会を理解しようと努めてきたが大事なのは社会を変えることだ，とはカール・マルクスの有名な言葉である．例によって，彼は物事の順序を間違っていた．伝統的に哲学者は自らの社会改革案が成功すべき理由を考え出すのに忙しかったため，現実の社会契約が実際に維持されるしくみの理解にはほとんど無関心であった．事実，この態度は深く身に染みついてしまっており，ほとんどの伝統主義者は，道徳的相対主義というのは社会の変革よりもむしろ理解についての立場である，という考えにまで頭が回らない．道徳に対するアプローチのなかには信奉者に対してその名のもとに説教する権威を与えないものがあり得るのだ，ということを伝統主義者たちは理解できない．このことは，彼らがライバル視する独断主義者という種族の信用を落とすために捻り出す理由に明らかに見てとれる．

　相対主義者は，何でもありと主張するとみなされない場合は，逆にいま不人気な改革にはすべて抵抗すべき信念を持っていると言われる．例えば，私の相対主義的な見解では同性愛に関する法律の緩和には当然反対するはずである，と言われたことがある．ここでの思い違いは，改革を推奨できるのは

それが「善い」あるいは「正しい」時だけであるという考えにあり，相対主義者は「善」や「正」をあくまで現在の社会が考える善や正と同一視してしまうとされるのである．

しかしながら，自然主義という険しく狭き道を進む私たちは，何らかの抽象的な「善」や「正」の概念に適合するからという理由で改革を推奨することは決してない．伝統主義者が，まだ生まれるはるかに前の胎児に苦痛を与えてはならない理由として「生命の尊厳」のようなものに訴えるとき，火をもって火と戦うために「ヒューマニズム」，「ガイア」，「科学」のようなライバルとなるマンボウ・ジャンボウを持ち出す激しい誘惑に駆られることがままある．例えば，アダム・スミスは自著『道徳感情論』の基調をなす自然主義に反して，作り物の「不偏の観察者」に訴えている．ピーター・シンガーの『私たちはどう生きるべきか』も他の点では素晴らしいが，同様に脱線し，「宇宙の視点」を持ち出して彼の極端な環境主義的見解を押しつけようとする．こうした修辞上の方便は明白な事実よりも説得力を持つかもしれないが，この安易だが危険な道を行くことは，道徳の科学を創造するという自負を完全に放棄するに等しい．

実際のところ，道徳の説教師は現在の社会契約をどのように変化させたいかについて個人的な意見を表明しているだけなのである．これは，古今の知恵を特権的に拝借できると言い張る評論家にも当てはまるのであって，この点，近所の酒場でくだを巻く酔っ払いと何の違いもない．我々を主観主義者と呼ぶ虚偽がまかり通るのは，相対主義者が上記の真実を認めるからである．しかしながら，改革を推奨する人々は自らの主観的な見解を表明しているのであると確認することは，道徳的主観主義者であることと同じではない．

生活に密着した運転の例が役に立つかもしれない．スウェーデンは1967年9月1日に左側運転から右側運転へ切り替えた．この決定がなされる前に私がスウェーデン人であったら，この変更を勧める人たちを応援していただろう．相対主義者は，スウェーデンで1967年9月1日の前に右側を運転するのは間違っているし，それ以降に左側を運転するのも間違いであると主張するので，改革を呼びかける時に**悪い**とか**間違いである**とかいう言葉は私の役には立たなかっただろう．左側運転は本質的に「悪い」とか「間違いであ

る」と主張すればより効果的であったかもしれないが，相対主義者がこの方針を採用するとしたら知的に不誠実である．それでも，道路のどちら側を運転すべきかの選択はスウェーデン国民の主観的判断に任せられるべきだ，と主張するよりはましだったはずである．私は単に，他の欧州大陸諸国と同じ側を運転することで十分な数のスウェーデン人が利益を得るから，この改革の実現に向けて皆がまとまる価値がある，と主張していただろう．

　生物学的進化における遺伝子とのアナロジーを捉えるため，リチャード・ドーキンスはミームという言葉の利用を提案した．それは，模倣や教育を通じて人口全体に行き渡る可能性のある慣習的行為や思考のことである．そのようなかたちで社会的進化は時間をかけて巧みに文化を変えていくのであると相対主義者は信じている．ほとんどの場合，個人が意識的に手を貸したり仕向けたりすることなく文化は変わっていき，誰も変化の兆しに気づかない場合さえある．しかし，ある個人が巧妙に作られたミームを絶好のタイミングでシステムに故意に投入した結果として文化が変わることもある．

　まるで琥珀のなかで化石になったハエのように過去から継承してきた善悪の概念に囚われるどころか，相対主義者はこの知識を大いに楽しむのである．ひょっとすると，あなたや私が幸運にも新しいミームを作り出して，結果的に十分に多くの人の心をつかみ，社会における善悪の認識を変えることになるかもしれない．

　ただし，相対主義者は，改革案が「善」ないし「正」であるのは，私たちがそうなってほしいと願うからだ，などと思い違いをすることはない．また，自分自身の心はどういうわけかミームが社会的に繁殖する文化的プロセスの影響を受けない，と想像する絶対主義的な過ちを犯すこともない．

粘土の足？　　絶対主義者のいう永遠の真理がでっちあげられた時期を特定できると，彼らの悪ふざけを観察して大いに楽しんでも害はないだろう．例えば，ギリシア・ローマ時代には誰も「自然権」や「自由意志」に言及していない．「ロマンチックな恋愛」と並んで，これらのミームは中世に現れたのである．もっと最近のことでいうと，私は今日の新聞で，聖者の定義が更新される予定であると知った．カトリック教会が列聖する人々のためにとっ

ておかれる天国の特別な場所が，移民率の増加に対処できるよう願うのみである．

先日，私は現代のロジャー・ド・カヴァーリ卿〔18世紀初頭の英国の日刊紙に登場．イングランドの在郷紳士の価値観を体現し，愛すべきではあるが滑稽な人物〕と話をしたが，これは非常に楽しかった．彼は，英国の時計をフランスやドイツの時計に合わせれば便利かもしれないが，唯一の正しい時刻を放棄するという不正に比べれば取るに足りない，とまじめに断言した．神は地球をこしらえると同時に旧王立グリニッジ天文台を通る本初子午線を引いたという彼の明白な信念は，私が何を言ったところでまったく揺るがなかったのである．

ただし，相対主義者にとって重要な教訓もある．それは，絶対主義者というのは明らかに粘土でできている足を見ても，そこに黄金を見て取るという事実である〔ネブカドネザル王の夢に現れたという像は，頭は金，足は鉄と粘土でできていた〕．私たちは自分の足下を見る時，そこに実際にあるものだけを見るように注意しなければならない．社会契約に対する私たちの選好は，私たちを批判する絶対主義者たちの選好と同様，文化的に形作られる．私たちの足もいずれは時の河が洗い流す粘土でできているのである．

古代ギリシアに生まれ育っていたならば，私はアリストテレスに賛同し，蛮族を奴隷とするのはまったく正当かつ適切である，と考えていたに違いない[2]．チョーサーの時代なら，重度の鬱病を**怠惰の罪**と分類したであろう．また，利子付きで金を貸すことは，売春宿で体を売ることと少しも変わらないと感じたであろう．ヴィクトリア女王の時代であれば，私が同性愛を嫌悪していた可能性は十分にある．娘が私生児を産んだら，これは想像し難い可能性ではあるが，ひょっとすると親子の縁を切ったかもしれない．しかし，歴史が示すように，人間というものはこれよりはるかに非人間的な行為を正当化する理由を見つけ出すことができる．スペインの異端審問の拷問者は，

---

[2] 戦争の技術は，物を獲得するためのある意味で自然な様式である．狩猟はその技術の一部である．よって，狩猟の対象には野生動物のみならず，他者に支配されるべく生まれついたにもかかわらず従属を拒むような人間も含まれるべきである．この種の戦争は当然ながら正しい——アリストテレス『政治学』

犠牲者の魂を救っているのだと考えていた．ヒットラー政権下のドイツの普通の主婦たちは，強制収容所の監視員に雇われると残忍さを見せたが，彼女たちは人類を浄化していると思っていたのである．

将来の社会が現在の社会契約の道徳性を振り返る時には，恐怖と不信が入り混じる似たような気持ちを抱くに違いない．私の推測では，生命というものは常に紛れもなく善いものであると信じ，激しい苦痛に耐えきれず安楽死を懇願する人々に対してさえ生きることを強いる者たちには，マスコミの悪評が待ち受けているであろう．似たような理由で産児制限の取り組みを妨害する者たちが好意的に思い出される可能性はさらに低い．

マルサスの悪夢が現実となった世界では，人間の生命ひとつひとつが無限の価値を持つ，という考えは不条理なほど古風に見えるに違いない．私たちの子孫は問うだろう．どうして西側の社会はそんな奇妙な観念を抱きながらも，一方で国内における保健医療の割り当ての必要性を認め，他方で海外における飢餓の緩和のために国内（総）生産のごく一部以上の支払いを拒否したのであろうか，と．

しかし，他に未来の社会契約の姿を予測するとしても，私はあまり自信を持てない．英国民が性欲に飢えたサッカーのフーリガンに成り下がる，などと誰が予想したであろうか．歴史は過去がまるで別の国であることを教えるだけではない——過去に生きた人にとって，未来は常に想像を絶するほど異質であることを認識させるのである．

要約　道徳的相対主義者が自らの足は粘土であると認めるのは不利な告白である，と絶対主義者は考える．相対主義者が自分の心を捉えた文化的ミームの代弁者にすぎないことを認めるとしたら，なぜ彼らが改革を呼びかける時に注意を向ける必要があろうか．この疑問に答えることは，本節で相対主義について述べてきたことの要約として役に立つ．

意思決定の問題はいずれも2段階に分けて考えることができる．まずは何が実現可能であるかを確定し，その後で実現可能集合のなかから最適な選択肢を選ぶ．実現可能性は科学の問題であり，努力次第で文化的偏見とは無関係に解決することができる．実現可能なものから最適な社会契約を選ぶ段に

なって初めて，科学による道案内が終わるのである．本書では，社会正義という大規模な問題の解決のために原初状態の装置をうまく利用することができる，ということを示唆するが，その理由はまったく現実的なものである．人々はすでにこの社会的道具を用いて小規模な調整問題を解決しているため，これを大規模な問題の解決に使うように説得するのはそれほど難しくないかもしれない．

　私が原初状態を好むのは，それが私の文化的偏見に合致するからだ，と——ロールズが非難されたように——非難されてもしかたがない．しかし，絶対主義者が売り歩くような類の，文化に依存しないとされる何らかの代用品を探し回るのは無駄である．絶対主義者が依拠すると想像する盤石の確信は，彼ら自身の心のなかにしか存在しない．彼らもまた自分を虜にするミームの代弁者にすぎない．こうしてみると，彼らが相対主義者と異なるのは自らのひらめきの源泉に無自覚な点だけである．

3.5　還元主義

　還元主義的誤謬の有名な例はサッチャー元首相に見られる．彼女は全力を傾けて社会というものを解体しようとし，その存在を否定した．「私は社会というものを信じない．そんなものは存在しない．あるのは人々と家族だけである．」同じ理屈を用いれば，波とは任意の時点でそれを構成する分子「以外の何ものでもない」と言えるかもしれない．あるいは，動物はその体を構成する細胞「以上の何ものでもない」のである．

　科学者が還元主義的誤謬の犠牲になることはめったにない．なぜなら，還元主義的誤謬によって存在を否定される，まさにその現象を研究するのが科学者の仕事だからである．例えば，本書の研究対象は社会契約の構造であるが，サッチャー女史にとって，それは頭の空っぽな社会学者の心のなかにしか存在しない．しかし，道徳の問題に対して科学的態度をとる我々の仲間は，たびたび素朴な還元主義者と片づけられてしまう．こうしたお決まりの反応を示す批判者は，科学的なモデル作りの何たるかをまったく理解しそうにないと思われる．

例えば，アイザック・ニュートンは天体を点とみなし，彼の新しい重力理論を用いて惑星の軌道を説明した．彼の理論構成は，ある自然現象の特定の側面だけを捉えていることを強調するため，現在では**モデル**と呼ばれるであろう．

　しかしながら，一度に問題のひとつの側面を検討することによって徐々に進歩することができるという考え方は，何の問題も解いた経験がないような批判者には思いも寄らないものである．そんな無垢の精神は，モデルというものはすべてを一度に説明できなければ役に立たないと考えるのである．よって，惑星が固形の物体であることは誰でも知っているという理由でニュートンの天文学モデルを否定するであろう．この理屈を推し進めると，地図は平たいけれども地球が丸いのは周知の事実であるという理由で地図の利用を拒むことになる．

　もちろん，モデルを作る人々は，証拠が支持する範囲を超えて自分のモデルを適用することができるとしばしば主張する．しかし，全体論を奉じる批判者によって科学者が素朴な還元主義者と分類されるのは，科学者が時々そうした過ちを犯すからではない．通常，非難の声は，批判者がモデル構築の目的を知る前にすら挙がる．しかし，モデルの目的を知らずに，それがきちんと目的にかなうかを判断することがいったいできるのだろうか．

　それでも，すべてを説明し何らかの役に立つモデルを全体論者が作り出すようなことがあれば，もちろん姿勢を正して耳を傾ける必要があろう．しかし，科学者が世界を理解するために用いる，複数の互いに矛盾することもあるモデルの寄せ集めに対して不平を言うことに終始している限り，そうした批判者たちをまともに相手にする理由は見当たらない．マタイ伝（聖書）に言うように，人間はその成果で判断されるべきなのである．

創発的現象　　社会関係を分析するゲーム理論のモデルは還元主義的であるとして批判者たちは信用を傷つけようとするが，その主な理由は，権威，非難，礼儀，尊厳，羨望，友情，罪悪，名誉，高潔，正義，忠誠，謙遜，所有，自負，評判，地位，信頼，美徳などといった概念に対応する基本単位（原形）がモデル内に存在しないからである．

日常生活において私たちはこうした概念が基本単位として現れる非公式のモデルを操作しながら，周囲の人々の行動を理解しようとする．したがって，そのようなモデルがある程度役に立つことは誰でも知っている．こうした概念が基本単位として現れない新しいモデルが出現すると，全体論を奉じる批判者はそれを古いモデルのライバルとみなす．異なるモデルが並存して同一の現象をより効果的に説明するという可能性を理解できないからである．ある現象の至近要因を仮定するモデルと究極要因を仮定するモデルをともに維持する価値がその好例である．しかし，2つ以上のモデルが同時に正しいことはあり得ないという知的拘束服を身にまとうと，十分役に立っている古いモデルと矛盾する新しいモデルを提案する人たちは，無責任でお節介に見えるのである．

　もちろん，私のようなお節介焼きは，決して物事をそのようには見ない．権威，非難，礼儀などは，私たちのモデルに基本単位として現れないかもしれないが，だからといって，それらが存在しないと言っているのではない．それらは**創発的現象**（emergent phenomena）として立ち現れる．すなわち，モデルが仮定する基本単位間の**関係**の必然的帰結として現れるのである．

　例えば，海の物理モデルが波を基本単位として仮定するとは考えにくい．それよりは，ある法則に従ってぶつかり合う小さなビリヤード・ボールとして水の分子をモデル化するだろう．しかし，仮定された法則の含意を追究すると，初期条件が正しければ波が創発的現象として必ず立ち現れることになる．波を自分の世界の基本単位と考えてきた船長は，海は分子の集まりにすぎないと主張するモデルの設計者を素朴な還元主義者と責めるかもしれない．しかし，ここで船長は2つの間違いを犯している．ひとつは，モデルが仮定する分子間の関係の圧倒的重要性を無視していることである．もうひとつは，物理モデルが必然的に彼自身のモデルを脅かすと想像していることである．

　同じことはゲーム理論家がフォーク定理を用いて社会契約のしくみを理解しようとする時にも当てはまる．定理は評判，地位，信頼などについて何も言わないが，だからといって，そうした考慮は取るに足りないと主張するサッチャー女史に同意することには決してならないのである．反対に，こうした社会的概念を創発的現象として扱うことによって，その理解をより確かな

ものにしたいと私たちは考えている．

3.6 　失望することなかれ

　本書で表明される自然主義的見解は，非人間的で気を滅入らせるものであるとしばしば攻撃される．人生は本当に無意味なのだろうか．私たちは類人猿やロボットのような魂のない獣にすぎないのか．人間存在の本性について仮にもこのように冷たい見方をする人が実際にいるということを，人々はなかなか信じようとしない．そんなことが真実であるならば，生きていくことの意味はどこにあろうか．

　ひとつの答えは，「自然」にとって私たちがその真実を好むか否かはどうでもよいことだ，というものである．例えば，私はアインシュタインの相対性理論にあまり熱心ではない．それは，私たちが決して星に到達しない可能性を意味するからである．しかし，これはニュートンに逆戻りする十分な理由にはならない．

　ただし，このような調子で応じるのは，まるで「妻への虐待を止めたのか」と問われてイエスかノーで答えるようなものである．正しい応答は質問の前提を拒否することである．自然主義的見解を真剣に受けとめる者が信ずるべき事柄は，非人間的でも気を滅入らせるものでもない．とりわけ，自分自身に関する真実を自覚することがどういうわけか混乱を引き起こすという考え方は，まったく馬鹿げているように見える——まるで，量子論が間違いであったら私たちの身体は飛び散ってしまうという，かつて私が一般向け科学書で読んだ主張のようである．もちろん，そんなことは起こらない．体は以前とまったく変わらずに機能し続けるのである．変わるとしたらそれは，宇宙のしくみに関するより優れた説明が必要になるということだけである．

　宗教心の喪失が格好の例を提供する．神への信仰にすがっている間，人々は信心なく生きていくことはできないと考えがちである．神の導きがないと，人生は意義を失い，社会は崩壊し，悪徳が蔓延るだろう，等々．しかし，信仰心喪失のトラウマから立ち直ると，背教者は日々の生活が以前とまったく同じように続くことに気づく．また，無宗教の人々が教会通いの信者仲間に

比べて著しく思いやりや親切心に欠けることもない——身の回りのことすべてを説明するという過度に単純化された物語を作り出さずとも，生きていけるのである．神性の輝きは人間の本性に起因するという世俗的なおとぎ話を放棄した私たちにも同じことが言える．私たちは人生への情熱を失ったように見えるだろうか．周囲の人々に対して不親切になったであろうか．私が観察する限り，そんなことはない．

　古代の懐疑論者が諭したように，慰めとなる信仰にすがらずとも心の安らぎを得ることはできる．その証拠に，超自然的なものを信ずることなく，まったく見事な人生を送ったデイヴィッド・ヒュームの例がある．彼の個人的な例が示すのは，人生が何の究極目的も持たないとか，道義的責任という従来の概念の基礎が砂のように脆いなどといってふさぎ込む必要はまったくない，ということである．すると，私たちの繊細な気持ちや知的な成果が複雑な物理的作用の産物でしかなく，あるいは，私たちの価値体系がチンパンジーやヒヒのそれにそっくりであるとして，いったい何が問題なのか．なぜ感情や価値を抱くのかについて私たちが伝統的に自らに言い聞かせてきた物語が寓話であったと判明しても，それで感情の細やかさや価値の尊さが減じるわけではない．ヒュームは，若年期特有の人類のうぬぼれを助長した形而上学的お荷物に見切りをつけたことで，私たちが投げ捨てるのは一連の知的束縛以外の何ものでもないことを教えてくれた．

　非人間的ないし無気力であるどころか，ヒュームはこのうえなく洗練され，気さくで，満ち足りた男であった——これはとりわけルソーやカントのような神経過敏な奇人たちと比べると顕著であるが，よりによって人類は最善の生き方についてのひらめきを彼らから得ようとすることが多い．死の床にあってさえ，ヒュームはユーモアを失わなかったし，サミュエル・ジョンソン伝の著者ジェームズ・ボズウェルから無神経にも「来世を信じることなく死に直面するのはどんな気分か」と聞かれた時も，ヒュームは彼をすっかり安堵させた．ボズウェルによれば，「ヒューム氏の冗談のおかげでその場に重苦しさはなく，差し当たって死はそれほど陰鬱なものには見えなかった」のである．

　もっと明るい死の床の会話で，ヒュームはアダム・スミスに向かって，自

分がルキアノス〔2世紀のローマ帝国で活躍したギリシアの作家〕の『死者の対話』を読んでいたことを告げた．さまざまな名士がカロン〔ギリシア神話における冥土の川の渡し守〕に対して，自分が冥土の川を渡るべきでない理由を述べる話である．自分の番が来た時，ヒュームはこう言おうとした．「ちょっとお待ちを，親切なカロンさん，私は人々の目を開こうと努力してきたのです．あと数年生き長らえたら，広く行き渡っているいくつかの迷信体系の崩壊をこの目で確かめるという本望を遂げられるかもしれないのです」．しかし，ヒュームいわく，カロンはしびれを切らすだろう．「ぐずぐずするな，この悪党．そんなことは何百年経ったって起こらないぞ．俺がそんなに長くお前の寿命を延ばしてやると思うのか．船に乗れ，この怠け者の愚図野郎」．

デイヴィッド・ヒュームは彼の死後も何百年にわたって迷信が生き延びるだろうと正しく予測した．しかし，彼自身の作品がカントに刺激を与えて新たな一連の迷信を生み出すなどと予期できただろうか．あるいは，マルクスの矛盾した思想体系が多くの人を突き動かして自滅の道を用意させたことを，また，『わが闘争』の著者の子供じみた大言壮語が全世界を戦争に導く力を持つことになると予想できただろうか．

ひょっとすると私たちはいつの日にか，すべての子供にヒューム流の懐疑主義を体系的に教えるような社会契約を確立することによって，あのような集団的愚行の勃発に対する社会の免疫力を高めることができるかもしれない．そんな新しいエミール〔ルソーの『エミール』では，ルソーが自らの教育論に従って架空の子エミールを理想的に育てあげる〕は，ホモ・サピエンスの心理的な弱さについて学び，よってあらゆる権威——政治的指導者や社会の模範となる人物，学者や教師，哲学者や預言者，詩人やアイドル——を，数多い潜在的な詐欺師あるいはならず者と見るのが賢明であることを理解するだろう．こうした者たちは皆，社会的地位を欲する人間の普遍的な渇望を利用しようと躍起になっているのである．したがって，エミールはあらゆる思考を自分自身で行う必要性を理解するだろう．なぜ，そしてどんな時に近隣の人々を信用すべきかがわかるようになるはずである．何よりも，人間の本性とは相容れないユートピアに憧れて時間を無駄にすることは決してないだろう．

アダムとイヴはそんな次善のエデンの園で幸せだろうか．少なくともこの点に関して，ヒューム自身の経験は非常に心強い．満足を得るために自分に嘘をつく必要はない．何か手っ取り早い方法でユートピアを実現できると信じる必要もない．長期的に事態は好転すると楽観的になる必要さえない．必要なのは，互いに尊敬し合えるような人々による安定した微小な社会を作り出す自由のみである．そうすれば，ヒュームの例が示すように，死に直面してさえ平然としていられるのである．

第 4 章
均衡
Equilibrium

権力の研究は，理想ではなく現実の姿を常に念頭に置かねばならない．

マキアヴェッリ

4.1　善悪を創造する

　前章ではジョン・マッキーのような科学的哲学者の見解を論理的に突き詰めて考えてみた．マッキーが『倫理学——道徳を創造する』で説明するように，合理主義の伝統的な議論は詳しく検討すると見かけ倒しであることがわかる．なぜこのような長年にわたる失敗作のチケットを買い続けるべきなのだろうか．代わりに，ソクラテスとの対話でプロタゴラスが表明し，ホッブズやヒュームによって近代にまで受け継がれた科学的伝統を見てみることにしよう．

　人間の道徳性は進化の歴史の産物である．これを研究するためには，ウェスターマークの『道徳的観念の起源と発展』のような先駆的研究に挙げられている事実を参照せよとマッキーはいう．さらに，人類学的資料を読み解くための枠組みとしては，フォン・ノイマンのゲーム理論に注目すべきだという．

　ただ，この時点で科学的哲学者はためらいがちになる．ゲーム理論の本の著者はほとんどが経済学者であり，風変わりな用語と複雑な数式を使う．この難解な分野をものにしなければ前進は不可能なのだろうか．

　これは，「妻への暴力を止めたのはいつか」というのと同種の質問であろう．おそらく道徳は人間の共同体において権力をバランスさせる手段として

進化してきたのだろうと考えるのであれば，当然ゲーム理論を少しは知る必要がある．ゲーム理論は力のバランスが保たれるしくみを研究するからである．ただし，ゲーム理論に難解なところはまったくない．それどころか，本章で説明されるべきことは呆れるほど簡単である．ゲーム理論の本に出てくる風変わりな用語と洒落た方程式は，学者の説明がさほど深遠ではないことが露呈しないように，人々をさらに煙に巻くためのものでしかない．

4.2 トイ・ゲーム

共同体における人々の合理的な相互交流を研究する価値を否定する者はいないが，なぜそれはゲーム理論と呼ばれるのだろうか．目的達成への努力を単なるゲームのプレーと位置づけるのでは，人間性の価値を貶めることにならないだろうか．

そのような意見はまったくの的外れであろう．切実な問題であればあるほど，希望的観測に流されないようにすることが大事である．まさにこの理由により，ゲーム理論家はジョン・フォン・ノイマンにならってチェスやポーカーなどの室内ゲームの言語を活用するのである．人々は通常，室内ゲームで生じる戦略課題については冷静に考えることができる．つまり，進んで最後まで論理に従うのであって，ありがたくない結論に導かれるからといって恐怖のあまりお手上げだと諦めてしまうことはない．論理はどんな状況で適用されようと変わることはないのである．

本章で例として使われる滑稽なほど単純なトイ・ゲーム〔小型のゲーム〕についても同じ原理が当てはまる．世界は複雑すぎてそんな単純なモデルで把握することはできない，といって軽くあしらいたい気持ちに駆られるが，単純な問題で練習をせずにいきなり複雑な問題を解けるようになった者がいるだろうか．実際のところ，現実の戦略問題を解くための重要な段階はほとんど常に，問題の核心にあるトイ・ゲームを探し出すことにある．これを解決しない限りは，その解決方法を修正して現実世界を複雑にする飾りもののすべてを考慮するための方法について心配しても意味がないのである．

4.3 協力と対立

　現在でもゲーム理論に対する否定的な論評を目にすることがある．フォン・ノイマンは典型的な冷戦の闘士——有名な映画〔スタンリー・キューブリック監督『博士の異常な愛情』〕に登場するストレンジラブ博士の原型——として風刺的に描かれるのである．そして，現実の生活にゲーム理論を適用しようと思うのは狂った軍事戦略家だけだろうという．世界はゼロサムゲームであると考える過ちを犯すのは狂人かサイボーグのみだからである，と．

　フォン・ノイマンは多方面にわたる天才であり，彼にとってゲーム理論の考案は副業にすぎなかった．原子爆弾の開発に助言を与えたのは確かであるが，彼は狂ったサイボーグなどではなく，陽気な性格で，くつろいで楽しい時を過ごすことを好んだのである．また，オスカー・モルゲンシュテルンとの有名な共著『ゲーム理論と経済行動』の前半のテーマが2人ゼロサムゲームであったことも事実であるが，フォン・ノイマンは世界を純然たる利害対立のゲームとみなしている，という作り話が信じられているとしたら，それは協力ゲームの研究に充てられた後半部分を無視しているからに他ならない．

　ゲーム理論は，実際のところ，対立と協力の両方を対象としている．現実的なゲームは一般に両方の可能性を含んでいるからである．ゲーム理論家は，他の人々と同じように対立よりも協力を好むが，協力を達成するためにはトラブルを起こすのが得策ではないようなふりをすればよい，とは考えない．協力と対立は同じコインの表と裏であり，一方を無視して他方をまともに理解することはできないと我々は信じているのである．

　この点を図解するため，図4では純粋協力のトイ・ゲームと純粋対立のトイ・ゲームの利得表を並べて示す．純粋協力のゲームは第1章で取り上げた運転ゲームである．純粋対立のゲームは，マッチング・ペニー〔コイン合わせ〕と呼ばれ，多くの人が子供の頃にプレーするものである．後者のゲームでは，2人のプレーヤーがそれぞれコインを見せる．同じ面が出たら片方が勝ち，異なる面であれば他方が勝つというしくみである．

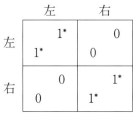

運転ゲーム　　　　　　　　マッチング・ペニー

図4　協力と対立

　2人のプレーヤーをアリス，ボブと呼ぼう．運転ゲームとマッチング・ペニーの双方において，アリスは利得表の行（横方向）で表される2つの戦略を選べる．ボブもまた2つの戦略を持ち，それらは列（縦方向）で表される．利得表の4つのセル（ます目）はゲームの結果の可能性に対応している．各セルには2つの数字が，アリスとボブにひとつずつ書き込まれている．セルの左下の隅の数字は対応するゲームの結果におけるアリスの利得である．右上の隅の数字はボブの利得である．マッチング・ペニーの各セル内の利得の和はどれもゼロになることに注意してほしい．純粋対立のゲームでは，そうなるような調整が常に可能なので，そのようなゲームはゼロサムと呼ばれる．

　各プレーヤーはゲームにおける自らの期待利得を最大化するよう努めると仮定される．他のプレーヤーがどんな戦略を選ぶことになるかわかっていると，これは容易であろう．例えば，運転ゲームにおいてボブが**左**を選ぶだろうということを知っていれば，アリスは同様に**左**を選ぶことによって彼女の期待効用を最大化するはずである．つまり，ボブの**左**という選択に対するアリスの最適反応は**左**であり，この事実は図4で両方のプレーヤーが**左**を選んだ場合に該当するセルにおいて，アリスの利得に星印が付いていることに示される．

　利得の**双方**に星印が付いているセルがナッシュ均衡に対応する．この時，どちらのプレーヤーも相手の戦略選択に対する最適反応をとっているからである．第1章で説明したように，ナッシュ均衡が興味深い理由は2つある．仮に，ゲームの合理的な解を選び出すことができるならば，それは必ずナッ

シュ均衡でなければならない．例えば，ボブが合理的であることをアリスが知っている場合，アリスは，彼の合理的な（と彼女が知っている）選択に対して最適な反応をとらないのは愚かであろう．2番目の理由はもっと重要である．利得を高める方向にプレーヤーたちの戦略選択を適応させる進化の過程は，ナッシュ均衡に到達するまで止まらないのである．

運転ゲームの利得表を見ると2つのセルで両方の利得に星印が付いているので，運転ゲームには2つのナッシュ均衡があることになる．全員が左側を運転する場合が均衡であり，全員が右側を運転する場合も均衡である．

第2章の待ち合わせゲームは運転ゲームに似ているが，その戦略形において各プレーヤーには2つではなく10の戦略がある．主対角線上の8つのセルが均衡に対応するが，ここではプレーヤーはどれがゲームの解の候補となるかについて無差別ではない．

個人的嗜好か社会的価値か？　こうしたことはすべて非常に簡単ではあるが，とは言え，人間の慣習を均衡選択装置としてモデル化する際に学ぶべき教訓がある．火星からやって来た人類学者が，なぜ日本人は左側を運転しフランス人は右側を運転するのか，と尋ねたと想像してみよう．素朴な答えは，日本人は左側を運転しフランス人は右側を運転するのが好きだから，というものである．しかし，運転ゲームにおいてこれは正しくない．全員が左側を運転する社会契約と全員が右側を運転する社会契約のどちらかを選ぶ機会がアリスとボブに与えられていたとしたら，2人はどちらの選択でもかまわなかっただろう．左か右かはどうでもいいのであり，大切なのは事故を避けることだけである．

日本人が左側を運転したがるのは対向車が左側運転のはずだからである，と述べることはもちろん可能である．あるいは，フランス人が右側運転を好むのはそれが習慣となっているからである，と言うこともできよう．しかし，こうした記述的な観察は，日本とフランスが異なる社会契約を実行していることの言い換えにすぎない．そもそもなぜ，いかにして社会契約が確立されたのかを説明することにはならないのである．

なぜ公平に振る舞うのかと自問する時，私たちは火星から来た人類学者と

似た立場に立つことになる．安易な答えは，私たちが公平に振る舞うとしたら，それは好きでそうするのだ，というものである．この点をめぐっては小さな学術産業さえ存在し，行動経済学者が心理学の実験室で観察される公平な行動を合理的に説明するため，「公平性への嗜好」を組み込んだ効用関数を被験者から推定するのである．しかし，彼らが新しい実験を行うたびに常に新しい効用関数を必要としているように見えるのには理由がある．それは，彼らのいうデータの「説明」が実際にはデータの記述にすぎないからであろう．時にはデータのうまい記述になっている——自然は真空を忌み嫌うという格言のように——かもしれないが，最適な記述でさえ，記述ではあっても説明ではない．

　本物の説明が欲しければ，もっと深く掘り下げなければならない．私たちは偶然にも公平な振る舞いを好むのである，というのは正しくない．公平性は，進化の海辺にどういうわけか流れ着いた漂流物ではない．それは均衡選択装置として——左側運転か右側運転かの選択のように——進化してきたのだと私は考えている．

4.4　混合戦略

　悪の教授モリアーティに追われながらどの駅で列車を降りるか決めなければならなかったシャーロック・ホームズは，マッチング・ペニーの一変種をプレーしていたことになる．しかし，コナン・ドイルよりもエドガー・アラン・ポーのほうが，こういったゲームの戦略問題について，より周到な議論をしている．ポーの『盗まれた手紙』では，悪人が手紙を盗むのであるが，問題はどこを探すかである．ポーの主張では，勝つためには「私は〜と考える，と彼は考える，と私は考える，と彼は考える……」という形の推論の鎖を相手よりも一歩先まで進めなければならない．

　しかし，アリスとボブの両方がこの妙技を試みるとどうなるであろうか．ナッシュ均衡の考え方は，見かけ上の無限後退を回避する．なぜなら，プレーヤーが他のプレーヤーの考えを探ろうとし始めた途端に，ナッシュ均衡でない戦略の組み合わせは不安定になるからである．しかし，まだ問題が残る．

運転ゲームの2つのナッシュ均衡をうまく探し出すために用いた，最適反応に星印をつけるというトリックが，マッチング・ペニーには使えないからである．利得表のどのセルにも，両者の利得に星が付いているものはない．

　しかし，ジョン・ナッシュがノーベル賞を受賞した理由の一端は，あらゆる有限のゲームに少なくともひとつは均衡が存在すると示したことである．では何が起こっているのだろうか．答えは，これまでに検討してきた純粋戦略を超えて，プレーヤーが戦略を無作為に選ぶ**混合**戦略を考慮しなければならないということである．批判者たちは混合戦略という考え方に対して，重大な意思決定を行き当たりばったりに行うとは狂気の沙汰であるとしばしば言うが，人々はいつも無自覚に混合戦略を用いている．コインを投げたりサイコロを振ったりする必要はない．必要なのは，選択を予測不可能にすることのみである．ボブがアリスの選択を予測できないとしたら，結局のところ，ボブに関する限り，アリスは無作為化を行う装置にすぎない．

　混合戦略の利用はマッチング・ペニーにおいてはまったく驚くに値しない．要は，相手に推測させ続けることである．どんな子供でも知っているように，ここでの解答は**表**と**裏**を無作為に出し，それぞれを1/2の確率で選ぶことである．遊び場でならば，自分が**表**と**裏**を出す可能性が等しいことをボブに明示するため，アリスはコインを投げて見せることさえあるかもしれない．両者がこの混合戦略を用いると，その結果はナッシュ均衡である．どちらのプレーヤーも2回に1回勝つことになるが，それは相手の戦略選択を所与とした場合，最善の結果である．

　同様に，両方のプレーヤーが**左**と**右**を1/2の確率で選ぶのは運転ゲームのナッシュ均衡である．よって，運転ゲームには3つ（純粋戦略2つと混合戦略1つ）のナッシュ均衡が存在する．ただ，混合戦略均衡はまったく効率的でない．これを採用するプレーヤーは半分の確率で衝突するからである．にもかかわらずそれは均衡であって，社会契約を構成する慣習の一部として現れるかもしれない．この慣習はいまだかつて世界のどこにも実際に現れたことがない，とかつての私は言ったものだが，幾人かのトルコ人に訂正され，私は明らかにトルコを訪れたことがないと指摘された．いまでは訪れた経験があるので，トルコ人たちの意味するところがわかる．

進化モデルにおける混合戦略　進化ゲーム理論の最も単純なモデルでは，ひとつあるいは複数の巨大な母集団から動物や人間が時々無作為に選ばれてゲームをプレーすると仮定される．通常，プレーヤーは合理的ではない．その代わり，ゲームをプレーするとなると，常に特定の戦略を自動的に用いるようにプログラムされている．

進化の作用は，連続してプレーされるゲームとゲームの間に働き，高い利得を得る戦略は利得の低い戦略の犠牲のもとに母集団での頻度（個体数）を高めていく．厳密なメカニズムは状況に依存する．生物学的進化において，適応度の高いプレーヤーの戦略はより多くの子供に受け継がれる．文化の進化では，高い利得を得るプレーヤーは利得の低いプレーヤーよりも模倣されやすい．

母集団の状態を識別するために混合戦略が用いられる．利用可能な純粋戦略に対して混合戦略が割り当てる確率がそのまま，その時点でその純粋戦略を用いている動物や人間の母集団での頻度を表すのである．そうすれば，ある時点の母集団の状態を表現する混合戦略が推移する様子を見ることによって，進化の過程を追跡することができる．

図5は，両方のプレーヤーが同じ母集団から選ばれる場合に，マッチング・ペニーと運転ゲームにおいて可能な母集団のすべての状態を表す．図5の矢印は，決定論的進化過程が母集団の状態をその時点の最適反応である純粋戦略の方向へ近づける様子を示す．図6は，別々に進化する2つの異なる母集団からアリスとボブが無作為に選ばれる時にどういうことが起こり得るかを表す．

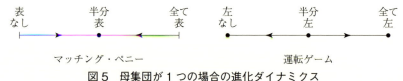

図5　母集団が1つの場合の進化ダイナミクス

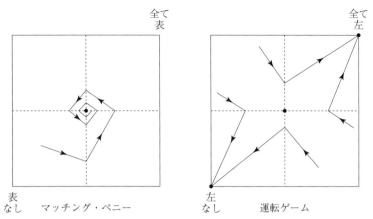

図6 母集団が2つの場合の最適反応ダイナミクス。母集団の状態は、その時々に最適反応となっている戦略の組の方向へ直線的に動くと仮定される。これは母集団が2つ以上の場合あまり現実的ではない。図10 (b) の自己複製ダイナミクスのほうが現実的であるが説明は難しい。

長期的には，システムは矢印に従って導かれる母集団の状態のうちのひとつに行き着く．第1章で説明した理由により，それらはすべてゲームのナッシュ均衡に対応する．しかし，その逆は真ではない．例えば，運転ゲームの混合戦略ナッシュ均衡は，矢印が遠ざかっていくため不安定である．戦略の組み合わせがナッシュ均衡であるというだけでは，進化的な安定性の保証にはならないのである．

4.5 囚人のジレンマ

あらゆる種類の共有地の悲劇のうちで最も単純なものとして，図7に示す囚人のジレンマはすべてのトイ・ゲームのなかで最も有名である．研究者の間では，この平凡なゲームが人間の協力問題の本質を体現している，という話が一世を風靡した．なぜなら，アリスとボブの双方が**タカ**をプレーするのが唯一のナッシュ均衡であるが，代わりに2人が協力してともに**ハト**をプレーすれば両者ともより高い利得を得られるからである．こうして研究者たちは，このいわゆる「合理性の逆説」のゲーム理論による解消の仕方が間違っ

第4章 均衡　　97

ている理由を説明する,という絶望的な課題を自らに課すこととなった.

	ハト	タカ
ハト	2 / 2	3* / 0
タカ	0 / 3*	1* / 1*

囚人のジレンマ

	ハト	タカ
ハト	6* / 6*	3 / 6*
タカ	6* / 3	3 / 3

囚人のよろこび

図7　合理性の逆説?

　ゲーム理論家の考えでは,囚人のジレンマが人間の協力問題の本質を体現していると主張するのは明らかに誤りである.逆に,それは可能な限り協力が発生しないように仕組まれた状況を表しているのである.人類がプレーしてきた壮大な生のゲームが囚人のジレンマであったとしたら,私たちが社会的動物に進化することはなかったであろう.よって,でっちあげられた合理性の逆説とやらを解く必要はさらさらない.泳ぎのうまい人であっても足をコンクリートで固めて湖に投げ込まれれば溺れる,ということの理由を説明する必要がないのと同じである.合理性の逆説など存在しない.合理的なプレーヤーが囚人のジレンマにおいて協力しないのは,このゲームが合理的な協力のための必要条件を欠いているからである.

　幸いにも,ゲーム理論の歴史における「合理性の逆説」時代は終わりつつある.囚人のジレンマにおける協力が合理的であることを示そうとする絶望的な試みのなかで考え出された数多くの誤謬は,いまとなっては忘れられるか,せいぜい心理学者のいう魔術的推論(望みの結果を確保するために論理をねじ曲げること)の微笑ましい例として引用されるくらいである.その代表例は依然としてカントであり,合理性は定言命法に従うことを要請するという主張である.そうすれば,囚人のジレンマにおいて合理的なプレーヤーは皆ハトを選ぶ.なぜなら,それこそ全員が選んだとしたら最善の戦略となるはずだからである.

　以下の議論は,このナンセンスに対する決定的な反論である.論点先取を避けるため,まず囚人のジレンマにおけるプレーヤーの選好を表現する利得

表がどこから来ているのかを確かめよう．経済学者によると，私たちがプレーヤーの選好を発見するのは，プレーヤーが単独の意思決定問題を解く時の選択の観察を通じてである．

囚人のジレンマの利得表において，アリスのために左下のセルに左上のセルよりも大きな利得を書き込むということは，すなわち，ボブがハトを選んだことを前もって知っている場合のアリスの単独意思決定問題で，彼女はタカを選ぶだろうということを意味する[1]．同様に，右下のセルにより大きな利得を書き込むのは，ボブがタカを選んだことをアリスが前もって知っている場合の単独意思決定問題で彼女がタカを選ぶだろうということを意味する．

したがって，ゲームの定義自体により，ボブの選択がハトであることをアリスが知っている場合と，ボブの選択がタカであることをアリスが知っている場合のどちらにおいても，アリスの最適反応はタカということになる．よって，彼女はボブの実際の選択について何も知らずとも，自分の最適反応を知ることができる．ボブがどんな選択を予定しようとも，タカをプレーすることがアリスにとっては合理的なのである．こういう珍しい状況のもとでは，タカがアリスの他の選択を支配するという．

このまったく取るに足りない議論を否定する人などいない．代わりに，それは囚人のジレンマの分析をトートロジーにしてしまうため，現実には何の重要性も持たないと言われる．しかし，同じことを2+2=4について言う人がいるだろうか．

利得とは何か？ 囚人のジレンマにおいて裏切ることの合理性を示す容赦のない議論を提示した主な理由は，利得が常に貨幣で測定されるという誤解を解くためである．人々は常にけちな利己主義者であると思い込むのは，経済学の世界に惹かれるような心が狭く金にうるさいはみ出し者だけである，というコメントをよく目にする．私たち人間が互いに仲間どうしであること，

---

[1] アリスがそのように行動するはずはない，というよくある反応は馬鹿げている．この状況でアリスがハトを選ぶというのであれば，大きな方の利得を左上のセルに書き込むべきなのである．しかしそうなると，ゲームはもはや囚人のジレンマではなくなる．

なんびとも孤島のような存在ではないこと，鐘が鳴るのはあなたのためでもあること〔誰の死も他人事ではないということ．17世紀英国の詩人・司祭ジョン・ダンの瞑想録第17を参照〕に気づかないのである．

しかし，ゲーム理論は人々が望むものについていっさい仮定を設けない．期待利得を最大化するためにアリスやボブは何をすべきか，これを述べるだけである．利得を貨幣と同一視すべきだとは言わない．たとえ利得が貨幣とみなされる場合でも，プレーヤーが貨幣を望むのは利己的な動機からであると仮定すべきであろうか．ひょっとするとアリスはマザー・テレサの仮名かもしれない．

例えば，アリスとボブは深く愛し合っており，相手にとっての1ドルは自分にとっての1ドルの2倍の価値があるとみなすかもしれない．この2人に利得の単位をドルとする囚人のジレンマをプレーさせると失敗に終わるだろう．2人の実際の選好がゲームを図7の「囚人のよろこび」に変えてしまい，支配戦略がハトになるからである．こうした例が示すように，人間は基本的に利他的であると考えるユートピア主義者たちがゲーム理論家による囚人のジレンマの分析は誤っていると非難するのは見当違いである．彼らが言うべきは，囚人のジレンマが自分たちの生のゲームの適切な表現ではないということである．彼ら自身のゲームでなら，理由は間違っているとはいえ，彼らは正しいのであろう．

同じく誤りでありながらもう少し洗練されているのは，ジェレミー・ベンサムやジョン・ステュアート・ミルの功利主義学説におけるように，利得が幸福という概念単位で測定されると考えることである．ひょっとすると，ゆくゆくは神経科学者が，脳内に配線されて私たちの快楽や苦痛の経験を記録する何らかの計量装置を発明するかもしれないが，私たちの行動の動機に関する配線がそれほど単純であるということにはならないであろう．ただし，ゲーム理論は脳のしくみの詳細にはまったく左右されない．この理論が適用されるうえで必要なのは，人々の行動の**整合性**だけである．そうすれば，人々は意図的であろうとなかろうと必ず**何らかの**期待値を最大化するかのように行動している，ということを示せるのである．この抽象的な何かが特定の状況で何を意味するかはともかく，私たちはこれを**効用**（utility）と呼ぶ．

状況によって，アリスの効用は貨幣と非常に密接な相関を示すかもしれない．他の状況（特に家族内）では，彼女の効用は愛する人たちの福利の何らかの指標と相関するだろう．経済学を批判するユートピア主義者の大きな誤りは，以下の点を認識していないことにあると思う．すなわち，家族内や親しい友人の仲間内に通常見られるよき連帯感が，ひとたびよそ者が強引に割り込もうとすると簡単に消滅してしまうのは無理もないことなのだという点である．ただ，これは経験的な問題である．人間の本性に関する見方がどうであれ，ゲーム理論は影響を受けない．

　進化の文脈では，ゲームの利得にとりわけ有益な解釈を与えることができる．ある動物が特定の戦略をとる結果として平均的に享受する追加的な適応度として利得を解釈できることがあるだろう．適応度を測るためには，動物の再生産における成功の度合いを見る．次世代のうちどれくらいが，その戦略をとる本能を引き継ぐだろうか？

　このウィリアム・ハミルトン〔英国の生物学者．1936〜2000年〕の着想は，人々の思考方法を逆転させる驚くほど簡素な洞察の一例である．ゲームの利得をこのように解釈すれば，進化が私たちをどこへ導くのかと悩む必要はなくなる．進化がどこかで止まるとすれば，それはプレーされているゲームのナッシュ均衡でなくてはならない，ということがほとんどトートロジーになる．こうして私たちは本当に重要な問題に集中できるようになる．プレーされているゲームはいかなるものなのか．

　本書にとって重要なのは，ハミルトンの洞察が生物学的進化のみならず文化の進化にも適用できるということである．リチャード・ドーキンスは，遺伝子が生物学的な自己複製子であるように，彼がミームと呼ぶ文化的な自己複製子が存在すると推測する．複製の方法は主に模倣と学習である．鳥の歌うメロディが好例であろう．若いスズメに歌えるのは歌の粗末な断片だけである．後になってようやく，文化としての複雑なメロディを模倣によって歌えるようになるのである．

　かつて私はミームという考えにもっと夢中であったが，今となってはこの話は文化の進化と生物学的進化のアナロジーを推し進めすぎたという気がする．他方，文化の進化が生物学的進化と共有する唯一の性質は，母集団を根

底にある生のゲームの均衡へ向かわせることである,というのではアナロジーの追究は不十分である.

しかしそうすると,生のゲームの利得を測る効用単位は,貨幣や幸福といった,私たちが限定的に用いる(と批判者が考える)単位からは遠く離れてしまう.文化の進化の場合,利得はプレーヤーの戦略選択が周囲に模倣を引き起こす程度を測るのである.

実験とシミュレーション　囚人のジレンマではタカをプレーするのが合理的であるかもしれないが,それは重要でないと耳にすることがある.生身の人間はハトをプレーすることが実験で示されるからである.確かに,経験と意欲に乏しい被験者はしばしば協力するが,圧倒的な証拠によると,被験者が経験を重ねて利得の価値が高まるにつれ,囚人のジレンマのようなゲームにおける裏切りの確率は着実に上昇し,しまいには被験者のわずか10%程度が協力を続けるのみとなる[2].

進化的コンピュータ・シミュレーションも,囚人のジレンマにおいて協力を発生させると言われている.**無期限繰り返しの囚人のジレンマにおいて協力が発生するのは間違いないが,これは驚くに値しない.**フォーク定理が示すように,そのようなゲームにおいて効率的な結果が均衡として維持可能であることは,すでに見たとおりである.ただし,1回きりの囚人のジレンマはそれを無期限に繰り返すゲームとは異なるのであって,この区別を曖昧にすると混乱を生じさせるだけである.

ルールを変えるのか？　社会契約問題における自然状態はゲームとして表現すべきだ,と主張されることがある.囚人のジレンマというゲームは,この役割において,トマス・ホッブズの人間不信の影響を受けた政治哲学者たちの間で人気がある.私たちの課題は,囚人のジレンマのルールを変えて,新しいゲームでは協力が均衡になるようにすることである.

---

[2]　ジョン・レジャードによる,公共財の私的供給実験に関する高度に専門的なサーベイを参照せよ.J. Kagel and A. Roth (eds.), *Handbook of Experimental Economics*, Princeton University Press, 1995所収.

このアプローチに意味があるのは，新しいルールを強制執行するための何らかの外部機関が存在する場合であるが，囚人のジレンマが生のゲームの縮小版として意図される場合，外部強制の役目を果たす者はいない．生のゲームにおいて私たちは皆プレーヤーだからである．自分たちがプレーしているゲームの「ルール」をプレーヤー自身が変更できるとしたら，「ルール」を変えるためにプレーヤーができることを，元のゲームで利用可能な戦略のリストに載せておかねばならない．しかし，この拡大されたゲームのルールはもはや私たちが変更を検討している「ルール」ではなくなる．

　要するに，生のゲームのルールは，私たちの裁量を超える要因——物理学の法則，地理的な事実，進化の歴史における偶然など——をすべて体現しなくてはならず，かつ裁量の範囲内にある要因をいっさい含んではならないのである．私たちが望めるのは，生のゲームにおけるある均衡から別の均衡へと社会契約を移行させることのみである．ちょうど，スウェーデンが一夜にして左側運転から右側運転に変わったように．囚人のジレンマにはナッシュ均衡が1つしか存在しないため，この望みは絶たれるのである．

4.6　複数均衡

　一般に現代の経済学教科書は公平性についてほとんど語らない．衡平性と効率性のトレードオフが不可避であるという神話を助長することはあるが，たいていの場合，いかなる効率的結果も「社会的に最適である」と定義することによって，分配の問題を完全に隠蔽してしまう．そうすれば，ある特定の効率的な結果が不公平であるという苦情に対処する必要はなくなる．そこにはもう改善の余地がないのだから．

　この種の矛盾する二重思考がまかり通るのは，いわば望遠鏡を逆さにして均衡が1つしかないモデルを覗き込んでいるからに他ならない——新古典派の理想である完全競争市場がその代表例である．しかし，いやしくも現実的なゲームには通常，数多くの均衡が存在し，そのなかからともかくも選択が行われなければならない．私たちの公平感は，ある種の状況において均衡選択問題を解決するために進化してきたのだと私は考える．これが正しいとす

れば，新古典派の経済学者がモデル化において公平性の役割を見落とすのも不思議ではない．モデルに均衡が1つしかなければ，何のために公平性が必要になるだろうか．

本章では，均衡選択問題の解決に公平性を用いる方法の説明を試みることはしない．代わりに，いくつかの例を挙げて問題の難しさに注意を引いておこう．

鹿狩りゲーム　呆れたことに，カントはジャン＝ジャック・ルソーを「道徳界のニュートン」として崇拝した．その理由は，おそらくカントが私と同じ意見を持ち，ルソーの鹿狩りの話はある種の囚人のジレンマにおける協力の合理性を主張した最初の例として評価されるべきだ，と考えていたからであろう．ただし，ブライアン・スカームズ著『鹿狩りと社会構造の進化』に見られるように，より寛大なゲーム理論家はルソーの話を図8の鹿狩りゲームのように解釈した．これは，ある社会契約が別の社会契約よりも全員にとってよい状況を描いている．

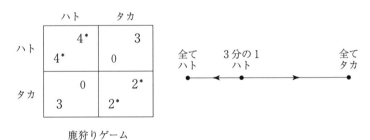

図8　鹿を狩る

ルソーの鹿狩りの話では，アリスとボブは協力して鹿を狩ることに同意するが，別れて計画を実行に移す段階になると，共同作業を放棄して自分だけでウサギを捕まえるという誘惑に駆られる可能性がある．利得表で星印の付いている利得は，純粋戦略のナッシュ均衡が2つあることを示す．プレーヤーが協力してともに**ハト**をプレーするのが1つ，協力せずに双方が**タカ**をプレーするのがもう1つである．

全員が**タカ**をプレーする非効率的な均衡が社会契約となっていることに社

会が気づいているとしたら，全員で合意してハトをプレーする効率的な社会契約になぜ移ろうとしないのであろうか．

　生物学者シーウォル・ライトが説明したように，ある均衡から別の均衡への移行作業が進化の力に任されるとしたら，これは容易なことではなかろう．ある母集団にとっての進化ダイナミクスを図8の右側に示したが，非効率的な均衡へと引きつけられる力は大きく，効率的な均衡へのそれは小さい．よって，多数のランダムな突然変異が同時に起こらなければ，非効率的な均衡を飛び出して効率的な均衡へと導かれることはないのである．

　しかし，私たちは動物ではないのだから，新しい社会契約へ移るのに進化の力がじわじわと効いてくるまで待つ必要はない．話し合いをして従来のやり方を変えるように合意すればいいのである．ただし，どんな合意も守られると互いに信用することが可能だろうか．鹿狩りゲームは，国際関係論の専門家の間では「安全保障のジレンマ」という名で呼ばれ，プレーヤーが合理的な場合でも起こり得る問題に焦点を当てるために使われている．

　鹿狩りゲームにおけるアリスとボブの現行の社会契約が，両者ともタカをプレーする均衡にあるとしよう．アリスが，今後はハトをプレーするからボブもそうすべきであるといってボブをどんなに必死に説得しようとしても，彼は納得しないであろう．理由は，アリスが実際に何をプレーしようと考えているかにかかわらず，ボブにハトをプレーするように説得するのはアリスの利益になるからである．説得に成功すると，アリスはハトをプレーする予定であれば利得0ではなく4を，そしてタカの予定の場合には利得2の代わりに3を得ることになる．したがって，合理性の観点だけからでは，ボブがアリスの行動計画について彼女の言葉から何かを推測することはできない．アリスは自らの実際の計画が何であれ，同じことを言うだろうからである．アリスは，ボブが説得に応じてタカから切り替わる可能性は低いと考え，自らもタカをプレーしようと思っているかもしれないが，それでもなおボブにハトをプレーするように説得を続けるのである．

　このマキアッヴェリ的な話が示すのは，プレーヤーが合理的であると考えるだけでは均衡選択問題を解くのに不十分である——鹿狩りゲームのような一見わかりやすい場合ですら——ということである．鹿狩りゲームでアリス

第4章　均衡　　105

とボブが**タカ**をプレーし続けるならば，2人は**ハト**をプレーするように協調できないことを後悔するだろうが，両者とも相手の行動を所与としたうえで最善を尽くしているので，非合理的であると非難されるいわれはないのである．

　これに対する標準的な反応は，なぜゲーム理論家は人々が信頼し合うのは非合理的であると主張するのか，という問いである．アリスとボブは，互いの誠実さにもう少し信を置くことでどちらも状況を改善できるのではないか．だが，アリスとボブが互いを信用すれば双方にとって利があるだろうということを否定する者は皆無であり，それは，囚人のジレンマでもう少し2人が互いの厚生を気遣えば2人ともより高い利得を得られるだろうということを誰も否定しないのと同じである．また，ゲーム理論家は人々が信頼し合うのは非合理的だと言っているわけでもない．ただ，正当な理由もなく人を信じるのは合理的でない，つまり信用自体を掛けで売り買いすることはできない，と言っているのである．誰が中古車のディーラーや学部長を信じるだろうか．夫の行動に目を光らせない妻がいようか．つり銭を確認しない人がいるだろうか．

　より良き社会契約を望むのであれば，人々はもっと互いを信用し誠実になるべきだ，などとぶつぶつ不平を言っても始まらない．ある状況では互いを信用し誠実になる根拠があるが，他の状況ではそうではない，その理由としくみを理解するように努める必要がある．そうして初めて，後者ではなく前者の状況をできるだけ促すことにより，社会契約を改善する望みが生まれるのである．

最後通牒ゲーム　　難しい均衡選択問題を伴うゲームの2番目の例は，「最後通牒ゲーム」と呼ばれている．このゲームでは一定の金額が慈善家によってアリスとボブに寄付される．ただし，これをどう分けるかについて2人が合意するという条件つきである．ルールでは，アリスがこの金の分け方を提案し，ボブはイエスかノーで答えるしかない．（私を含む）多くの人が繰り返してきた実験によると，ボブが手にする金額は平均すると全体の半額よりもいささか少ない．この結果は，アリスがほぼ全額を手にするだろうと予測す

るゲーム理論の間違いを示すと言われている．

「最後通牒ミニゲーム」は簡易版で，合計金額は4ドルとする．アリスのボブに対する提案は2ドルの**高額**か1ドルの**低額**に限られる．高額の提案を受けると，ボブは自動的にこれに応じる．低額の提案の場合，彼は自由にイエスかノーで答える．

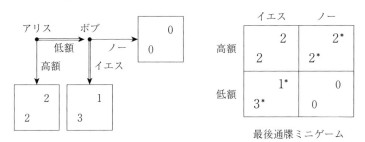

図9　最後通牒を突きつける

図9の左側にある略図はこのゲームの展開形であり，手番の時系列構造を見やすく表現している．右側の略図は見慣れた戦略形のゲームである．

戦略形で星印の付いている利得が示すように，純粋戦略のナッシュ均衡は2つある．1つはアリスが低額の提案をしてボブがそれに応じる場合で，もう1つはボブが低額の提案を拒否する予定であることからアリスが高額の提案をする場合である．前者は**完全**均衡であるため，しばしば誤って「ゲーム理論の予測」であると言われる．つまり，戦略が実際にプレーされても到達することのない部分ゲームにおいてさえ，プレーヤーの戦略は互いに最適反応になっているのである．

ある種のゲームでは，展開形を後ろ向きに検討していくと完全均衡を見つけることができる．例えば，最後通牒ミニゲームでアリスが低額を提示した時に到達する部分ゲームでは，ボブはイエスと言うかノーと言うか決めなければならない．図9でイエスを表す線は二重になっており，その選択のほうが彼に高い利得をもたらすことを意味する．そして──後続の部分ゲームでボブが合理的な選択を行うという前提で──アリスに高い利得をもたらすことになる**低額**提示の選択を表す線が二重線となる．こうして，ナッシュ均衡（低額，イエス）をナッシュ均衡（高額，ノー）よりも支持する議論が成り立

つのである．

　この単純なケースでは，支配される戦略を戦略形から消去することで同じ結論に到達できる．イエスはノーを支配するのでボブがノーと言うのは非合理的だ，というわけである．したがって，ボブが合理的であることを知っていれば，アリスは彼がノーと言うことはないと推定できる．結局，彼女にとっては**低額**を提示するのが最適である．なぜなら，ボブのノーという戦略が消去された後では，**低額**が**高額**を支配するからである．

　完全ではないナッシュ均衡を却下したり，あるいは，（弱い意味で）支配される戦略を次々と消去すると生き残らないナッシュ均衡を却下したりすることは，確かにかつてゲーム理論家たちの間で人気があったが，それはこの方法を適用できる数少ない場合の均衡選択問題を「解決する」ための手段としてであった[3]．しかし，ほとんどのゲーム理論家の現在の理解では，他よりも少しばかり合理性に欠けるからといって，あるナッシュ均衡を放棄する正当な理由はまったくない．特に，最後通牒ゲームが合理的にプレーされれば，完全均衡が必ず観察される，ということを「ゲーム理論が予測する」わけではない．

　第2章で言及した，繰り返し提案を伴う戦略的交渉のアリエル・ルービンシュタインによる分析が，ナッシュ交渉解の完全な擁護とはみなされないのはこの理由のためである．彼の議論を適用できるのは，完全均衡に焦点を絞る場合のみである．仮定を弱めても同じ結果を得るに十分ではあるが，この問題を論じ始めると公平規範の問題に戻ってくることができなくなるであろう．

　すべてのナッシュ均衡が重要であるかもしれないという理解は，進化ゲーム理論においてとりわけ大切である．調整過程は弱い意味で支配されるナッシュ均衡に収束することが多いからである．この現象は特に最後通牒ミニゲームにおいて顕著である．図6の最適反応ダイナミクスでは取り立てて面白

---

[3] 強い意味で支配される戦略の逐次消去について疑問を差し挟む者はいない．例えば，囚人のジレンマにおいて**タカ**は**ハト**を強い意味で支配する．これは，**タカ**をプレーする利得が**ハト**のそれを**厳密**に上回ることを意味する．しかし，強い意味で支配される戦略だけが消去される場合，ナッシュ均衡は必ず生き残る．

いことは何も起こらないが，図10が示すように自己複製ダイナミクスとなると話は変わり，現実の進化過程で実際に起きていることをより忠実に捉えている．

さらに，私たちは多数の混合戦略ナッシュ均衡を考慮しなければならない．ボブがノーと言う確率が十分に高いため，アリスが**高額**を提示する場合である．これら弱い意味で支配されるナッシュ均衡の各々が自己複製ダイナミクスの到達点となり得るのである．すべてを合わせると，それらの引力は大きい．

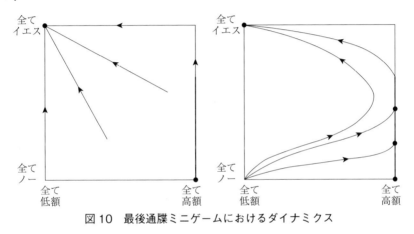

図10　最後通牒ミニゲームにおけるダイナミクス

そうは言うものの，私は多数の支配されるナッシュ均衡のひとつを被験者がプレーしているということで最後通牒ゲームの実験結果を説明できる，と考えているわけではない．実験は，現実の生のゲームのために進化してきた慣習が現れるほんのきっかけとはなるが，この慣習は実験室で最後通牒ゲームがプレーされる匿名の環境には適応していないだろう．被験者はしばしば実験室での新しいゲームにはすぐに適応するが，最後通牒ゲームにおける簡易版ダイナミクスを調べると，試行錯誤による調整を通じた均衡への収束は非常に時間がかかることがわかる．よって，たとえ被験者が実際に貨幣換算利得を最大化しようとしていることが確かであっても，数回試しただけで被験者が均衡戦略をプレーするようになるとしたら，それは驚きである．

ムカデゲーム　最後通牒ミニゲームが示すように，不完全なナッシュ均衡をあまり軽率に放棄すべきではない．次に検討するムカデゲームの一種は，**近似**ナッシュ均衡を放棄する際にも同様に注意が必要であることを示す．

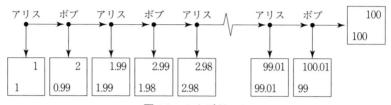

図 11　ムカデゲーム

店の人は支払いを受け取った後にどうして品物を渡してくれるのか，と幼い頃の私は不思議に思ったことを覚えている．なぜお金を懐に入れてしまわないのだろうか．これは，不完備契約の経済理論におけるホールドアップ問題の単純な例である．商店主の場合，代金を受け取った後に品物を渡すのは，顧客との間で繰り返されるゲームにおいて，誠実な商売を行うという評判を保つことがきわめて重要だからである[4]．しかし，両当事者とも互いの言葉を信じる理由がないような取り引きはどうなるのであろうか．

例として，2人の犯罪者が一定量のヘロインと一定額のお金との交換に合意する場合を考える．アリスはボブからヘロインを，ボブはアリスからお金を受け取るとする．しかし，双方がその時々の所持金品とともにいつでも立ち去れるとしたら，この取り引きはどのように行われるべきであろうか．現実の世界では物理的暴力による脅迫が事態を複雑にするが，ここではプレーヤーが意思に反した行動を強制されることはないと仮定しよう．さらに，万が一，約束を破っても評判や生命を失う恐れはないとする．

アリスは合意した金額を渡してから品物が来るのを待っても明らかに**無駄**である．犯罪者たちは何らかの形で取り引きの流れを手配し，お金と薬が**徐々**に行き交うようにしなければならない．

アリスは100ドルを持っているが，彼女にとって1ドルはヘロインに費や

---

[4]　最近，同様な誘因を持たない客が多く，前払いを要求するガソリンスタンドが増えているようである．

されるのでなければ1セントの価値しかないとしよう．合意された交換率でアリスが1ドル払って買うヘロイン1グレーンは，アリスに売られるのでなければボブにとって1セントの価値しかない．図11は逐次手番ゲームの展開形を示すが，これは取り引きを進めるためにプレーヤーが利用する可能性のある手続きを表現している．それぞれの決定ノード（結節点）において，手番が来たプレーヤーは右か下を選べる．右を選ぶと相手へ贈り物をすることになり，これは送り手には1セント，受け手には1ドルの価値がある．下を選ぶと取り決めを裏切ってその時の所持金品とともに退去することになる．目利きの人ならば，この取り引きのゲームは非常によく研究されているムカデゲームと同じ構造を有していることがわかるだろう．

ゲームの最終ノードに達すると，ボブは100.01と100から選ばなければならない．彼は裏切って前者を選ぶだろう．最後から2番目のノードにおいて，アリスの予想ではボブは最終ノードに行くと裏切るだろうから，彼女の選択は99.01と99の間であることに気づく．よって彼女は裏切り，前者を選ぶはずである．同じ議論により，ひとつ手前のノードではボブはやはり裏切るだろうということがわかる，等々．結論として，取り引きの合意は完全に崩壊してしまうのである．

後ろ向き帰納法を用いるこの議論が最後通牒ミニゲームに関する同様な議論と違うのは，2段階ではなく100段階あるという点だけである．したがって，唯一の完全均衡は，アリスもボブも自分に手番がある時には必ず裏切るというものである．他にも多くのナッシュ均衡が存在するが，それらはすべてアリスが常に出鼻をくじいて最初の手番で退去することを要求する．

これは，信頼に基づかない取り引きは成立しないということであろうか．そのような結論を導くとしたら，上で提示した数学モデルを過大評価することになるだろう．現実世界は多くの点で不完全である．ムカデゲームは，貨幣を無限に細かく分割することはできない，という不完全性を考慮する．しかし，現実の人々は現実の貨幣よりもさらに不完全である．とりわけ，人々の識別能力には限度がある．1セントの違いを気にする人がいるだろうか．

この考えを把握するため，プレーヤーは最適利得からの乖離が5セント以内であれば満足すると仮定しよう．こう仮定すると，ムカデゲームには途端

に多数の「近似」ナッシュ均衡が現れる——両者が常に合意を守る信頼型均衡を含めて．プレーヤーの識別能力がもう少し高く，最適利得からの乖離が1セントのある割合以下でないと満足しないとしても，同じ結果を維持するためにムカデゲームを修正し，提供者側にとっての各取り引きの価値をこの1セントのある割合よりもさらに低くすることができる．

各取り引きの大きさが無視できるほど小さくなるにつれ，たとえ各プレーヤーの識別能力が極限まで高まったとしても，信頼型均衡が維持されることになる．すなわち，合意された交換比率で財が2人のプレーヤーの間を絶え間なく行き交うのであれば，合理的なプレーヤー間の信頼を欠く取り引きは実現可能なのである．

生物学は雌雄同体のシーバスの生殖行為という奇抜な例を提供する．卵を造るにはかなりのコストがかかるが，精子は簡単にできる．よって，2匹のシーバスが交配する時，1匹ずつ順番に少量の卵を産み落として相手に受精させる．すべての卵を一度に産み落とすシーバスは，完全に雄である突然変異種との競争に敗れるだろう．後者は，卵を受精させた後，共通の子孫の将来に対する同等の投資をせずに泳ぎ去ってしまうからである．

4.7 ナッシュ要求ゲーム

ジョン・ナッシュの要求ゲーム（demand game）は図1のような交渉問題に当てはまる．アリスとボブはそれぞれ同時に利得を要求する．要求された利得の組が実現可能集合のなかにあれば，双方のプレーヤーが自ら要求した利得を手にする．そうでなければ，交渉決裂時の利得を受け取る．よって，これは待ち合わせゲームに似ているが，非効率的な結果も許される．

このゲームが引き起こす均衡選択問題は深刻である．なぜなら，両プレーヤーに少なくとも交渉決裂利得を割り当てる効率的な均衡はすべてこのゲームのナッシュ均衡となるからである．というわけで，このゲームは均衡選択の着想を試すための標準的なたたき台となってきた．

均衡選択問題に対処するためにナッシュが提案したのは，プレーヤーにとって実現可能集合の境界がどこで始まりどこで終わるかが不明瞭な，「滑ら

かな (smoothed)」ゲームを検討することであった．交渉決裂点から曲線に沿って外側へ向かうにつれて，その時々の利得の組が実現可能である確率は，境界の近傍では1からゼロへ滑らかに減少する．滑らかでないゲームのナッシュ均衡は，すべて依然として新しいゲームの近似均衡ではあるが，滑らかなゲームの厳密なナッシュ均衡は，すべてナッシュ交渉解の付近にある．ここに，このゲームが研究される理由のひとつがある．

　他の論者たちは，要求ゲームにおける進化的な均衡選択を研究してきた．ブライアン・スカームズの『社会契約の進化』は，そうした考え方を丁寧に紹介している．ナッシュ交渉解はここでもかなり健闘する．例えば，最適反応ダイナミクスに対して微小な無作為の突然変異種を加えると，母集団は長時間の経過の後に高い確率でナッシュ交渉解の近くに落ち着くことがわかる——この結果は，いかなる交渉の決裂も最終的ではなく，少し小さめの実現可能集合でもう一度交渉を行うことになるだけの場合にも通用する．

何が公平か？　　滑らかな要求ゲームについて私がミシガン大学の同僚と行った実験は，公平性のしくみに関する私の信念についてこれまでの章で述べられた要点のいくつかを確認するのに役立つかもしれない[5]．

　この実験における実現可能集合を図12に示す．ただし，効用の代わりに多額の金を用い，交渉決裂利得はゼロであった．

　厳密なナッシュ均衡は太線上の点に対応する（ナッシュ交渉解 N を近似しないものがある理由は，コンピュータではプレーヤーが要求を連続的に変えることができなかったからである）．E と U は平等主義的結果と功利主義的結果を指す．これらは，すべてのプレーヤーの社会指標が同じであるという仮定のもと，第2章で私たちが公平規範の地位を競い合う候補と考えたものである．N はナッシュ交渉解であり，K はカライとスモロディンスキーが提案した別の交渉解である．

---

[5] *International Journal of Game Theory* 22 (1993), 381-409.

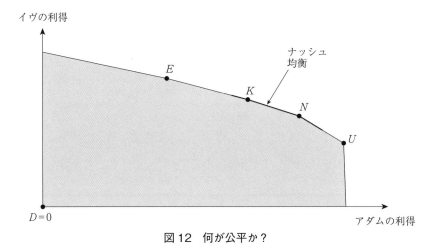

図12 何が公平か？

　実験ではまず10回の試行において，焦点 E, N, K, U のいずれかに収束するようにプログラムされたロボットを相手に，異なる被験者の集団がその事実を知りながらゲームをプレーする．この条件づけ段階は十分に機能し，4つの焦点のどれが選ばれようと集団の行動はうまく調整されることが判明した．条件づけ段階に引き続き，被験者は同じ集団から無作為に選ばれた人間を相手に30回の試行を行った．結果は明白であった．被験者は最初のうちは条件づけられたようにプレーしたが，最終的には各集団とも**厳密**なナッシュ均衡に落ち着いたのである．

　実験室での時間の後に行われたコンピュータによる報告聴取で，被験者は自らの属する集団が到達した均衡こそがゲームの公平な結果であると主張する強い傾向を示した．しかし，異なる集団はそれぞれに異なる均衡へとたどり着いたのである．事実，滑らかな要求ゲームの厳密な均衡ひとつひとつに対し，それがゲームの公平な結果に近いと進んで認める集団があった．

　慣れ親しんだものとは似ても似つかない状況に置かれると，人々には公平性に関する何らかの固定観念が効用関数に組み込まれているようにはほとんど見えない．逆に，金銭的な動機がこの実験でも（ご多分にもれず）うまく働いたと推定される．「公平性への嗜好」という生来の性質で公平な行動を説明する代わりに，各実験集団の被験者を小社会の市民とみなし，公平規範

はそこで効率的な均衡から選択を行う装置として時間をかけて進化してきたものだと考える必要がある．

実験において進化した異なる公平規範が厳密なナッシュ均衡のみを選び出した，というのは驚くべきことである．しかも，いくつかの集団は最初に平等主義解や功利主義解をプレーするように条件づけられており，これら2つの近似均衡からプレーヤーが逸脱する誘因は，10セント以下の金額を無視する限り存在しないのである．しかし，EとUがほぼ安定的であるという事実だけでは，集団をこれらの焦点にとどめておくには不十分であった——この観察結果は，社会契約が満たすべき優先事項のリストの最上位には安定性を置くべきである，という第1章での主張と一致する．

公平規範は平等主義的であるというロールズの主張，および，それは功利主義的であるというハーサニの主張は，なぜ実験によって否定されないのだろうか．EとUは実験におけるナッシュ均衡ではないという事実に加え，それらを平等主義的結果，功利主義的結果と呼ぶこと自体，個人間比較がいかになされるのかという問題を回避しているという事実もある．アリスのポケットに入る1ドルはボブの1ドルと同じ価値を持つとみなされると仮定すべき理由はどこにあるだろうか．

4.8 均衡外行動

行動経済学者の一派は，現実の人々が常に何らかの効用関数を最大化するかのごとく行動する，と信じているようである——ただしその効用関数は，伝統的経済学では一般に無視される変数に依存するものである．本書には**均衡**という語がいたるところに出てくるので，私が同様に，現実の人々はひたすら奇抜なゲームで合理的に均衡戦略をプレーするのみである，と考えている印象を与えかねない．しかし，人間の行動をこのように説明しようとする試みは，あたかも惑星の軌道をプトレマイオス的（天動説の）周転円で説明しようとするようなものであろう．十分な数の周転円を操ればかなりうまく合致させることはできるが，それが何になるというのだろうか．

行動経済学者とゲーム理論家はともに，人間の行動はしばしばまったく非

合理的だという事実を直視する必要があると私は信じている．そうであれば，標準的な理論は適用できない．いつの日か私たちは限定合理性の適切な理論を開発するに至るかもしれないが，この方向における現在の努力はほとんど実を結んでおらず，行動経済学者たちに妨害されるのみである．というのも，問題の所在は限定合理的な人々が何か特異なものを最大化していることではなく，そもそも何も最大化していないことにある，ということを行動経済学者たちは見落としているのである．そうすると，重要なもののすべてが均衡にあるとする理論（私のものを含む）の立場はどうなるのであろうか．

　私は次のように答える．たとえ理論の性能を大幅に向上させ，分析対象であったトイ・ゲームを私たちの現実の生のゲームにはるかに近いゲームに切り替えたとしても，人間の行動を常に正しく予測するなどという野心は脇に置いておかなければならないだろう．せいぜい望み得るのは，プレーヤーが試行錯誤の学習を通じて自らの行動を誘因に合わせて調整するための十分な時間が与えられるゲームにおいて，人間の行動を予測できるような理論である．ただし，これにはどのくらいの時間がかかるだろうか．

　この方面の研究は着実に進んでいるがまだまだ道は長い．しかし，答えはどんなゲームを念頭に置くかに決定的に依存する，ということだけは明らかである．市場のゲームのなかには均衡への収束が非常に速いものが存在する．他方，最後通牒ゲームのような場合，それは氷河のようにゆっくりである．1回きりの囚人のジレンマは，中間のどこかであるのが実際のところだろう．

　こんなことではあまり満足できないが，いま手にしている唯一のロウソクの光によって可能なことをする以外，私たちに何ができようか．

第 5 章
互恵性
Reciprocity

与える者には与え，与えぬ者には与えるな．

ヘシオドス

5.1 しっぺ返し

　人間の社会性の主要な動機は互恵性であるという考え方は，ほとんど有史以来のものである．孔子は，「真の道」を一言で要約するよう問われ，それは**互恵性**であると答えたと言われる．

　デイヴィッド・ヒュームは早くも 1739 年に互恵性のしくみを理解していたが，1950 年代にそれぞれ独立にフォーク定理を定式化したボブ・オーマンや他のゲーム理論家たちは，誰もヒュームのアプローチを知らなかったであろう．20 年後，ロバート・トリヴァースも同じくオーマンの仕事を知らずに互恵的利他主義の概念を提唱した．1984 年にボブ・アクセルロッドの『協力の進化』が出版されるまで，この考え方は再発見され続けたのである．1492 年のコロンブスの航海まで，アメリカが発見され続けたのと同じようなものである．

　アクセルロッドの著書は，無限繰り返し囚人のジレンマゲームにおける「しっぺ返し（Tit-for-Tat）」戦略に焦点を当てる．この戦略を採用するプレーヤーは，最初にハトをプレーし，その後は相手が前回に選んだ手を真似し続ける．アリスとボブの両者がしっぺ返し戦略を採用すると，囚人のジレンマが繰り返されるたびに両者がハトを選ぶ結果となる．

　アリスとボブがいつも仲良く協力している様子を見ると，2 人はゲーム理

117

論家が奨励するはずのマキアヴェッリ的策略を脇に追いやって、信頼とよき連帯感という心の広い方針を採用したのだ、と推測してしまうかもしれない。しかし、いま私たちが見ているのは、ゲーム理論の勧告とユートピア主義者の憧れの間に何の矛盾もない場合である。1回きりの囚人のジレンマで協力するのは合理的ではないが、**無限繰り返しの囚人のジレンマでは、2人ともしっぺ返し戦略をとるのはナッシュ均衡である**。

これを理解するためには、アリスもボブも、相手が裏切らない限り自分だけがしっぺ返し戦略から逸脱しても得にはならないことを確認する必要がある。反対に、アリスがある時点で逸脱して**タカ**をプレーしたと仮定してみよう。ボブはしっぺ返し戦略をとり続けるならば、アリスが改悛の情を示して**ハト**に切り替えるまで**タカ**をプレーすることになる。そうすると、アリスの逸脱期間中の所得の流れは、$(2, 2, 2, \cdots, 2, 2)$ の代わりに $(3, 1, 1, \cdots, 1, 0)$ となる。よって、彼女にとって逸脱は得にならない。

肝心な点は、逸脱を**罰する**条件をしっぺ返し戦略が内蔵しているということである。相手がしっぺ返し戦略をとるだろうと信じている時、どちらのプレーヤーにも異なる戦略をとる動機が発生しない。

この性質を持つ戦略は、無限繰り返し囚人のジレンマにおいて無数に存在する。最も単純なのは「グリム（GRIM）」戦略であり、これは相手が**タカ**をプレーするまでは**ハト**をプレーし、その後は**永久に**自分も**タカ**に切り替えるというものである。すると、相手による協力からの逸脱は最大限かつ執拗に罰せられる。2つのグリム戦略は、2つのしっぺ返し戦略と同じ理由により、無限繰り返し囚人のジレンマのナッシュ均衡である。

しっぺ返し戦略とグリム戦略は、自ら最初に裏切ることはないという点でどちらも「善良な」戦略であるが、私たちは最初から**タカ**をプレーする「卑劣な」戦略をも考慮する必要がある。例えば、「先制（Tat-for-Tit）」戦略は、まず**タカ**をプレーし、その後は相手が前回**タカ**をプレーした場合、そしてその場合に限りプレーを切り替える。2人が先制戦略をとるのは無限繰り返し囚人のジレンマにおけるナッシュ均衡であるが、協力が達成されるのは初回のプレーの後である。

アクセルロッドのオリンピック　　アクセルロッドはさまざまな社会科学者に呼びかけてコンピュータ・プログラムを募り，無期限繰り返しの囚人のジレンマで対戦させる競争を行って，しっぺ返し戦略に導かれる結果を得た．試験段階の結果を知らされた後に，競技参加者はゲームの可能な戦略63個を遂行するコンピュータ・プログラムを提出した．

　この競争では，しっぺ返し戦略が最もうまくいった．さらに，アクセルロッドは63個すべての戦略に対して進化が及ぼす効果をシミュレートした．進化のシミュレーションの終了時に生き残ったプログラムのうち，しっぺ返し戦略の数が最大であったという事実に基づいて，アクセルロッドは問題に決着がついたとしたうえで，しっぺ返し戦略を人間の協力全般にとっての適切なパラダイムであると提案した．その利点を挙げるなかで彼はこう述べる．

　　しっぺ返し戦略が着実な成功を収めたのは，善良，報復，寛容，明快といった性質を併せ持っていたからである．最初は必ず協力するという善良さのおかげで，不要なトラブルに巻き込まれない．報復を厭わない態度は，相手がいったん裏切ってもすぐに改心させる．根に持たない寛容さは，相互の協力を回復する助けとなる．そして，戦略の明快さは，相手にわかりやすく，したがって長期的な協力を引き出すのである．

　アクセルロッドの主張の結果，しっぺ返し戦略こそ互恵性のしくみについて知るべきことのすべてを体現している，と信じる社会科学者の世代が育ってしまった．

　しかし，しっぺ返し戦略はアクセルロッドのシミュレーションでそれほどうまくいったわけではない．実際，成功した戦略は6つの参加プログラムの混成であり，しっぺ返し戦略が占める割合は1/6をわずかに超えるのみであった．しっぺ返し戦略のある程度の成功も，参加プログラムの初期母集団が変わるとそれほど確固としたものではないことがわかった．参加プログラムの初期母集団がしっぺ返し戦略に有利になるように偏っていない場合，情け容赦のないグリム戦略が大健闘する．食い物にできるごく少数のカモが途切れなくシステムに投入される場合には，進化が善良なマシンを生み出すこと

もない．この場合，先制のような卑劣な戦略がしっぺ返し戦略に勝るのである．明快さについていうと，協力が進化するのに必要なのは，突然変異の個体が自らの複製を認識できることのみである．

アクセルロッドのリストで最後に残るのは，成功する戦略は報復を厭わない，という要請である．おそらくは，この要求が最も有害であった．なぜなら，これは「一対一」の関係だけに当てはまるからである．例えば，互恵性は友情の進化を説明することができないと言われる．もちろん，チンパンジーの攻守同盟をしっぺ返しの話で説明することはできない．アリスが怪我か病気で助けを必要としていても，彼女の盟友には助けにやってくる誘因がない．いまやアリスが将来的に盟友として役に立つ見込みが少ないからである．したがって，協力を拒否するという彼女の脅しは中身を伴わないであろう．しかしながら，多人数の交流の場合，裏切り者を懲らしめるのは傷を負った本人である必要はない．ボブがアリスを悲運に任せて放っておくか否かは他者が見ているだろうし，ボブの不実は，他者が将来的に彼との協力を拒むという形で罰せられるのである．だいたい，困っている友人を見捨てるという評判のある者と誰が同盟を組むであろうか．

思うに，しっぺ返し戦略への思い入れが生き続ける理由は，かつて1回きりの囚人のジレンマにおける協力の合理性を人々が主張していた理由と同じである．彼らは人間が本質的に善良であると信じたいのである．しかし，アクセルロッドが行ったコンピュータ・プログラムの競技大会やその後の多くの進化シミュレーションから学べる真の教訓ははるかに心強い．アクセルロッドのしっぺ返し戦略に関する主張は度が過ぎているが，進化は協力的な結果をもたらす傾向にあるという彼の結論は揺るがないように見える．したがって，私たちは皆ジキル博士であるなどと偽らなくても，いつも互いにそこそこうまくやっているしくみを説明することは可能である．ハイド氏ばかりの社会でさえ，ゆくゆくは無期限繰り返しゲームの効率的な均衡にたどり着くように調整することを学ぶのである．

5.2 フォーク定理

しっぺ返し戦略は，無限繰り返し囚人のジレンマのナッシュ均衡としてアリスとボブが協力を維持できる多くの方法のうちのひとつにすぎない．では，他にどのような方法があるだろうか．フォーク定理はこの疑問に答えるのに大きな役割を果たし，あらゆる無限繰り返しゲームにおけるすべての可能なナッシュ均衡の結果の特徴を記述する．

フォーク定理の背後にある素朴な考え方を，囚人のジレンマと最後通牒ミニゲームの双方を用いて説明しよう．それぞれの利得表から4組の利得が図13に示されている．アリスとボブがどのようにプレーするかを交渉する場合，これらの4点のいずれに合意する可能性もあるが，合意の可能性としては他にも多数の選択肢がある．例えば，どの選択肢が採用されるべきかをめぐって起こり得る争いを解決するため，コインを投げたり交代制に合意したりして妥協をするかもしれない．

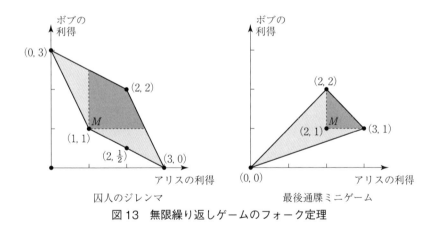

図13　無限繰り返しゲームのフォーク定理

こうした可能性をすべて考慮するためには，アリスとボブの実現可能な合意の集合を拡張して，図13の図解のそれぞれに示す，薄く影の付いた領域にまで広げる必要がある．これは，ゲームの利得表の4組の利得をすべて含む最小の凸集合である．例えば，囚人のジレンマでアリスは常に**タカ**を，ボブは1日おきにのみ**タカ**をプレーすることに双方が合意すると，達成される

利得の組は2回に1回が (1, 1) で，残りは (3, 0) となる．よって，アリスは平均して2を，ボブは平均して1/2を期待する．ただし，点 (2, 1/2) は (1, 1) と (3, 0) の中点なので，薄く影の付いた集合内である．

　交渉の話の問題点は，アリスとボブがいかなる契約を書こうとも，それを強制執行する意志と能力を持つような何らかの外部機関が存在しなければうまくいかないことである．そのような外部機関がない場合，アリスとボブが結ぶいかなる合意も，他力に頼らずに執行されなければならない．すなわち，実行可能な取り決めは均衡に限られるのである．1回きりの囚人のジレンマでは，外部強制力がないと厄介なことになる．というのも，唯一の均衡はアリスとボブがどちらも**タカ**をプレーする非効率的な結果だからである．しかし，無限繰り返し囚人のジレンマでは，大事なものは何も失われない．外部強制力がある場合に合理的なプレーヤーが合意する可能性のある結果はすべて，ゲームが繰り返されるならば**均衡**としてやはり実現可能なのである．

　議論の要諦は非常に簡単なので，ナッシュが均衡の着想を1951年に発表した後に，繰り返しゲームを少しでも検討した者たちのほとんどがこれを発見したのは驚くに値しない．繰り返されるゲームの実現可能集合内の点 P を選ぼう．アリスとボブが P を実現するのに必要な戦略から逸脱すると見える者を，繰り返されるゲームがプレーされるたびに罰することで，P を均衡結果にすることができる．グリム戦略の特徴である冷酷無情な懲罰を用いるのが最も簡単であり，いかなる逸脱であれ，永遠に，可能な限り厳しく罰せられるのである．

　各プレーヤーが相手に負わせることのできる最悪の利得は，図13の文字 M で示されている．よって，濃い影の付いた集合内——ここではどちらのプレーヤーもそれぞれの最悪の懲罰利得以上を受け取る——のいかなる点 P も，無限繰り返しゲームの均衡結果として維持できる．どちらのプレーヤーも，逸脱するよりは P にとどまることを選ぶ．なぜなら，逸脱の結果，利得は以後 M にとどまり続けることになるからである．

　囚人のジレンマで相手にとって最悪な手は，常に**タカ**をプレーすることであり，この場合，犠牲者は**タカ**で応えることによって損害を最小限に抑えるだろう．したがって，M は (1, 1) である．最後通牒ミニゲームでアリス

がボブに対してとり得る最悪の手は**低額**であり，ボブはこれにイエスで応えて損害を最小限にするはずである．ボブがアリスに対してとり得る最悪の手はノーであり，アリスは損害を最小限にするため**高額**でこれに応えるだろう．よって，Mは $(2, 1)$ となる．

これはさして重要なことではないが，アリスに負わせられる最悪の懲罰は，彼女の**ミニマックス利得**である．これは，アリスがボブによる懲罰の企てに対して最大限の応答をするということをボブが知ったうえで，彼がアリスの利得を最小化しようとする時に得られる．混合戦略を使う意味のある状況であれば，私たちはフォン・ノイマンの有名な1928年の定理に訴えることができる．それは，アリスのミニマックス利得はマキシミン利得に等しい，というものである[1]．しかし，マキシミン利得を下回るような利得しか与えない取り決めに対しては，決して誰も合意しないだろう．相手が何をしようと最低限それだけは保証する戦略があるのだから．この観察により，フォーク定理から私たちが必要なことをまとめることができる．

> 外部強制力が存在する場合に，合理的なプレーヤーが合意する可能性のある契約は**どれも**無限繰り返しゲームの均衡結果となり得る．

フォーク定理の助けを借りると，社会契約の問題を図1で描いたような交渉問題に還元することができる．交渉決裂点 D は自然状態に対応するが，私はこれを現行の社会契約として機能している均衡とみなす．実現可能集合内の点は，他の社会契約の可能性を表すすべての均衡結果に対応している．

何がうまくいかないか？ 証明は簡単であるが，思うに，フォーク定理は政治哲学にとっておそらく最も重要な洞察を体現している．しかし，少なくとも2つの限界がある．

---

[1] フォン・ノイマンの定理によると，2人ゼロ和ゲームではプレーヤーたちのマキシミン利得の和はゼロとなる．よって，両者がマキシミン戦略を用いるのはナッシュ均衡である．なぜなら，どちらのプレーヤーも相手が手を変えなければそれ以上を望めないからである．

ここに示したバージョンでは，納得のいく方法で加算される効用単位によって利得が測定されなければならない．私たちはこの事実を用いて，くじと所得の流れを**平均利得**の観点で評価した．後者はより深刻な制約である．なぜなら，それはプレーヤーが限りなく気長であることを意味するからである——1000年後に約束される1ドルが翌日の1ドルと同じほど価値を持つというのである．

　この非現実的な仮定を緩和する方法は2つある．まず，**無限**（infinitely）繰り返しゲームを**無期限**（indefinitely）繰り返しゲームに替えて，いかなる繰り返しもそれが最後となる微小な可能性を常に残すことができる．また，プレーヤーがある固定利率で将来を割り引くと仮定することもできる．ここで，利率と繰り返しの終わる確率が小さい場合には，フォーク定理に近いものが成り立つ．要するに，フォーク定理が成立するには，プレーヤーが将来を十分に考慮し，長期的関係を重視するに値すると考えなくてはならない．

　2つ目の限界ははるかに厄介である．ここで示した形のフォーク定理は，均衡からのいかなる逸脱も他のプレーヤーに観察される，ということを前提としている．これは，公平規範が初めて生じたと考えられる狩猟採集民の小集団の場合には，悪い仮定ではないかもしれない．今日の小さな町のように，誰が何をしているかはおそらく誰でも知っていたのである．しかし，これは現代の都市生活には明らかに当てはまらない．大都市の匿名性のもとでは，小さな社会の緊密な社会契約を維持することは不可能である．不正を防ぐに足るほど頻繁に逸脱者を見つけて罰することができないからである．私たちは警察官や税務調査官を使って最善を尽くすが，この方向での努力が曲がりなりにも効率的であるなどとは誰も言わないであろう．

　本書の焦点は，公平規範がそもそもどのように進化したのかという点にあるので，情報の問題を正面から取り上げる必要はないが，改革者たちはこれを回避できない．ただし，ゲーム理論家がたいして助けになることもない．プレーヤーが自らの情報の一部を秘密にしておくことのできる環境でのフォーク定理についてはあまり知られていないからである．

5.3 懲罰

　フォーク定理の証明に用いられる懲罰はこのうえなく厳しいものであるが，現実生活においてそのような懲罰が実際に与えられるのは部外者に対してだけであろう．ささいな違反に対する厳格な懲罰が誰に対しても適用されるとしたら，私たち自身や愛する人といった身内の者が不要な危険に晒されることになる．よって，身内の逸脱者に対する懲罰は最小限のものになると考えられる．

　ナポレオンのエルバ島への流刑は極端な例である．いかなる支配者も結局は打倒されるかもしれないのである．他方，私たちのような中産階級は，ピザを盗もうなどとは考えもしない．カリフォルニア州の「三振即アウト法」〔過去に2度重罪で判決を受けた者が3度目の罪を犯すと，その罪の軽重を問わず終身刑等の重い刑が科せられる法律〕にはこうした背景がある．

　第1章で説明したように，社会契約を維持するための懲罰が法体系を通じて行われることはほとんどない．実際のところ，ほとんどすべての懲罰はそれを与える者も受ける者も無自覚のうちに行われている．ムチが振り回されるのはまれで，たいていの場合アメがほんの少し引っ込められるのである．例えば，親切心にわずかな翳りが生じる．挨拶が少しばかり粗末になる．目線が合わなくなる．これらは皆，無視すると危険な警告である．

　狩猟採集社会で観察される高次の懲罰に関する人類学的な説明を目にした時，私はとりわけ嬉しかった．それらは，学問の世界が厄介な異端者を抑え込もうとするのに似た現象をきわめて正確に映し出しているからである．まずは嘲笑である．これが効かないと——笑われて喜ぶ者がいようか——次の段階はボイコットである．誰も問題の当事者に話しかけたり，研究に言及したりしなくなる．極端なのは最終段階だけである．問題を起こし続ける者は集団から追放されるか，研究の発表ができなくなる．

　アメとムチを相互に利用しながら社会契約を維持する複雑な関係の機微がいったん理解されれば，犯罪が社会的に容認されるようになった腐敗した社会の改革がなぜ非常に困難であるのかがよくわかるようになる．禁酒法の例が示すように，不運にも捕まってしまった犯罪者に対して，「赤っ首」〔アメ

リカ南部の無教育な白人労働者の俗称〕が大喜びする類の過酷な罰則を科しても，あまり効果はないであろう．結果として生じる負の誘因が不適切なのはほぼ確実である．ほとんどすべての者がやましい時，ある個人が不運に出くわす確率は必然的に小さいのである．

感情の役割　感情はかつて，進化の歴史上の遺物である不合理な衝動として退けられていた．傲慢，嫉妬，憤怒のような社会的に喚起される感情はいまでも七つの大罪のうちに数えられている．しかし，伝統的に考えられるほどこれらの感情が自己破壊的であるとしたら，いったいなぜ進化は私たちにそれらを授けたのであろうか．

　伝統が感情に有益な社会的役割をまったく認めないのは明らかに間違いであるという，現在では広く受け入れられている考え方を私も支持する．感情は原始時代に社会契約の監視を手助けするために進化し，依然としてこの目的に役立っていると私は考えている．

　例えば，怒りの表現の典型的な筋書きは，アダムがイヴを不公平に扱う場合に見られる．イヴはアダムによる不当な処遇に怒りを感じて彼に何らかの害を及ぼすであろう．そこでアダムは，イヴを激怒させないため自らの貪欲な衝動を抑制するように気を配るのである．

　こうして，繰り返しゲームをプレーしているという自覚がどのプレーヤーにもない場合でさえ，繰り返しゲームの効率的な均衡を維持することが可能である．でなければ，チンパンジーたちはいかにして高次元の互恵的利他主義を維持できるのだろうか．行動を起こす前にいつも30分かそれ以上かけて何をすべきか計算しなければならないとしたら，人類はいかにして同様な離れ業をやってのけたのであろうか．こうした状況における私たちの思考のなかには生来のものがあったに違いなく，感情的になるということは，私たちの自動操縦装置が働き始める時の感覚にすぎないのかもしれない．

復讐　アダムによって不当な扱いを受けたイヴは，自らに害が及ぶ危険を顧みずに彼に対して怒りの攻撃を加えるとしよう．彼女の行動は必ずしも1回きりのゲームにおける蛮行ではなく，無期限繰り返しゲームの均衡の一部

であるという可能性を見逃す観察者は，イヴの行動を非合理的なものとして片づけるかもしれない．

最後通牒ゲームに関する実験が，現在この種の混乱の焦点となっている．実験室で行われる1回きりの最後通牒ゲームにおいて，受け手がどんなオファーでも受諾することにならないのはなぜだろうか．よくある答えは，アリスは怒って腹いせにオファーを拒絶するという．オファーの受け手の唾液に含まれるテストステロンの水準を分析すると，この説明はある程度正しいことが確認されるようである．

しかし，オファーの受け手はなぜ怒るのだろうか．思うに，現実生活で最後通牒を突きつけられるような状況において不公平なオファーを提示された場合，怒りを覚えるのが習慣的な反応だからである．すると，このゲームが1回きりであるということはほとんどあり得ない．たとえ繰り返しゲームではなかったとしても，通常は目撃者がいるので，つけ込みやすい人物であるなどと思われないようにしなければならないのである．

例えば，図13に描かれた最後通牒ミニゲームのフォーク定理が示すように，「公平な」結果 (2, 2) は，このゲームを無限に繰り返す場合の均衡として支持される——ただし，アリスが自らの公平な取り分よりも多くを得ようとする場合にボブが彼女を罰する用意があればの話である．

最後通牒ゲームやその他の基本的ゲームにおける行動を文化横断的に調べた最近の研究が，有益な例をいくつか挙げている[2]．公平規範が文化によって著しく異なることを確認する他に，著者たちが注目したのは，繰り返しの状況に適応した規範が，馴染みのない1回きりの実験環境に適用される仕方である．例えば，「オルマ族〔ケニア東部の半遊牧民〕の被験者は，公共財実験をすぐに**ハランベイ**（がんばろう）ゲームと呼び，学校や道路などの公共財事業計画のために村落レベルで自発的寄付を行うという，広く普及している制度に言及したのである．予想通り，寄付は多額にのぼった」．

人々は繰り返しゲームに適応した規範に慣れてくるのだという見解を批判

---

[2] J. Henrich, R. Boyd, S. Bowles, E. Fehr, H. Gintis, and R. McElreath, "In search of Homo economicus: behavioral experiments in fifteen small-scale societies", *American Economic Review* 91 (2001), 73-78.

する人たちの主張によると，実験の被験者は1回きりのゲームをプレーしていることを重々承知しているのであるが，ではなぜ繰り返しゲームに適した行動で反応するのだろうか．ただしこれは，船乗りが長い航海を終えて上陸した時に，なぜふらついた足取りで歩き続けるのか，と尋ねるようなものである．

すると，私たちは遺伝的な遺産が感情を通じて制御する単なるロボットにすぎないのだろうか．そうではないという証拠が存在する．経験を積むにしたがって，人々の行動は実験室でプレーされる1回きりのゲームに適応するのである．1回きりの最後通牒ゲームにおける行動の調整は，1回きりの囚人のジレンマよりもはるかに時間がかかるが，それでも調整が行われるのである．

こうした物の見方に対しては，政治的志向の両端に位置する経済学者が異議を唱えている．行動経済学者の主張によれば，互恵性への嗜好は実際に私たちの選好に組み込まれているのであって，人々が経験とともに行動を調整するという証拠は錯覚か筋違いである．思うに，この「強い互恵性」説を支持できるとしたら，それはこの学説に支持を与える目的で意図的に設計された少数の実験以外に目を閉ざしているからである．

伝統的な経済学者は，学習の証拠について同じように懐疑的である．最後通牒ゲームでオファーの受け手が学ぶことは何もないという．何かある方が何もないよりましであることはすでにわかっているからである．しかし，オファーの受け手が身をもって学ぶべきは，2度と会うことのない部外者に対して腹を立てても無駄だということである．これは厳しい教訓であって，田舎から大都会を初めて訪れる者は直ちにこれを確認するだろう．しかし，困難が大きいほど，実際にプレーしているゲームに適した感情による反応をすばやく身につけるものである．

5.4 誰が監視人を監視するのか

均衡を保つための共有知識・共通体験というクモの巣のように繊細な糸は，社会を束縛する（と伝統主義者が想像する）義理・責務という鉄のように堅固

な桎梏に比べると，いかにも脆い絆に見える．デイヴィッド・ヒュームが言うように，

> 人の世を哲学的に観察する者にとって何よりも驚きなのは，多数者がいかにたやすく少数者に統治されるか，そして人間がいかに暗黙のうちに自らの意向や情熱を支配者のそれに従属させるか，ということである．この驚異がいかなる手段で達成されるのかを調べると，「力」は常に被治者の側にあるため，統治者には世論以外に頼るものがまったくないことがわかる．したがって，政府の存立基盤はもっぱら世論にあり，この原則は最も自由な政府，最も広く支持されている政府のみならず，最も専制的な政府，最も軍事的な政府にも当てはまるのである．〔「政府の第一原理について」より〕

要するに，教皇，大統領，国王，裁判官，警官などの権威というものはしきたりと習わしの問題にすぎないのである．アダムが国王に従うのはそれが慣習だからであり，この慣習が生き残るのは，彼が従わない場合には国王の命令によりイヴがアダムを罰するからである．しかし，イヴはなぜアダムを罰せよという命令に従うのだろうか．つまり，誰が監視人を監視するのであろうか．

イマニュエル・カントは，この疑問に答えるには無限後退を始めざるを得ないと単純に考えたが，私たちはフォーク定理を利用し，責任の連鎖で互いを拘束し合う可能性を示すことができる．そのためには，フォーク定理がナッシュ均衡だけでなく完全均衡にも当てはまることを示せばよい．

完全均衡では，元のゲームのあらゆる部分ゲーム——均衡経路上にあろうとなかろうと——でナッシュ均衡がプレーされる必要があることを思い出そう．第4章では，完全均衡が他のナッシュ均衡と同程度にしか合理的でないと述べたが，ラインハルト・ゼルテンが示したように，ゲームを少し変更して，プレーヤーがある小さな確率で何らかの間違いを犯す可能性が常にあると仮定すると，同じことはもはや言えなくなる．この新しいゲームのナッシュ均衡は古いゲームの完全均衡を近似する．人間が間違える傾向を考えると，

社会契約を完全均衡として扱うことは有益な第一近似であると思われる．

仮に誰かが逸脱して均衡経路上にない部分ゲームに達した場合でも，他の全員が元の戦略をとり続ける限り，自身も元の戦略をとることが完全均衡においては最適である．特に，自分自身に多少の費用が生じても逸脱者を罰することが戦略的に要請される場合には，懲罰をやり遂げることが最適である．もしも懲罰の義務を逃れて逸脱しようものなら，また別の部分ゲームにたどり着き，そこで他のプレーヤーから義務不履行を罰せられる．そのプレーヤーが義務を怠ると，さらに別の部分ゲームに達し——とこれがずっと続く．プレーヤーの数は有限なので，こうした責任の連鎖は，カントが考えなかった仕方で必ず閉じるのである．

君主制の社会契約の場合，イヴが国王に従うのは，そうしないとイカボッドに罰せられるだろうからである．イヴを罰せよという命令にイカボッドが従うのは，そうしなければアダムに罰せられると恐れているからである．アダムがイカボッドを罰する命令に従うのは，そうしないとイヴに罰せられるだろうことを恐れているからである．

一見すると，こうして自らを補強し合う信念の連鎖は，脆すぎてなんら確固たるものを支えられないように見える．もちろん，これらの信念は円を描いて循環しているが，フォーク定理が示すように，その脆さは錯覚である．これらの信念が生み出す行動は，全体として完全均衡を構成するからである．

近代国家の装置——憲法典，法体系，道徳律，壮麗な儀式——に目が眩んで，これらの存在がすべて市民の相互補完的な信念だけに依存しているという洞察を見逃すとしたら，それは大きな間違いである．法律や命令は，たとえ石の書字板に刻まれていたとしても，生のゲームの均衡への調整を手助けする道具にすぎない．裁判官が建前上は法の手段であるからといって，私たちの社会契約から排除されるわけではない．これは，最高権力を象徴する国璽が国王や大統領を社会契約から排除しないのと同じである．

私たちが調整を効率的に進めるためには，近代の社会契約は主導的役割を一部の個人に割り当てる必要があるが，私たちが強者に貸し与える力は，実際には集団としての私たちの手に残っているのである．強者が特権を乱用しない保証はないので，リベラルな社会契約は，腐敗によって国家の統一が危

険に晒されれば直ちにこの集団の力が発揮されるような実質的な条項を含んでいる．ヒュームが見事に指摘したように，「どんな統治システムであれ，それに制約を課し，政体を点検し制御するしくみを決めるに際しては，あらゆる人間がならず者であって，そのすべての行為は私的な利益以外の目的を持たないと想定されなくてはならない」〔「議会の独立について」より〕．経済学の専門用語を使うならば，社会契約が国家の役人に割り当てる役割は役人の誘因と両立しなければならないのである．あるいは，ユウェナリス〔古代ローマの風刺詩人〕の格言に戻って言うと，監視人は強大であればあるほど監視される必要があるのだ．

5.5 創発的現象

しっぺ返し戦略がスターの座を獲得した結果，不運にも，他の形態の互恵的行動はまるで注目に値しないと考える進化論者の世代が育ってしまった．しっぺ返し戦略はフォーク定理がカバーするあらゆる種類の互恵的メカニズムにとっての適切なパラダイムである，ということが当然視されている．しかし，裏切り者を懲らしめるのは裏切られた本人でなければならない，と考えるのはとんでもない間違いである．大きな社会では，第三者が裏切り者を懲らしめることができる．その結果，繰り返しゲームの均衡として維持可能な社会契約の範囲は，一般に考えられているよりもはるかに広いのである．

利他主義と義務　人類学者によると，純粋な狩猟採集経済における食物の獲得と分配は概してマルクスの原理に従う．つまり，各人がその能力に応じて貢献し，ニーズに応じて受益するのである．

このような社会契約はいかにして存続できるのだろうか．仮に，しっぺ返しという方法しか利用できないとしたら，身近な家族以外で無力な人々に食べ物を与える者など皆無であろう．しかし，食べ物を分け与えないことに対する懲罰を行うのが，取り残されて腹を空かせる者である必要はない．現代に生き残っている狩猟採集民たちの間では，集団全体が逸脱者の懲罰に参加する．したがって，誰もが，国家の消滅後に現れるとされるマルクス主義的

ユートピアに似た社会組織内の住民なのである．

　このしくみの可能性を確認するため，常に母と娘の2人だけが生きている世界を想像しよう．各プレーヤーは2期間生存する．第一は若年期，第二は老年期である．若年期に，プレーヤーは（大きな）パンを2つ焼く．そして，彼女は娘を産み，直ちに老いる．老年期のプレーヤーは，弱ってしまい働くことができないので何も生産しない．ひとつの均衡では，各プレーヤーが若年期にパンを2つとも消費する．この場合，誰もが惨めな老年期に耐えなければならないが，他者の選択を所与として誰もが最適化を行っているのである．すべてのプレーヤーが，ひとつを若年期に，もうひとつを老年期に消費するほうが好ましいと思ってはいる．しかし，この「公平な」結果が達成可能であるためには，娘たちが皆2つのパンのうちひとつを自分の母親に譲る必要がある．パンは焼いてからすぐに食べないと傷んでしまうからである．

　母親は娘がわがままであっても仕返しできないが，それでも，公平な結果は均衡として維持可能である．この公平な均衡において，順応者（慣例に従う者）とは，自分の母親が若年期に同じく順応者であった場合，そしてその場合に限って母親にパンをひとつ差し出すプレーヤーのことである．すなわち，順応者は他の順応者に見返りを与え，慣例に従わない反逆者を罰するのである．

　娘が母にパンをひとつ譲る理由を確認するため，アリスとベアトリスとキャロルをそれぞれ母，娘，孫娘と仮定しよう．娘ベアトリスは，母アリスを蔑ろにすれば反逆者となる．この時，孫娘キャロルは自らが反逆者となるのを避けるため，ベアトリスを罰する．そうしないと，キャロルは自分の娘に罰せられるのである——とこの連鎖は続く．最初に生まれたプレーヤーが順応者とみなされるならば，誰もが順応者となるのは完全均衡である．しかしながら，損害を被った当事者が社会契約の違反を罰する者となることは決してない．なんといっても，被害を受けた当事者は契約違反が罰せられる時には死んでいるのだから．

　この種の話に対する標準的な反応は，実の娘が年老いた母親の世話をするのは愛のためであることをゲーム理論家はわかっていない，という苛立ちである．しかし，この反応はモデルの要点を見逃している．教訓は，たとえ娘

たちが皆冷酷な利己主義者だったとしても，年老いた母親たちは必ずしも蔑ろにされるわけではない，ということである——ちょうど，私の知り合いの非常に不愉快な老婦人を娘さんが義務感だけで黙々と世話しているように．なぜ義理を感じるのだろうかといえば，結局のところ，現行の社会契約が割り当てる役割を果たさなければ，共同体に難詰されるからである．

評判と信頼　アリスは見返りに支払いを受け取ることを信じて，ボブにあるサービスを提供する．しかし，ボブが支払わなくても何も起こらないとしたら，なぜ彼は支払いに応じるべきなのだろうか．社会学者は，私が信頼ミニゲームと呼ぶ図 14 のトイ・ゲームを用いてこのホールドアップ問題をモデル化する．1 回きりゲームの唯一のナッシュ均衡では，アリスはボブの将来の支払いを信じないため，サービスを提供しない．

　しかし，人々はたいてい勘定を支払う．理由を尋ねられると，支払う義務があるし，誠実であるという評判は大切だから，と言うのが通常である．ゲーム理論家は，これが社会契約のしくみの適切な記述になっていることに同意するが，私たちが知りたいのは，それがなぜこうした美徳を体現するのかという理由である．よって，無限繰り返しの信頼ミニゲームを検討する．

　フォーク定理によると，図 14 の影つきの領域内の点はすべて繰り返しゲームの均衡結果であり，これには，アリスが常にサービスを提供しボブが常に支払いに応じる時の利得の組 (2, 2) が含まれる．実生活でこの均衡を説明すると，ボブがアリスを裏切って誠実であるという評判を失うわけにはいかない理由は，そうするとアリスが将来的にサービスの提供を拒むだろうからである．実際には，アリスは誰か新しい人であることが多いが，同じ均衡がきちんと機能する．なぜなら，アリスでなくとも，対価を払わない評判のある人物と取り引きしようとする者などいないからである．

　通常の商業を営む人々にとって，こんなことは説明を要しない．私は，トレーダーたちが互いに信用し合う理由の最も簡潔な要約を 1991 年 8 月 29 日付の『ニューヨーク・タイムズ』紙上で見つけた．あるディーラーは，彼の品物を委託販売したアンティーク店の店主が誠実であることを信用できるのかと尋ねられて，次のように答えた．「もちろん彼を信用するさ．この業界

じゃ，誰が信用できるかわかるんだ．裏切り者はおさらばだからね」．

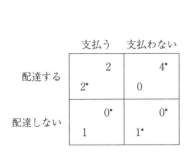
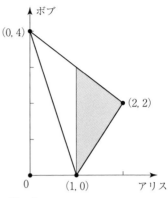

図14　信頼ミニゲーム

リーダーシップと権威　　現代の狩猟採集社会にはボスがいないという人類学者の指摘は大きな意味を持つと考えられる．リーダーを持たないそのような社会が存在するということは，人間が社会的に生きるのにボスは必要ないということである．ならば，なぜボスがいるのだろうか．

　よくある議論によれば，リーダーが必要なのは，スターリンのように（！），リーダーは私たちにとって何がよいかを私たち自身よりもよく知っているからである．しかし，リーダーが自らのしていることをその追従者たちよりもよくわかっているかどうかはともかく，伝統的な方法による解決では遅すぎる，または不確かすぎるようなゲームの均衡選択問題を解決するための調整装置として，リーダーが社会的にとても役に立つ可能性はある．嵐のなかを航行する船や戦争中の国にあっては，適正な手続きによって全員が納得できる妥協が生まれるのを待つ余裕はない．ヘンリー・フォードは歴史など戯言であると言ったが，少なくとも歴史が教えるように，危機において社会をまとめていくためには，権限を1人のリーダーに委託すべきである．

　最も純粋な例は原始社会に見いだされる——古代ローマはキンキナトゥスを一時的な独裁官としたし，グレートプレーンズ〔北米ロッキー山脈東方の大草原地帯〕のアメリカ先住民たちは戦闘のために一時的な首領を任命した．いかなる社会的メカニズムにより，人々は任期中だけ特別にこうしたリーダ

ーに従うのであろうか．

　権威 (authority) が機能するしくみに関する伝統的な理論は驚くほど貧弱である．王権神授説というものがある——がしかし，私ではなくあの男を王にすることが神の意図であったかは誰にもわからない．ホッブズ流の社会契約では，市民は治安の見返りに君主への服従を約束することになっている——が，約束を破っても何の害もないとしたらなぜそのような仮説的な約束を守るべきなのか．ロック流の社会契約では，市民社会に生きる便宜を得るという条件と引き換えに，市民は自ら自然権を譲渡する——のであるが，私は何らかの権利を私に賦与する小さな証明書を握り締めて生まれてきたわけではない．ルソーの議論によると，卓越した英知に恵まれた者たちが考える「一般意志」に自分自身の欲求を従属させることが合理的であると証明されるらしい——が，囚人のジレンマにおいて協力するのは合理的ではないのである，等々．

　権威が機能できる真の理由は，リーダーの役割が，プレーされているゲームの完全均衡を指し示すことでしかないからである．もしも慣習的にリーダーの選択が尊重されるなら，それは誰もが最適化していることになるのである．したがって，いかなる個人も逸脱する誘因を持たない．

　ここで，準最適となるのは複数の個人による逸脱のみであるという事実は重要である．なぜなら，リーダーは，社会契約を揺るがそうと共同行動をとる個々人の**提携**によって地位を追われるからである．したがって，ジェイムズ・マディソンが説明したように，社会が公平と考えるものからあまりにかけ離れた均衡を選択するリーダーは，反対派がまとまるための拠点を作り出す危険を冒している．そうして，それぞれの支持者たちの公平感に訴えるような競合するリーダーたちが現れるのである．

　17世紀後半の海賊船乗組員たちが生んだ小さな社会は興味深い例である．人気のある冒険物語に出てくる血も凍るような話にもかかわらず，彼らの社会契約は非常に民主的であった．リーダーなしではやっていけなかったが，乗組員をあまり公平に扱わない海賊船の船長は，投票によって造作なく職を解かれたのである．この他にも数多くの自然実験があり，小さな孤立した共同体が，私たちの祖先である狩猟採集民たちに非常に似通った社会契約に逆

戻りしていたのである．

5.6 不快な行動

ユートピア主義者は，不快な行動を必然的に不合理なものと偽りがちである．そうではないことを示すいくつかの例をすでに見たが，ここでもう少し検討しよう．

ごまかし　西側民主主義国で育った者にとって，現代の狩猟採集民族の社会的雰囲気は耐え難く息苦しいものであろう．これに最も近いのはおそらく十代の若者の仲間であり，メンバーは互いの行動を非常に厳しく取り締まるので，軍隊で服従の訓練を受けたのであろうかと思わせることさえある．いずれの場合も，多数者による専制がこれほどうまく機能するために不可欠な特徴は，集団の規模が小さく関係が緊密なことである．そうであれば，集団のメンバーによる逸脱は直ちに共有知識になりやすい．こうして，懲罰を科す時に集団が直面する調整問題は容易に解決されるのである．

それでもなお，狩猟採集社会に生きる人々は，見破られないかもしれないと思う場合には社会契約をごまかす．なかには，ごまかしが見え見えのために，盗みが見逃され，物乞いが強引になることで食べ物が分けられるような狩猟採集社会もある．そのような社会におけるごまかしが私たちの社会の場合と違う点は，狩猟採集社会では臆面もなく詮索好きな近隣の目による監視に絶え間なく晒されるため，懲罰を免れることがより困難だということだけである．したがって，私たちは皆自覚しているよりもはるかに多くの知的能力をこの活動に充てているというのが私の推測である．心理学者のコスミデスとトゥービーの発見によると，人々が論理的問題を解く能力が際立って高いのは，社会契約問題でごまかしを行う者を見つけ出す状況においてであるが，これはまったく偶然ではない．

マーガレット・ミードのような人類学者のバラ色の（物事を楽観視させる）眼鏡はそろそろ外してケースに戻すことが重要であろう．狩猟採集社会に生きる，いわゆる高貴な野蛮人について，私たちは現実的になる必要がある．

人間としての本性は私たちとなんら変わらないのである．巨大な産業社会は匿名性が高いため，特化した警察権力を作り出してもある程度しか緩和できない情報の問題が発生する．こうして，私たちの社会には犯罪や腐敗が蔓延するのである．しかし，それは大都市での生活が人間を邪悪にするからではない．狩猟採集民たちもごまかしたり盗んだりする．私たちよりも頻繁に人を殺す．仮に外側から見て狩猟採集社会が牧歌的に映るとしたら，それは私たちの場合よりも生のゲームの均衡選択問題を解決するのが容易だからにすぎない．

無実の罪　特定の犯人に帰することができるような犯罪は，警察権力によって抑止することが可能であるが，いかなる特定の個人にも帰することが困難な反社会的行為についてはどうだろうか．一般にゲーム理論家はフォーク定理を情報の乏しい環境に拡張することにほとんど成功していないが，効率的な結果をどうにか維持できる，ある懲罰メカニズムが詳しく研究され，うまくいくことが知られている．それは伝染（contagion）という，不快ながらふさわしい名前で呼ばれている．

　ある古い話が基本的な考え方を示してくれる．ウォルター・ローリー卿〔イングランド女王エリザベス１世の寵臣，探検家〕の息子は，ある晩餐会で娼婦の話を始め，彼女は父親と寝てから１時間も経ってないという理由で自分へのサービスを拒んだ，と語った．これを聞いて彼の父親は息子を殴ったが，息子はわずかに残る子としての義務感から殴り返すのを思いとどまり，代わりに傍にいた無実の者を殴りつけて叫んだ．「続けてくれ．そのうち親父に行き着くはずだ」．

　ある母集団のメンバーが匿名で無作為に抽出され，囚人のジレンマを繰り返しプレーするとしよう．この時，ローリー・ジュニアの戦略が遂行できるのは，対戦相手が常に新しい無名の誰かであるということを考慮せずに，全員が常にグリム戦略をとる場合である．誰かが一度でもごまかすと，たった１人の罪のために無実の者がどんどん罰せられるにつれて，背信は伝染病のように共同体全体に広まるだろう．最終的に，協力は完全に崩壊し，実際の犯人のみならず他の全員が苦しむことになる．逸脱を考えている者が十分に

第5章　互恵性

合理的ならば，この結果を予測してごまかしの衝動を抑えるだろう．諺に言うように「自業自得」あるいは「情けは人のためならず」である．

　一個人の罪のために全世界を罰するというやり方は，人口が増加するにつれてすぐに意味を成さなくなるが，無実の者が罰せられる均衡は，ごまかしを行う者が非常に小さな集団に属すると確認できる場合，依然として存続可能である．ごまかされたプレーヤーは，全世界を罰する代わりに，ごまかした者が属する集団だけを罰するのである．この方法がよりうまくいくのは，罰せられる集団のメンバーが皆縁続きであるため，ごまかした本人の個人的効用関数が，集団の他のメンバーが罰せられて感じる苦痛を実際に考慮する場合である．さらにもっとうまくいくのは，ある集団のメンバーが別の集団のメンバーに欺かれたという事実が口コミで素早く知れ渡り，ゲームがプレーされるよりも早く伝染が広がる時である．

　こうした不安定な均衡が崩れて懲罰の予定が実行される例は気が滅入るほどありふれている．有名な実例はアメリカ南部山地におけるハットフィールド家とマッコイ家の確執である〔南北戦争時代の対立に端を発し，1880年代に激化した〕．さらに，『ロミオとジュリエット』の舞台もこれに該当する．しかし，こうした例から人種差別や戦争が不可避であると十把一絡げに一般化するのは不適切である．個人の悪行のゆえに大きな集団の全員を罰するのは，全世界を罰するのと同様に理不尽である．

公然の嘘　　世界に関する虚偽の主張が，自ら補強し合う信念の網の目に支えられて生き続けるのは，国王の権威が維持されるしくみとほとんど同じである．人々は罰せられるのを恐れるため，疑念を口外しないのである．

　ハンス・クリスティアン・アンデルセンによる裸の王様の話が典型例であるが，私の個人的なお気に入りはプラトンの『国家』である．人種的に純粋な生まれつきの支配階級によって支配される陰気な警察国家を推奨するような本が，いったいどうしてリベラルな傑作と賞賛され得るのだろうか[3]．答えは容易である．そうではないと言って波風を立てる者は誰であれ嘲笑の的

---

[3] 「そして神が支配者に対する第一原則として宣告するところによれば，何よりも私たちは人種の純潔を守るよう努力すべきなのである」——プラトン『国家』．

にされるのである．

　互いに矛盾する言動でさえこうして維持される可能性がある．教皇の不謬性を考え出したカトリック教会の公会議が，同時に，信仰は必然ではないという信仰を持つ必然性を唱えたのである．「仮に，人間理性の自然な光をもってしても，唯一絶対の神に関する確たる知識を得られないという者があれば，呪われてもしかたがない」．ここでは，懐疑論者に対して懲罰が科されるべきことは明らかである．ただし，疑う者に対する火あぶりの刑は19世紀後半までに廃れた．

　笑いたくなるのもやまやまであるが，これほど異様なミームが人類の歴史を通じて自己を存続させるための犠牲となり，火あぶりにされ，拷問を受けた何百万もの人々の遺体を忘れることができようか．最終的には科学が勝利するだろうと人々は言うが，当面の見通しは楽観的というには程遠い．科学者の共同体においてすら，真理と客観性の基準を守ることを委任された人たち自身が，自分の認めない考え方を抑え込むため，当たり前のように社会的強制という昔からある手段に訴えるのである．何事においても同じように，私たちは監視人を監視するためのよりよい方法を開発する必要があるが，私にはこの点における進歩の兆しはまったく見えない．

5.7　自由参加の討論

　ゲーム理論は道徳的に中立の分析道具である．その土台をなす最適化の仮定に対して，道徳的に忌まわしい結論を伴うだろうからといって異議を申し立てるのは，フォーク定理の文脈においてはとりわけ愚かである．この定理は，均衡では利己的な行動だけが生き残ることを意味するどころか，弱者や無力な人を思いやる態度が――無情なハイド氏たちの社会においてすら――社会契約の安定した構成要素となり得ることを示すのである．

　しかし，これが逆方向に働く可能性もある．本書の読者のほとんどが，社会契約に含まれてほしくないと考えるような行動が，同じメカニズムを利用して維持され得るのである．例えば，アイヌ民族が正規の日本社会から排除されていることを考えてみよう．なぜアイヌ民族に対するよそ者扱いが持続

するのか．それは，そうしなければ自分自身が除け者にされるからである．

　こうした結論を聞くと，批判者たちはしばしば次のように反論する．フォーク定理に注目するのはまったく時間の無駄である．なぜなら，その結論は，道徳性とは何でもありで，誰もが自由に参加できる討論だという愚かな相対主義に同調するだけであるから，と．よって，この反応が間違いである理由を繰り返しておこう．

　第一に，フォーク定理は，何でもありだとは言わない．均衡が維持されるためには，それが具体化する義務体系は細かく調整されてすべてのプレーヤーに対して適切な時に正しい行動をとる誘因を提供しなければならない．もちろん，依然としてフォーク定理はさまざまな社会契約に至る広範な可能性を残すものである．そうでないとしたら，フォーク定理は必然的に人間本性の何か重要なものを見落としていたことになろう．きわめて広範で多様な社会契約以外に私たちは歴史書に何を見いだせるというのであろうか．

　第二に，フォーク定理の言説には道徳的判断——絶対的であれ相対的であれ——が欠けていると不平を言うのは馬鹿げている．フォーク定理は何が**実現可能**かに関するものである．どんな種類の社会契約が均衡として存続可能であるかを教えてくれるのである．何が**最適**かについてものを言うためには，実現可能集合からいかにして社会契約が選ばれるかについての理論が必要である．

第6章

義務

Duty

いつだってこつこつ頑張るだけさ．お前さんもあきらめずに頑張って，誰かほかの奴にも根気よく頑張らせるんだ．それこそ商いの国の「人間の義務」ってもんだよ．

パンクス氏（ディケンズ『リトル・ドリット』より）

6.1　善と正と徳

　世俗的な道徳理論は，大まかにいって，「善（the Good）」，「正（the Right）」，そして「徳（the Seemly）」の理論に分類することができる．左寄りの者たちは「善」を強調し，哲学者からは帰結主義者と呼ばれる．また，**先験的**な共通善の存在を主張し，その促進が私たちの利己的な関心事に優先するという．この陣営で最も声高なのは功利主義者と厚生主義者である．

　保守主義者は「正」の理論を好む．哲学者はそのような理論を義務論と呼び，左寄りの帰結主義的な理論に対する自然な対抗馬とみる．義務論者は自然権の存在を主張し，帰結にかかわらずこの権利を尊重することが私たちの義務であるという．特に大切にされるのは私有財産に対する権利である．

　ディオゲネスは，プラトンの言うカップやテーブルを見たことはあるが，カップ自体（Cupness）やテーブル自体（Tableness）などというものはまだ見たことがないと述べた．私は伝統的な「善」や「正」の理論のプラトン主義的性格について，ほぼ同じような感想を抱いている．善や正が人類の進化の産物以外の何ものかであるように装ってしまっては，人間の道徳性を理解する希望をすべて放棄することになるのである．

　1789年人権宣言のような文書に見られる不可譲あるいは絶対的な自然権などナンセンスである，というだけでは不十分である．ジェレミー・ベンサ

ムの言葉を借りれば，それは「大げさなナンセンス」である．私は自らの個人的自由を重んじることにかけては，アメリカ共和国の建国者や1688年の名誉革命の主謀者に劣らないつもりであるが，しかし，私たちから自由を奪うのは**不可能である**などという，明らかに虚偽の命題を主張して得られる利益はまったく束の間のものでしかない——特に，この「真実」の自明性を主張するのが，ジョン・ロックやトマス・ジェファーソンのような奴隷所有者であればなおさらである．

　私たちは犯罪者を投獄・処刑することにより，不可譲のはずの権利を奪っていないだろうか．そんなことはないという錯覚が維持されるとしたら，それは，権利を譲渡させられた人をまともな市民とはみなさないふりをしているのである．現実の受け入れ難い真相は，私たちは実際に行使できる権利を持つにすぎないということである——そして，歴史はこれがいともたやすく剥奪されることを示している．

　私たちが何であれ自らの持つ権利を維持できるのは，私たちの多くが十分な力を集団として確保し，権威主義者たちにはこれを奪い取ることができないからに他ならない．この厳しい現実を隠蔽するプロパガンダはいかなるものであれ，圧政下に生きることを望まない私たちにとっての脅威である．不可譲の自然権に関するレトリックは——短期的にはどれほど効果があろうとも——すべて放棄したほうがよいだろうと私は考えている．自由の代価として常に警戒を続ける必要はないと子供たちに思わせてしまってはいけないのである〔「自由の代価は永遠の警戒である」とは，しばしばトマス・ジェファーソンの言とされるが，詳細は不明〕．

　私のような自然主義者は，「善」の観念は「正」の観念と同じく人間が作り出したものであると信じるため，伝統主義者の想像によると私たちには拠って立つべき場所がまったくないことになる．しかし，私たちが道徳的絶対観念としての「善」や「正」の存在を否定するからといって，日常生活において善悪や正邪を区別するのはナンセンスだということにはならない．「カップ自体」や「テーブル自体」といったものは，「善」や「正」の観念と同じく人間の作り出したものであるが，カップやテーブルは実際に存在するのである．

私は道徳に対する地に足の着いた姿勢を捉えるため，これを**徳**の理論と呼ぶ．徳の理論は現在，道徳哲学者たちの間で人気があるわけではないが，その思想史は長く，尊敬に値するものである．アリストテレス，エピキュロス，そしてヒュームがこのアプローチの西側における最も有名な提唱者であろうが，1人だけ名前を挙げるとすれば，それは孔子でなければならないだろう．
　徳の理論にあっては，物事がそれ自体で本質的に善いまたは正しいということはない．物事が善いないし正しいのは，特定の社会で一般にそうであると考えられるからである．例えば，うまくいっている社会というものは，ある種の特権をあたかも譲渡不可能であるかのように，またある種の義務をまるで免除不可能なもののように扱う必要があると私は考えている．しかし，私たちがそのように振る舞うのは，何らかの先天的な「正」の観念に恵まれているからではない．これは，ヒヒたちが互いに毛づくろいをする順番を決める時に，何らかの「高尚な道徳」に導かれているわけではないのと同じである．
　徳の理論の構築を目指すにあたり，自然主義者は自ら重荷を背負うことになる．帰結主義者と義務論者にとってはすべてが単純である．形而上学の魔法の杖をちょっと振り，哲学の煙をぱっと吹かすと，唯一正しい「善」か「正」の例がまたひとつ出来上がり，専門用語で完全武装しつつ，ライバルを探し回っては定義上その存在を消し去るのである．しかし，自然主義者は，なぜ日常的な善と正の概念が進化したのかを説明するように努めなければならない．それらはどう作用するのか？　どんな進化的機能を果たすのだろうか？

6.2　権利

　人々が抱く善の概念は，現実の社会が均衡を**選択する**実際の様子の観察を通じて形成されると私は考えている．したがって，公平規範の作用の仕方を次章以降で検討するに至るまでは，善についてあまり多くを語れない．しかし，権利と義務という主題に取り組むことはいますぐに可能である．なぜなら，前2つの章ですでに述べたように，人々が抱く正の概念は，私たちが均

衡を**維持**する様子の観察を通じて形成されると思うからである．

　ここで提示されている善と正の分業でさえ物議を醸す．それは，帰結主義か義務論かの選択が不可避であるという伝統的な見方を覆すからである．私の見るところ，それは最適性か実現可能性かの選択を主張するようなものである．いかなる社会契約が実現可能であるかを述べるためには，生のゲームにおいて均衡がどのように維持されるかを知る必要がある．いかなる社会契約を最適と呼ぶかを論じるためには，生のゲームで均衡がどのように選択されるかを知らなくてはならない．

　したがって，徳の理論においては善と正は競合する概念ではない．それらは社会契約の異なる側面を記述するために用いられる言葉にすぎない．何かが道徳的に正しいとされるのは，承認された戦略に従って現在の均衡が維持される場合である．何かが道徳的に善いとされるのは，現行の社会契約が承認する形で均衡が選択される場合である．

義務　ある行為が正しいと述べると，それを行う義務があると述べるのと同じ意味に解されるだろう．ここで英語という言語は混乱を招いてしまう．なぜなら，自分の両親が年老いた時に世話をするのは正しい（it is right that ...）が，見知らぬ老人の世話は他人任せにする権利がある（we have a right to ...），と主張することができるからである．この２つ目の用法は次のように述べることによって的確に捉えられると思う．すなわち，ある行為をなす権利があるのは，それを避ける義務がない場合，そしてその場合のみである，と．

　ゲーム理論の用語では，アダムの義務は，社会契約が彼に指定する戦略を特徴づけるルールから逸脱しないことにある．

　これは，プレーヤーには生のゲームのルールを忠実に守る義務があると述べることと同じではない．プレーヤーがゲームのルールを破るのは**不可能**である．仮にプレーヤーの力でそれができるとしたら，それらのルールは妥当なものではない．しかし，アダムは現行の社会契約によって割り当てられている戦略から逸脱することを物理的に妨げられるわけではない．もし逸脱しなければ，私たちは彼が義務を果たしたことを喜んでしかるべきである．も

し逸脱すれば，社会契約によって割り当てられている戦略の要請により，私たちは彼の逸脱を罰しなければならない．通常，この点における私たちの義務は，彼の反社会的行動に反対の意を表明することにすぎないが，しかしそれでも義務は義務であって，これを回避しているとみなされると，ある程度は罰せられるのである．

　義務を果たすことは正しいが，ある行為をなす権利があるのは，その行為を差し控える義務のない時，その時だけである．たいていの人はこの定義に満足するが，これでは無力な人たちの厚生を擁護するために使える権利のレトリックの適用範囲が制限されるということに気づくと，話は変わってくる．例えば，この定義では，ある１本の木が切り倒されない権利を有しているとか，後続の世代は世界の資源の公平な分配に与る権利がある，という主張は空虚なものになる．

　木や，まだ生まれていない人間は無力であり，生のゲームのプレーヤーにはなり得ない．動物，乳幼児，痴呆症患者や統合失調症患者もほとんど同じくらい無力なので，やはり義務を引き受けることはできない．したがって，それに伴い，社会契約のもとではいかなる権利を行使することもできないのである．批判者たちはこれを，力のない人は見捨てられる運命にあるのだと解するが，誰もそのようなことは言っていない．ちょうどいま窓の外を見ると，私の孫たちが遊んでおり，背後には古い木々が見える．木々も私の孫たちもまったく無力であるが，私がここにいて世話をするので力は不要なのである．私の両親がまだ生きていたら，私は同じように断固として両親を守るであろう．たとえ全世界がプラトンに賛同し，働けなくなった人は生きる権利を失うのだと主張したとしても，である．

　さらに，無力な人々はたとえまったく愛されていない時でも，必ずしも苦しむには及ばない．前章で見た安定的な社会契約の例では，高齢者は身寄りなく病弱で誰にも愛されないにもかかわらず，若い同胞たちと同じくらいうまくやっているのである．高齢者が支援されるのは，その権利を有しているからではない．それは，まだゲームをプレーしている人たちが高齢者の世話をする義務——ゲームの他のプレーヤーによって強制される義務——を負っているからである．

譲渡不可能とされる権利を編み出し，それが真剣に受けとめられれば最下層のさまざまな人々の運命が改善されるだろうというのは，政治的実践の問題としてしばしば非常に効果的であり得ることを私は否定しない．しかし，合理的な世界では，そんなでっちあげは無効であろう．なぜなら，お仕着せのレトリックは単なる戯言にすぎないということに誰もが気づくはずだからである．代わりに人々は，余力のある人が助けを差し伸べる義務を負うような社会契約への移行を求めるだろう．

思いやりのある社会に住みたい人にとって，感情に流されてこの点を曖昧にするのは危険な誤りであると私は考える．権利の話をするのであれば，同時に，対応する義務について議論するのでなければ無意味である．ここで，避けて通ることのできない問題の核心に行き当たる．これらの義務はどのようにして強制されるのだろうか．

6.3　身なりを整える

単純なケースでは，正しい行為とは均衡を構成する行為であるとすると，権利の観念が骨抜きになってしまう．プレーヤーが義務を果たした後で自由に選べる行為の集合がひとつの選択肢しか含まないかもしれないからである．例えば，生のゲームが無限繰り返し囚人のジレンマであり，現在の社会契約はアダムとイヴにグリム戦略をとるよう求めていると仮定しよう．プレーヤーは相手が協調する限り常に協力して**ハト**をプレーするが，相手がこの暗黙の取り決めに一度でも背けば，それ以降は永久に**タカ**をプレーする．グリム戦略による社会契約のもとでは，イヴが以前に逸脱して**タカ**をプレーしたことがない限り，アダムには**ハト**をプレーする義務がある．イヴに逸脱の過去がある場合，アダムには**タカ**を常に選択してイヴを罰する義務がある．いったん義務を果たすと，アダムには権利の行使という点でなんら裁量の余地がない．

権利の考え方が重要になるのは，より複雑な構造を持った生のゲームにおいてである．アマルティア・センは，どんな服を着るか選ぶ権利の例を一般に広めた[1]．アダムは，裸になるかそれともイチジクの葉を身にまとうか選

ぶ権利を持つべきだろうか.

この論点を通常の繰り返し囚人のジレンマゲームに移植して分析するのはそれほど難しくない．アダムが今日イチジクの葉を使うのと裸でいくのとどちらを好むかは，囚人のジレンマが繰り返されるたびに，それに先立ってまったくの偶然により決定されると仮定する．彼は依然として自らの選好に従って身なりを整えるか否かを自由に選べるが，選好に従う場合，今日の囚人のジレンマにおけるアダムの利得のそれぞれをわずかに増加させる．選好に反して行動する場合には，彼の利得のそれぞれから微量を差し引く．イヴは，アダムが人前では裸を隠すことを常に望んでいる．この選好を表現するため，今日の囚人のジレンマにおけるイヴの利得を，アダムの身なり次第でわずかに増減させる．

この新しい生のゲームのために2つの社会契約を書き出すことは容易である．ひとつ目においては，両方のプレーヤーがアダムの身なりとは無関係にグリム戦略をとる．2つ目の社会契約では，アダムがイチジクの葉を使わないと，イヴは彼が一度でも**タカ**をプレーした場合と同じような過酷な懲罰をアダムに加えることにする．アダムは，万が一，我を忘れて裸で人前に出てしまったら，**タカ**に切り替えるつもりで対応する．

第一の社会契約では，イヴが最初に**タカ**をプレーしない限り，アダムには**タカ**を決してプレーしない義務があるが，自分の好きな身なりを選ぶ権利もある．第二の社会契約では，アダムは決して**タカ**をプレーせず，かつ裸で人前に現れない義務を有している．この第二の場合における彼の権利行使についていうと，彼の選択はイチジクの葉を使うか，イチジクの葉を使うかという（選択の余地のない）ものになってしまう．

6.4 道義的責任

分配の正義に関する伝統的な諸理論の間の相違は誰が何を得るかを決定する基準にある．社会の富に占めるアダムの取り分は，彼のニーズ，価値，功

---

1) 個人的権利が効率性と両立しないというセンのパラドックスは，権利を私のように定義すれば消散する．

績，または労働に依存すべきだとさまざまに言われる．例えば，労働の場合，聖書によると労働を提供する者はその報酬を受け取ってしかるべきである．また，イソップにはアリとキリギリスの寓話がある．プラトンの『国家』では，働けなくなった者は生きる権利を失う．

これらの伝統的理論はすべて，現行の社会契約が褒賞と懲罰をどのように決定するかについて，価値あることを何かしら述べているように思われる．それぞれの理論が独自の適用範囲を持っているのである．例えば，社会的給付はニーズに応じて定められることになっているし，ノーベル賞は功績により決定される．ただし，私たちが現在どのように功罪の判断を下すかに関する普遍的な説明としては，これらの理論のいずれも不十分である．

さらに，ユートピア社会はひとつの理論に落ち着いて他を顧みないだろうという主張が頻繁に力説されるわけでもない．思うにこの事実は，根本的に異なるタイプの理論を探し求める必要性に対して無言の支持を与えている——歴史上のある時期における特定の社会・小社会の慣行や偏見に囚われない理論，しかも功罪の概念は相対的なものであり社会契約によってしばしば大きく異なるということをはっきり認める理論が必要なのである．

私の具体的な提案では，生のゲームにおいてプレーヤーを非難するということは，実質上，ある特定の社会契約の枠内でそのプレーヤーを処罰すべき対象とすることに等しい．プレーヤーの功績を認めるとは，報酬を与えるべき対象とすることである．この観点からすれば，アダムは非難されるべきだと述べるのは，彼が罰せられる理由の**説明**とはもはやみなされず，代わりに，現行の社会契約から逸脱した人物の**記述**となるのである．

例えば，無限繰り返し囚人のジレンマにおいてグリム戦略に基づく社会契約が成立している場合，プレーヤーは均衡のプレーから逸脱すれば非難すべきとみなされ，逸脱しなければ賞賛に値するとみなされる．後者においてプレーヤーは，相手が**ハト**をプレーし続けるという形で報われる．逸脱した場合の罰は，相手がそれ以降ずっと**タカ**をプレーすることにある．

このように，私の理論は，功罪の概念を創発的現象として扱う．どちらの概念も，現行の社会契約を構成する生のゲームの均衡を私たちが特定する際に，基本（原始）的観念として現れることはないが，効率的な社会契約を維

持する戦略が実際にどのように作用するのかを記述しようとする際に，自然に生起するのである．

因果逆転　功罪に対するこのようなアプローチは，現代効用理論の批判者たちが陥るように見える大きな誤謬を思い起こさせる．現代の理論では，イヴがbではなくaを選ぶのはaの効用がbを上回るからである，とは言わない．反対に，イヴが常にbではなくaを選ぶことが観察されてきた場合，これを理由として，aの効用がbの効用よりも大きくなるように選定されるのである．

同様に，私なりの功罪の解釈では，イヴが罰せられるのは彼女が非難されるべきだからではない．いま機能している社会契約の要請により彼女は罰せられるべきだから，イヴは非難されるべきだとみなされるのである．

自分が傷を負わせてしまった相手を事後的に憎む必要性を認めるさまざまな格言があるにもかかわらず，伝統主義者は，民族心理学で当然視されてきた因果の鎖を逆転させる必要をまじめに提案する者がいることを，信じ難いと考える．いったい，道義的責任の本性に関する**先験的**な理解なしに，正当な処罰について語ることができるのだろうか．個人の行為の責任を本人に問うことを止めてしまったら，社会はどうなるだろうか．

第一の疑問に対しては，それはすでに行われているのだと答えよう．ヴェルディのオペラでドン・カルロが継母への愛を表明する際の戦慄と，旧チベット社会で男やもめの息子は父親が再婚すると新妻と寝る権利を持つことが当然視されていた事実とを比べてみよう．これは，ある社会では避けるべき義務があるとされる一片の行為が，別の社会では正しいとされる，数多くの例のひとつにすぎない．正当な処罰については，以下の心理学実験が判断材料となるに違いない[2]．

被験者たちが見せられた実況映像は，かなり長い時間にわたって痛みを伴う電気ショックに耐えているとされる罪なき犠牲者の姿である．ボタンを押せばショックを緩和できると考える被験者と比べて，介入する力を持たない

---

[2] Lerner and Simmons, *Journal of Personality and Social Psychology* 4 (1966), 203-210.

被験者は，実験後の説明会において，犠牲者がどういうわけか値打ちのない人間であるとの理由を捻り出す．実験主催者の推測では，被験者が犠牲者を軽視するのは，私たちが「公正な世界」に住んでいるという誤った信念を維持するためである——それは，見たところ苦しんでいる犠牲者は，価値に乏しいのだから，そのような扱いを受けるのは「公平」だという信念である．これは私には非常に納得のいく解釈に思われるが，差し当たって大事なのは，被験者が決して功罪の判断に関する伝統的思考の教義に従って行動しているわけではないという点である．

第二の疑問については，誰も人々の行為の責任を本人に問うことを止めようなどと言っているわけではない．逆に，効率的な社会契約を繰り返しゲームの均衡とみなすと，人々の逸脱を罰する必要が生じる．ただし，第二の質問が問われる時の真意は，本人の裁量が及ばないことに対して非難や賞賛を浴びせるという考え方への抗議である．私たち自身の自由意志に基づく行為のみが処罰の対象となるべきだ，ということなのだろう．

自由意志　　正統派の見解によると，不道徳に振る舞う者がその行為を非難されるべきであるのは，他の選択をする自由があった場合である．そして，非難されるべきであるから，私たちには犯罪の重さに応じて処罰する資格が発生する．しかし，ゲットー〔スラム街や少数民族の集中居住地区〕で育った子供に真の選択の自由があるだろうか？　子供は単に境遇の犠牲者なのではないだろうか？

伝統主義者はこの古典的な左右のジレンマを自由意志の問題と見て，自然主義者はこの問題に以下のように取り組むだろうと予想する．すなわち，私たちの頭のなかにあってカント主義者が自由選択の説明に必要であると考える，人格化された不動の動者〔自らは動かずにすべてのものを動かすもの〕に代わる何らかの機械を提案するのだろう，と．なるほど私たちの言語は問題をこのように位置づけるが，自然主義者は私たちの祖先の間で受け継がれた知恵による問題の位置づけ方をそのまま受け入れる必要を認めない．

これは，人々の行いの理由を説明するにあたり，本人の言葉がしばしば役に立つことを否定するものではない．また，私が（両手の親指以外の指を組ん

で）意識的に親指どうしをくるくる回すことに決め，そして実際に親指がくるくる回る時，一瞬たりとも自然現象以外の何かが起きているのだと示唆するわけでもない．要点はむしろ，功罪の観念の自然主義的な説明は，自由意志をいかに説明するかには依存しないということである．

　適切なアナロジーは，猩紅熱のような感染力の強い伝染病の大発生を防止するため伝統的に用いられる社会的メカニズムに見いだせる．隔離されるのが不快であることは認めるが，感染したのは偶然か，それとも不注意によるのか，などと問いただす前に，私たちは人々を一時的に収容するのである．感染者を隔離するのは，そうしなければ病気が蔓延するだろうからであり，健康な人に感染してほしくないからである．

　この提案を拒否する伝統主義者は，現行の社会契約がすでにこの実践を制度化していることを見落としている．ただし，契約不履行者に対する処罰の水準は，当人が犯罪に至るまでの出来事をコントロールできた程度に決して左右されない，というわけではない．逆に，左右されるケースのほうが明らかに典型的である．なぜなら，効率的な社会契約は，罪が犯されるに至った情状を考慮し，罰則を加えても同様な悪事を阻止できない場合には，罰則の実施を求めないからである[3]．

　仮に，カインの手によるアベルの死は不慮の事故であったということが犯罪の近因（最も直接的な原因）を指摘することで証明できるのであれば，私たちはサクソン人の祖先の慣例に従ってカインを非難し贖罪金を要求する必要はない．しかし，因果の連鎖が不確かな場合には，社会契約は非情でなければならない．例えば，税の支払いに関しては，誰であれ潔白が証明されない限りは有罪とされるのである．

　法にははるかにあからさまな例がある．法律を知らないことは言い訳にならないという原則を考えてみよう．この原則が必要な理由は明らかである．被告人が関連する法律を一字一句知っていたということを検察側が立証しな

---

[3]　ただし，テキサス州で依然として精神を患う犯罪者を処刑しているように，多数の例外が存在する．今日処刑された妄想型総合失調症患者は，彼の死刑執行人たちと同じく世間の知恵を支持していた．「間違いだとわかっていました．悪いのは私だけなのです．」『ニューヨーク・タイムズ』紙，2003年3月26日より．

ければならないとしたら，誰だってほとんど常に「知らなかった」と主張し，これでは法体系が崩壊するだろう．

　犯罪の重大さは被害者への帰結によって決まるという原則も同じパターンに当てはまる．なぜなら，被害者が被る損害の程度は，犯罪者によるコントロールがほとんど及ばないことが多いからである．例えば，強盗が2人の被害者を同程度の強さで殴るとしても，殺人容疑で裁判にかけられるのは，偶然どちらかの人の頭蓋骨が非情に脆い場合のみである．もっと身近な例でいえば，どれほど多くの人が，不注意運転にもかかわらずたまたま誰も傷つけなかったというだけの理由で，牢屋に入り身を滅ぼすのを免れたことがあるだろうか．

　社会的な次元において，私たちは，醜く退屈で不器用あるいは社会性に乏しく魅力に欠けるとみなす身近な人々に対して，最も巧妙な心理的拷問を日常的に加えている．私たちのうち自らを知識人と考える者は，頭が鈍く教育のない人たちに対して容赦なく屈辱を与える．中世にあっては，重度の鬱病を患う人たちは**怠惰**の罪に問われた．非嫡出子は，人々の記憶に残る限り侮辱されたのである．他人に傷を負わせる者たちが，その資格があると考える理由を他に思いつかない時，肌の色や性別は現在でも攻撃の材料となっている．とりわけ意味深いのは，私たちが一般に路上生活者を統合失調症患者（schizos）と呼ぶことで無関心の言い訳をしていることである．

　法的・社会的懲罰が道義的責任に関する何らかの先験的な観念に従って決定されることこそ社会契約が機能するための原理であるという主張は，上記のような例によって反駁される．おそらく，人々がこの考えに固執するのは，功罪の判断についてより現実的な態度をとると私たちの道徳制度が崩壊してしまうと信じているからだろう．しかし，すでに刑務所は「何のチャンスもなかった」と誰もが同意するような恵まれない環境で育った若者たちであふれている．この若者たちにも特権的な環境で育った若者たちと同じような選択の自由があったなどという建前を捨ててこそ，現実を直視できるようになるのである．

　結論としては，ゲットー出身の犯罪者が「そうするしかなかった」ために軽い刑で放免される，ということには決してならない．反社会的な行動を阻

止しない社会契約は長持ちしないのであるから，危険な伝染病患者を隔離するのと同じ理由で逸脱者は罰せられなければならないのである．

第7章
血縁
Kinship

愛, 愛, 愛.
簡単だろ.

ジョン・レノン

7.1 同感

　私にとって，社会契約における優先順位は安定性，効率性，公平性の順である．これまでに私たちは，社会契約が生のゲームの均衡になるという要請を課すことによって安定性をモデル化するしくみを検討した．さらに，互恵性のメカニズムが繰り返しゲームにおいて効率的な均衡を維持するしくみも確認した．よって，公平規範を議論するための下地は整ったが，まだ鍬と鋤を使ってかなり耕さないと種をまくことはできない．

　公平性について書く際に直面する多くの問題のひとつは，公平性が均衡選択装置として進化したという考え方に，批判者たちは我慢がならないことである．正義への関心の説明として彼らが好むのは，私たちが単に他人の福祉を気遣うような他者配慮型（other-regarding）選好を偶然持っているのだという議論である．

　他者配慮型選好の存在を否定する者はどこにもいない．母親は時として赤ん坊の命のために自らの生命を犠牲にするものである．同様に，恋人たちは自分のパートナーに対して身も心も捧げると一般に断言するし，それが事実であることもままある．このような場合に該当する経済学の用語はいかにも陰鬱である．人々は**同感型**（sympathetic）効用関数を持つと言われ，他人の厚生を直接表現する項目を含んでいる．

155

しかしながら，私たちが時々他の人々の厚生に配慮するからといって，常にあらゆる人々の厚生に配慮すると認めることにはならない．それを認めるような見解は，一般に親しい友人や家族の間で成立する良好な関係以外に目を閉ざさない限り支持されない．しかし，よそ者の厚生にはめったに同情が示されない証拠は，身内の者が愛される証拠に負けず劣らず説得力がある．事実，私たちの歴史は，人間があえて他の人間にもたらした悲惨，苦悩，虐待のほとんど絶え間ない記録なのである．

本章は，人間が親しい人を——親しい人だけを——愛すると予想すべき進化的な理由を説明する．愛こそが世の中を動かすと考える人々にとって，これは悲惨な結論に見える．しかし，愛があらゆる社会問題の解決策になるとしたら，なぜ「自然」は私たちに正義感を授ける必要があったのであろうか．

思うに，世間の知恵が愛と正義を適切に区別しないのは，進化というものが不器用な修繕屋であり，古いメカニズムを新しい目的に適応できるのであれば，新しいメカニズムをわざわざ作り出すことはめったにないからである．私たちが公平規範を用いて部外者との調整ゲームを解決する際に原初状態への入力情報として必要な**共感型**（empathetic）選好を授けられるにあたり，「自然」は，家族内で作用する**同感型**（sympathetic）選好に合わせて進化していた構造と同じものを再利用したのである．ジョン・レノンのように素朴なユートピア主義者は，本当に必要なのは愛だけだと考え，共感型選好と同感型選好を混同する罠に陥る．ただし，これがとんでもない間違いであると思われる理由については，次章まで待たねばならない．

7.2　血縁選択

動物の王国は家族内の協力の例にあふれている．アフリカの狩猟犬は未消化の食べ物を胃から吐き出して，腹を空かせた同じ群れの兄弟を助ける．キヌザル科のマーモセットやタマリンは，拡大家族の甥や姪の世話を手助けする．ある種の鳥類の雄がその年に繁殖できる見込みがかなり低い時にも同じ現象が見られる．アブラムシのなかには，命を捨てて兄弟姉妹を攻撃から守るものもいる．同様に，ジャコウウシは，オオカミに攻撃されると家族内の

弱いメンバーの周りに守備の輪を形成する．動物の王国ではなぜ血縁がこれほど重要なのだろうか．

ハミルトンの法則　ウィリアム・ハミルトンの『遺伝子の国の細道』は，型破りの天才の生涯と研究の記録であるが，彼の真価が認められたのはその生涯でも比較的晩年になってからであった．彼の業績のひとつは，今日では血縁選択として知られる家族内協力の進化的説明を定式化したことである．

　血縁関係にある動物は遺伝子を共有する．よって，ある行動に変更を加える遺伝子が複製される頻度は，変更後の行動がこの遺伝子を持つホスト（宿主）にもたらす追加的な繁殖機会だけでなく，同じ遺伝子を持つホストの親族にもたらす追加的な繁殖機会をも考慮に入れると，より高いことになる．

　J・B・S・ホールデンがこの点を半ばまじめな冗談で指摘したことはよく知られている．他人のために自分の命を捧げる気はあるかと問われ，その犠牲は兄弟が2人かいとこが8人救われるのでなければ価値がなかろう，と彼は答えた．

　ホールデンの冗談の可笑しさがわかるには，きょうだい〔両親を同じくする兄弟姉妹sibling〕の血縁度が1/2であり，いとこの血縁度が1/8であることを知っていなければならない．これらの数字は，あなたの体内で突然変異を起こしたばかりの遺伝子が当該の親族の体内にも発見される確率である．

　例えば，きょうだいの血縁度が1/2であるのは，あなたが親から受け継いだ突然変異遺伝子がきょうだいにも受け継がれている確率が1/2だからである．いとこの血縁度が1/8であることを確認するため，あなたの母の姉妹（姉か妹）の娘の場合を考えよう．あなたの体内の突然変異遺伝子が父親ではなく母親経由である確率は1/2である．それが母親経由であったとして，あなたのおばもそれを持っている確率は1/2である．あなたのおばがこの遺伝子を持っているとしたら，あなたのいとこがおばからそれを受け継いだ確率も1/2である．これら3つの1/2を掛け合わせると1/8となる．

　人間はそもそも遺伝子のほとんどすべてを共有しているのだから，血縁度が重要になることはまずあり得ないと言われることがある．しかし，この主張が見落としているのは，私たちは決して人体に**常に**存在する遺伝子に興味

があるのではなく，突然変異を起こしたばかりの遺伝子の存否によって変更が加わる可能性のある特定の行動にのみ関心を持っているのだという点である．利己的な遺伝子のパラダイムに則して適応度が評価されるのはこのような突然変異遺伝子の観点からでなくてはならない——その遺伝子を有するホストの個体の観点であってはならないのである．

遺伝子の適応度を計算する際に大切なのは，次の世代に向けて複製される回数の平均値である．ただし，同一の遺伝子が2つ以上ある場合，どれが複製されるかは重要ではない．私の姉妹の体内にある遺伝子の複製は，私自身の体内にある同一遺伝子の複製となんら変わりがないのである．よって，私自身の遺伝子の適応度を計算する時には，私の行動が私自身のみならず親族の繁殖の成功率に及ぼす影響も考慮しなければならない．ハミルトンはこのような計算の結果を**包括**適応度（inclusive fitness）と呼んだ．

もしも妹が私の唯一の親族である場合，私の体内の突然変異遺伝子が私の行動を変える結果として考慮すべきなのは，私が平均して産む追加的な子供の数だけではない．ハミルトンの法則に従って，私の妹が産む追加的な子供の数をも——1/2，つまり彼女がこの突然変異遺伝子を持つ確率を掛けて——計算に入れるべきなのである．例えば，私の行動が変化した結果，私が産むことになる子供の数が1人減り妹の子供が4人増えるならば，ハミルトンの法則によると私の新しい戦略の包括適応度は$-1+1/2 \times 4=1$である．よって，妹の利益が私の個人的損失を補って余りある．

図15は，アリスとボブが血縁関係のないよそ者どうしからきょうだいとなった場合に，適応度の観点から社会契約の評価が点Sから点Tに変わる必要があることを示す．

ハミルトンの法則は実際に成り立っているのだろうか．原始社会における親族関係の重要性を実証する人類学的証拠には事欠かない．例えば，社会契約が雑婚を罰しない社会では，私たちの社会であれば父親が果たす機能のいくつかが，子供の母方のおじによって担われる——理由は，彼はその子との間の血縁度が1/4であることを知っているが，子の実父が誰であるかは誰にもわからないからである．

こうした人類学的データは示唆に富むものであるが，人間におけるハミル

トンの法則の数値テストを提供するわけではない．しかしながら，ロビン・ダンバーとヘンリー・プロトキンが率いる心理学者のチームが行った2つの研究は，これが驚くほどうまくいく可能性を示唆している．

実験主催者は，各被験者が提供した親族のリストから1人ずつを選び出す．この親族は，被験者がつらい膝の屈伸運動に耐え続ける時間の長さに応じて支払いを受け取る．運動の持続時間の対数に対して血縁度がプロットされると，データの点は直線付近に集まった——ハミルトンの法則の予想通りである[1]．被験者はリスト上の親族に対する好き嫌いを問われたが，この変数は予測力をほとんどあるいはまったく持たないことがわかった．

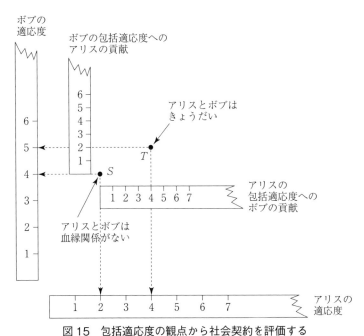

図15 包括適応度の観点から社会契約を評価する

血は水よりも濃い 進化生物学者が，家族関係の近さに比例して家族のメンバー間に同感型選好が見られると予想する理由はもはや明らかであろう．諺に言うように，血は水よりも濃いのである．

---

1) "A cross-cultural experimental study of altruism", R. Dunbar *et al*, Department of Psychology, University College London.

ゲーム理論への含意はすでに第4章で考察し，囚人のジレンマにおいてプレーヤーを恋人どうしのカップルに差し替える帰結を検討した．恋人たちが互いに示す思いやりには，2人がおそらく一緒に子供を育てるだろうという明らかな生物学的説明を与えることができるが，プレーヤーが互いに同感し合う限り，同じ原則が当てはまる．

親族がゲームをプレーする時，利得には個人的な適応度よりも包括適応度を用いる必要がある．これは，第4章でプレーヤーを恋人に差し替えたために囚人のジレンマが囚人のよろこびに変質した時のように，ゲームの性格を完全に変えてしまうことがある．より一般には，家族内でプレーされるゲームの均衡では，見知らぬ者たちがプレーする場合よりもはるかに頻繁に協力が観察されるに違いない．

伝統的な知恵のひとつ——道徳は家族に始まる——が正鵠を射ているのはこのためであろう．アリストテレスが述べたように，私たちが最初に「友情，政治組織，そして正義の源泉」を求めるのは家庭においてでなければならないのである．

7.3 社会性昆虫

ゲーム理論においては，分析単位は個人であって集団ではない．哲学者はこれを方法論的個人主義の原則と呼ぶ．この原則から乖離することの危険は明々白々である．

生物学には，ウィン＝エドワーズの集団選択という誤謬がある．社会科学においては，囚人のジレンマでの協力が合理的であると主張する多くの誤謬が存在する．政治哲学では，かつて「労働」や「資本」といった抽象的存在が巨大な2人ゲームのプレーヤーとして扱われていた．このマルクス主義的誤謬はもはや時代遅れとなったが，共同体主義の哲学者たちは「共同体」の観念を同様に人格化することでこの伝統を維持している．

このような誤りの背景には，利他心や連帯感に訴えて人々を説得することで個人よりも集団の利益を優先させることができる，という信念がある．時には自己犠牲の説得に応じる人がいくらか存在するということは誰も否定し

ないが，この路線の支持者は，それがたいていの場合ほとんどの人に該当し得ることを私たちに納得させる必要がある．トマス・ホッブズは，そのような望みには見込みがない理由をはるか以前に述べていた．「ハチやアリのようなある種の生物は社会をなして生活しており……したがって，なぜ人類には同じことができないのかを知りたいと思う者がいるかもしれない．これに対して私はこう答える……これらの生物においては，共同の利益が私的な利益と異ならないのである」．

これが本当に，社会性昆虫が私たちとこれほど異なる理由であろうか．この疑問に対する生物学者の答え方は，私たち自身についても教えるところがあると私は考えている．

真社会性　　真社会性（Eusociality）のある種とは，複数の世代がコロニーで生活し，1個体または数個体がすべての子を産み，他の個体は不妊で補助的役割を果たす生物種のことである．

真社会性は，ハチ目（膜翅目）——アリ，ミツバチ，大型のハチを含む昆虫の一目——以外にはめったに見られない．本来の意味での真社会性は，ハチ目において少なくとも12回，独立に進化を遂げたが，その他には2回のみであったと考えられている．例外は，シロアリ目（等翅目）のシロアリと最近研究されているネズミ目（齧歯目）のハダカデバネズミである．

なぜ進化の途上で不妊ワーカー〔働きアリや働きバチ〕のカースト（職型）が出現したのだろうか．不妊ワーカーはなぜ他の個体のためにひたすら働くのであろうか．この現象がハチ目では広く見られるのに，他ではまれである理由は何だろうか．

全体は部分の総和よりも大きい　　ある次元ではこのパズルを解くのは容易である．通常，協力して働く集団は別々に行動する個人よりも生産的である．経済学者は，この生産過程は規模に関して収穫逓増であるという．限度はあれ，労働者が1人新たに追加されるたびに，1人当たり生産量は以前よりも大きくなるのである．

アダム・スミスが挙げたピン工場の例は有名である．各労働者がピンを1

本1本すべて独力で作らなければならないとしたら，1日に生産されるピンの総数はあまり大きくないだろう．しかし，工場を建てて各労働者が特化した仕事（ピンの研磨やワイヤーの引き伸ばしなど）を分担するようになれば，生産量は劇的に増える可能性がある．アダム・スミスが調べた事例では，この分業によって各労働者の生産性は240倍になった．

　同じことがミツバチの巣やアリ塚にも当てはまる．非常に多数の不妊ワーカーが若年世代の保護と世話に特化する一方，女王は産卵機械であることに専念する．結果として，生まれてくる子の総数は，ハチやアリが対となって別々に家族を形成する場合をはるかに凌ぐことになる．

　これが女王にとって都合のよい理由は明らかであるが，ワーカーには何か便益があるのだろうか．ワーカーは自分の子供を育てる機会を犠牲にして，代わりに女王の子供を育てる．方法論的個人主義の批判者はこうした謎が自らの立場の正当性を裏づけると考えるが，真の理解を得るためには，方法論的個人主義を緩和するのではなく，より徹底させなければならない．このゲームにおける実際のプレーヤーは，ちょこちょこ動き回っているアリやハチではなく体内の遺伝子である，ということを覚えておく必要がある．

　女王から産まれる繁殖力のある子は，すべてワーカーたちと血縁関係にある．ワーカーたちの兄弟や姉妹なのである．したがって，あるワーカーの体内に発現する突然変異遺伝子には，包括適応度を計算すると，多数に及ぶ親族がいることになる．女王を助ける懸命の努力がワーカーにもたらす便益を計算するには，繁殖力のある女王の子をすべて――ワーカーとの血縁度を加味して――考慮しなければならない．生産性の点でピン工場はミツバチの巣やアリ塚にはまったくかなわないので，バランスとしては圧倒的に真社会性のほうに軍配が上がる．

　仮に人間という種に不妊ワーカーのカーストがいたとしたら，以上のすべてが同じように当てはまるのであろうが，伝統的に私たちは生物工場ではなく拡大家族で子供を育てる．ではなぜ私たちはハチ目と同じ道をたどって進化を遂げなかったのだろうか．

性別　ハチ目は単数倍数性（haplodiploid）であり，未受精卵からは単数体

（染色体数 n）の雄が，受精卵からは倍数体（同 $2n$）の雌が育つ．単数性（haploid）の種では，染色体上の各遺伝子座はひとつの遺伝子しか持たない．人間は倍数性（diploid）で，各遺伝子座は母親と父親からそれぞれひとつずつ，計2つの遺伝子を持つ．このため，人間の姉妹間の血縁度は1/2となる．というのは，子供は各遺伝子座に両親のそれぞれからひとつずつ遺伝子を譲り受け，各親から受け継ぐ遺伝子は1/2の確率でその親が当該の遺伝子座に持つ2つの遺伝子のうちのどちらかだからである．

対照的に，ハミルトンはハチ目の姉妹間の血縁度が3/4であることを指摘した．これは，染色体上の各遺伝子座が，父親からは同じ遺伝子を，そして母親からは当該の遺伝子座にある対から無作為に選ばれる遺伝子を受け継ぐからである．ある不妊ワーカー——遺伝的に雌である——の体内の任意の遺伝子が特定の親から受け継がれている確率は1/2である．2匹の姉妹の父方の遺伝子が同じ確率は1である．母方の遺伝子が同じ確率は1/2である．この情報を総合すると，$1/2 \times 1 + 1/2 \times 1/2$ という計算により，血縁度3/4を得る．

ロバート・トリヴァースはこの点をさらに検討し，コロニーは雌の子孫だけでなく雄の子孫を通じても繁殖することを忘れてはいけないと述べた．したがって，遺伝的に雌であるワーカーとその兄弟である雄バチとの間の血縁度にも気を配る必要がある．この計算は $1/2 \times 0 + 1/2 \times 1/2$ で，わずか1/4である．

性比　仮に，ハチ目の性比が50：50で，私たち人類のような遺伝的にわりと単純な種と同じであったとしたら，不妊ワーカーと繁殖力のあるきょうだいの間の平均血縁度は単に3/4と1/4の平均，つまり1/2——私たち人類と同じ——であっただろう．しかし，ハチ目の性比は50：50ではない．多くの種においてそれは75：25くらいで，繁殖力のある雌のほうが繁殖力のある雄よりも多いのである．なぜだろうか．

この問いに答えるには，さまざまな種が繰り広げる配偶者探しのゲームを検討しなければならない．私たち人類の求愛ゲームは，各プレーヤーがミスマッチを望むマッチング・ペニーの多人数版といったところである．一方の

性のあるメンバーが配偶者を得る確率は，総人口に占める他方の性の個体数に比例すると仮定した場合，少数派の性別の子だけを産み続けるような突然変異体は常に人口全体に広まっていけるだろう．

よって，均衡にたどり着くには，人口に占める繁殖力のある男と女の数が等しくなる必要がある．誰もが同じ戦略をとるとしたら，すべての出産において男の子の確率と女の子の確率が常に等しくなければならないことになる．これは必ずしもホモ・サピエンスには当てはまらない．なぜなら，近代的な保健医療が確立される以前には，男の赤ちゃんの死亡率は女の赤ちゃんよりも高かったからである．したがって，出生時の実際の性比——約100：105——は，生殖可能な年齢に達する女の子と男の子の数を等しくするのにほぼ適していたのである．

ハチ目において性比を決めるのは，ワーカーたちに発現する遺伝子である．若い世代を育てるのはワーカーだからである．したがって，性比は繁殖力のある雄の子と雌の子をワーカーが分け隔てなく育てるような値でなければならない．これが起こるのは，性比が75：25の時のみである．なぜなら，ワーカーの体内で発現する突然変異遺伝子の利得は，雄を育てる場合$3/4 \times 1/4$，雌を育てる場合$1/4 \times 3/4$だからである．これらの利得は等しいので，雌が3/4，雄が1/4の確率で生まれる混合戦略均衡が生き延びるのである．

この性比のもとで，不妊ワーカーと繁殖力のある兄弟ないし姉妹との間の平均血縁度は$3/4 \times 3/4 + 1/4 \times 1/4$，つまり5/8である．ワーカーが人間であったとしたら，血縁度は1/2のはずである．よって，人間のワーカーは，女王のためにより一生懸命に働かなければ，アリ塚やミツバチの巣のワーカーと同じだけの便益を得られないだろう．

始まりは？ 進化生物学者たちは，ゲーム理論のおかげで，性比が対称的でない種の雌雄の比率を予測することができる．この事実は，私たちのしていることがある点で正しいに違いないことを比較的説得力のある形で示すが，真社会性がそもそもどのように始まったのかは依然として説明を要する．

思うに，アリもミツバチもかつては全個体が繁殖力を持っていたのだろう．そうすると，性比は人間と同じように50：50だったはずである．おそらく

ある種の霊長類や鳥類に見られるように，娘たちが母親の子育てをある程度手伝ったと思われる．ここで繁殖力の比較的低い娘たちの行動を変化させる突然変異遺伝子が出現し，この娘たちは雌の子育てを優先するような方法で母親への協力を微増させたと想像しよう[2]．このような遺伝子は人口全体に広まっていけるだろうか．ハチ目の姉妹間の血縁度は3/4であるから，条件がよくなるには，ワーカーが失う自らの子1体につき1+1/3を超える姉妹が行動の変化によって追加的に産み出されなければならない．人間の場合に条件がよくなるためには，ワーカーは失う自らの子1人につき2人を超える追加的なきょうだいが必要である．

　もちろん，多くの謎が残っている．なぜハチ目は単数倍数性なのか．いったいどうして，そのうちいくつかの種だけが真社会性を有するのか．複数の女王がいるコロニーはどう説明するのか．フトハリアリ属はどうだろうか．この種においては**血縁関係のない女王**たちが共同でコロニーを作るという．また，シロアリの生態は多くの謎を投げかける．

　わからないことをこうして告白すると，批判者たちはここぞとばかりに，社会生物学者はよくできた作り話をしているのだと非難するが，こうした批判は単に科学の営みに対する無理解を露呈していると私は考える．

7.4　ハミルトンの法則を修正する?

　ハミルトンの法則の予測では，アリスは功利主義に基づく決定を下し，各親族との血縁度を加味したうえで親族たちの適応度の総和を最大化する．よって，生物学はベンサムやミルに一票を投じたように見えるが，カント主義者も悲観する必要はない．ハミルトンの法則で話が片づくわけではないからである．

　ハミルトンの法則は，動物が外の世界と交わる時にはうまく当てはまる．例えば，働きバチは巣への侵入者を見つけたら自己を犠牲にして一刺しを加えるべきであろうか．答えはイエスである．なぜなら，そうすることで包括

---

[2]　雄でないのは，ワーカーとその兄弟の間の血縁度は1/4にすぎないからである．

適応度が上昇するからである．しかし，親族どうしが互いにゲームをプレーする時，ことはそう簡単には運ばない．この場合，私たちはカントの定言命法から遠からぬ原理に導かれていくのである．

第4章で私たちは囚人のジレンマのプレーヤーを恋人たちに替え，自分自身の2倍も相手を気遣うカップルを導入した．そうすると，このゲームは図7の「囚人のよろこび」となり，両プレーヤーが協力してハトをプレーするのがナッシュ均衡となる．

これと同じことをプレーヤーが一卵性双生児の場合に行うと，図16に示される新しい「囚人のよろこび」ゲームとなる．唯一のナッシュ均衡では，両者がハトを選ぶことになる——けれども，ここではナッシュ均衡の論理はふさわしくない．それが意味を成すのは，アリスとボブが別々のプレーヤーであって，戦略選択を独立に行う場合のみである．これは，戦略の選択が遺伝的に決定されているなら，双子の組には当てはまらない．一方のプレーヤーの体内に存在する遺伝子はどれも他方のプレーヤーに存在する．一方が何をしようと，他方も同じことをするのである．

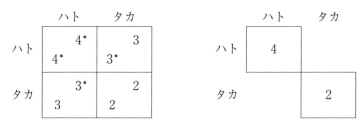

囚人の喜び　　　　　　双子の囚人

図16　双子によるプレー

したがって，この状況を図16の左側にあるような2人ゲームとしてモデル化するのは誤りである．正しいモデルは右側の1人ゲームであり，そこでは1人のプレーヤーが（ハト，ハト）または（タカ，タカ）を選び，前者では2+2，後者では1+1の利得を得る．4は2を上回るので，この1人ゲームの解は（ハト，ハト）である．

この推論はカントの定言命法のものである．よって，2人ゲームの分析に用いられると，それは時に「双子の誤謬」と呼ばれる．ここではしかし，ア

リスとボブは実際に双子であるから，これは誤謬ではない．

アリスとボブが一卵性の双子ではなく兄妹だったら何が起こるだろうか．優性遺伝子の場合，プレーされるゲームは図17の左側に示されている[3]．各利得は，囚人のジレンマにおいて対応する利得の半分に，相手が自分と同じ戦略をとる場合に得られる利得の2倍の半分が加えられる．この計算に半分が出てくるのは，突然変異を起こしたばかりの遺伝子が人間のきょうだい間で共有される確率が1/2だからである．第2項の利得が2倍されるのは，アリスとボブが同じ遺伝子を共有する，つまり実質的に双子である場合に相当するからである．

	ハト	タカ
ハト	3* / 3*	$2\frac{1}{2}$ / 2*
タカ	2* / $2\frac{1}{2}$	$1\frac{1}{2}$ / $1\frac{1}{2}$

遺伝子プレー

	ハト	タカ
ハト	3* / 3*	3* / $1\frac{1}{2}$*
タカ	$1\frac{1}{2}$* / 3*	$1\frac{1}{2}$* / $1\frac{1}{2}$*

学んだプレー

図17　きょうだいの競合

星印のついた利得が示すように，アリスとボブが兄妹である場合，協力が依然として均衡であるが，2人の血縁度がかなり下がるとそれが成り立たなくなるのは明らかであろう．実際，2人が従兄妹どうしとなっただけでバランスは覆され，再び裏切り合いが唯一の均衡となってしまうのである．

功利主義かカント主義か？　功利主義者とカント主義者はどちらも囚人のジレンマでは協力せよと主張する．前者はそうすることで効用の総和が最大化されるからと言い，後者は定言命法がそう述べるからと言う．ただし，外部からの強制が不可能な場合，どちらの立場もゲーム理論家に支持されることはない．なぜなら，両者とも，提示されている解から逸脱する誘因が個人に働くという事実を無視しているからである．

---

3) 劣性遺伝子の場合，もっと複雑な計算が必要である．

家族内でプレーされるゲームでは事情が異なる．アリやハチにあっては公益と私益が一致するとしたホッブズの発言は必ずしも正しくはなかったが，かなりいい線をいっていたのである．遺伝的にプログラムされた親族の目標はしばしば非常に似通っているので，よそ者どうしがプレーしたならば囚人のジレンマであったはずのゲームが変質し，協力のみが均衡として生き延びるゲームに変わるのである．

　この結果は，功利主義者とカント主義者双方の直観の源に光を投げかけると考えられる．彼らがそれぞれ挙げるような理由で所望の結果を手に入れるとしたら，それは世界が温かな家庭の拡大版にすぎない場合であろう．中産階級の自由主義者のほとんどは幸運にもそのような快適な家庭に生まれ育ったのである．そうであれば私たちは皆ひとつの大家族となるため，囚人のジレンマがよそ者たちの間でプレーされることには決してならないだろう．しかし，自然は私たちをそのように造ったわけではない．

7.5　均衡プレーを学習する

　前節では，遺伝的に戦略をプログラムされた親族どうしがゲームをプレーする時に，ハミルトンの法則をどのように修正する必要があるかを説明した．学習能力に限りのある植物や昆虫を研究する際にこの修正が必要なことは明白である．しかし，鳥類や哺乳類はどうだろうか．

　ある種のゲームで高等動物がプレーする戦略は明らかに遺伝的に決定されている――例えば，母親と胎児が母体の栄養分をめぐってプレーするゲームや，巣のなかのひな鳥たちがプレーする似たようなゲームなどである．しかし，人間がプレーする社会的なゲームにおいて戦略が遺伝的にプログラムされていることはほとんどない．

　私たちが均衡への道を見つけるのは，主に試行錯誤の学習や，よりうまくいっているプレーヤーたちの行動の模倣を通じてである．彼らは幾世代にもわたって確立されてきた伝統を伝えているかもしれないのである．時おり私たちは，少しばかり物事を考え抜いたり，書物からちょっとした洞察を得たりすることさえある．さらにまれではあるが，選択肢を冷静に検討した後に

均衡を意識的に選択することもあろう．しかし，均衡に達するこれらの方法に，ひとつとして生物学的なものはない．すべてがさまざまな種類の社会的・文化的な進化の例である．

プレーヤーがゲームの仕方を**学習**しなければならないという仮定は，親族間でプレーされるゲームの分析に重大な違いをもたらす．双子がゲームの仕方を学習しなければならないとすると，もはやアリスは，ボブが双子であっても彼女と同じ戦略をとると当てにすることができない．アリスが何をしようと，ボブは自分が学習してきた戦略をプレーするだろう．ハミルトンの法則は依然として適用されるので，私たちは囚人のジレンマの利得を修正して図16の左側に示されている囚人のよろこび型のゲームを手にしなければならないが，いまやこの修正されたゲームのナッシュ均衡を私たちの問題の解として間違いないのである．

同様に，アリスとボブが兄妹である場合，ゲームの仕方を学習しなければならないという仮定は，図17の左側のゲームを右側のゲームに取り替えるべきことを意味し，協力はかろうじて均衡として生き残る．血縁度がそれよりも下がると，裏切りだけが均衡となるようなゲームになるのである．

したがって，人間がプレーするゲームの研究のために私が提案している単純化のためのパラダイムには，生物学的な要素と文化的な要素の両方が含まれている．生物学的な考慮が，ハミルトンの法則に従ってゲームの利得を決定する．必要であれば利得表には個々の適応度ではなく包括適応度を書き込むのである．人々がゲームの仕方を学習しなければならないという事実が，このモデルの文化的側面である．この壮大な仮定を操作可能にするため，私たちは単純に新しいゲームのナッシュ均衡を計算する——プレーが遺伝的に決定される場合にはより洗練された作業が必要になるだろうという事実は無視するのである．

7.6 家族を拡大する

ハミルトンの法則を人間に適用する実験は先に触れたが，この調査は親友というものがほとんど兄弟か姉妹のような扱いを受けることも発見した．こ

れはさほど驚くべきことではないかもしれない．血を交えて友情を誓い合う2人の男を兄弟とする儀式は，いくつかの文化で独自に発生したのである．女性に関しては，姉妹のように結束を固めるという事実は当然と考えられているようである．

　この行動を理解するには，人々がどのように親族を認識するかを問う必要があるだろう．味覚や嗅覚でもって親族とよそ者の遺伝的な違いを知ることができるのだろうか．汗の染みたTシャツの匂いを嗅ぐように求められた女性は，自らのものとかけ離れたDNAの所有者への好みを示すらしいが，他の証拠によると，どんな匂いを魅惑的と認めるかの知識は学習されなければならない．例えば，伝統的キブツ〔イスラエルの国境近くに数多く点在し，主に農業を営む，原始共産主義的な生活共同体〕の共同保育所で一緒に育った子供たちは，遺伝的にどれほど距離があろうと，大人になって互いに性的な興味を示すことはまずない．したがって，私たちはあたかも，どれくらい一緒に時間を過ごしているかに基づいて他者との血縁度を推測しているかのように見える．こうして，アダムはいつも食事時にイヴの母親につきまとって懸命に気を引こうとしているという事実から，イヴはアダムが自分の兄弟であると推測するのである．

　この予想が正しいとすると，それは倫理の進化にとって重要な帰結をもたらす．つまり，家族内で利他主義を助長するメカニズムが，血縁関係にはないが非常に結束の固い個人からなる集団（戦闘状態にある軍小隊や街の若者ギャングなど）においても働き始めるかもしれないのである．そうした集団がプレーする仲間内のゲームでは，兄弟愛が空虚なメタファー以上のものとなり，実際，小さな身内集団のメンバーが互いにどのように関わり合うかをかなり詳しく説明するというのが私の推測である．

　このような拡大家族はどれほど大きくなれるのだろうか．ロビン・ダンバーによると，私たちの大脳新皮質は，大人数の個人間の社会関係を把握し続けるために必要な膨大な情報を処理することはできないので，物理的な限度が課されるという．彼はさまざまな証拠となる事例を示し，ここで議論しているタイプの代理家族の最大規模は150人程度を超えないものであろうと示唆している——これは狩猟採集共同体や軍小隊にふさわしい規模である．

7.7 心のぬくもり

　ジョン・レノンは，愛なんて簡単だというが，そんなことはない．すべての人を兄弟か姉妹のように扱う力量が私たちにあれば，公平性はさほど重要ではないだろう．実験室では逆のことが示されているとユートピア主義者は主張し続けるが，すでに見たように，囚人のジレンマのようなゲームに関する実験の場合，そのような主張は精査に耐え得るものではない．実例で繰り返し示されてきたように，被験者が経験を積むにつれて協力の発生率は低下し，やがてほとんど全員が裏切るようになるのである．

　ただ，実験結果は，利他主義の可能性が非常に限られていることを確認するが，同時に，人々はひたすら利己的であると主張する悲観的なエコノミストには異議を唱える．あらゆる人を自分の兄弟のように扱うことはできないかもしれないが，私たちのほとんどが，ほぼすべての人を親族か何かのように扱うことはできる．この現象の説明は容易に見つかる．私たちが進化を遂げた狩猟採集社会の集団では，ほとんど全員が実際に何らかの形で親族だったからである．

　意識の次元では激しい嫌悪感を抱いているような学校の同窓生や職場の同僚に対して，気がつくと奇妙な義理を感じている，といったことが起こるのはこのせいかもしれない．厄介な頼みごとをしてくるこの厚かましい人間はいとこかおばに違いない，と体が感じているのである．路上で物乞いと目が合っただけでも，親族であるかもしれない人を見捨てることに対してどういうわけか大きな心の痛みが生じるため，お礼の見込みなどまったくなくても，時々は小銭を渡す気になるのである．

　しかし，最後にもう一度強調させてほしい．見知らぬ人を遠い親戚のように扱う時に感じる心のぬくもりは，共有地の悲劇のようなゲームを，協力が均衡として創発するゲームに変質させるには不十分である．拡大家族の友人や隣人とゲームをプレーする際の事情が異なるとはいっても，私たちは見知らぬ人を家族のメンバーとして扱うようにはプログラムされていないのであって，あたかもそうであるかのようにして進められるユートピア的な企画から予期されるのは，災難以外の何ものでもない．

第 8 章
共感
Empathy

そして，何らかの力の恵みにより，
他人の眼で自分を見ることができたなら．

ロバート・バーンズ

8.1 共感型選好

アダムとイヴは原初状態を利用して公平判断を下す時，自らの社会的地位・役割を見えなくする無知のヴェールの背後にいると想像しながら，調整すべき均衡についての交渉を行う．交渉中はどちらのプレーヤーも，無知のヴェールの背後から出てくる時には等しい確率でアダムかイヴであると判明する，と考えている．

原初状態で利用可能な選択肢を評価するため，プレーヤーは，アダムやイヴであるということがいったいどういうことなのかをあらゆる状況について比較する必要がある．例えば，あるプレーヤーは，イチジクの葉を身にまとうアダムであるほうがリンゴを食べるイヴであるよりも好ましいと考えるであろう．このような選好は「共感型 (empathetic)」と呼ばれる．

こうした共感型選好を私的な選好から区別することは重要である．私たちは両種の選好を同時に持っていると考えられる．私的な選好が顕わになるのは，私たちが合理的な選択を行う時である．チョコレート・アイスクリームとストロベリー・アイスクリームが同じ値段である時に前者を買うのは，チョコ味をイチゴ味よりも好むということの表明である．ワーグナーのような音楽がかかっている時に耳をふさぐのは，騒音よりも静寂を好むことの表明である．

したがって，正統派の経済学で検討される取り引きはすべて私的な選好のみで説明可能である．とすると，社会を構成する人間が皆，共感型選好を表明できるのはなぜだろうか．共感型選好は何のためにあるのか．リンゴを食べるイヴではなくイチジクの葉を身にまとうアダムになることを選ぶのはいかなる人にも不可能である．私たちは皆，自分自身でしかあり得ないのであって，これは好みの問題ではない．原初状態で想定される状況は完全に仮説的なものである．想像においてのみ可能であり，現実世界では不可能である．

思うに，私たちが私的な選好に加えて共感型選好を有するのは，調整問題を公平に解決するために原初状態を利用する時に後者が入力として必要だからである．共感型選好にはその他の用途がないという私の大胆な仮説が正しいならば，共感型選好の処理に必要な，費用のかかる精神構造が「自然」によって授けられたという事実は，公平性が私たち人類の進化にとってきわめて重要であったに違いないということを示している[1]．

いずれにしても明らかなのは，共感型選好を理解しなければ，アダムとイヴが無知のヴェールの背後で交渉を行う場合にどのような合意に達するかを解明するための準備すらできないということである．

8.2 共感による同一化

アダムがイヴに共感するとは，彼がイヴの身になって，物事を彼女の視点で見るということである．人間にはもちろんこれが可能である．チンパンジーもまた互いに共感することができるようである．サルにはこれがまったく不可能であると言われている．私たちを他のほとんどの動物から区別するこのトリックは，いかにして可能となるのだろうか．

私たちは皆，自分自身に関する内部モデルを持っていて，自らの行為がもたらす可能性のあるさまざまな状況のもとで自分がどう感じるかを予測する

---

[1] 共感型選好が活用されるのは原初状態への入力としてのみであるという主張を評価する際には，以下のことを念頭に置く必要がある．すなわち，共感型選好を持つためには，仲間に共感できる以上の能力が人間に求められるのである．共感の能力が他のプレーヤーの行動の予測に役立つことはいうまでもない．

必要がある時,このモデルを走らせる.手足を切断した人が経験する幻肢の感覚は明らかにこれである.アダムがイヴに共感する時,彼の脳はおそらく彼自身のモデルを走らせるが,ただし彼ではなくイヴの私的パラメーターを利用するのである.

自閉症　私たちは一般に身近な人々に対してはいかにもたやすく共感するため,進化が私たちにもたらした贈り物がどんなに驚くべきものなのかに気づかない.自閉症の人々と交流するようになって初めて,他者に共感する能力を持たずに社会でやっていくことがどれほど難しいかを理解できるようになるのである.

　ある有名な実験で,自閉症の子が観察するなか,ボブが玩具を隠す.ボブが部屋を出ると,玩具は他の場所へ隠される.ここで自閉症の子は,ボブは戻ってきた時にどこを探すだろうか,と質問される.ボブは元の隠し場所ではなく新しい場所を探すだろう,という答えが返ってくる.この子は,ボブの視点で物事を見るのが困難であることを示しているのである.

　オリヴァー・サックスの『火星の人類学者——脳神経科医と7人の奇妙な患者』は,高度に知的な自閉症の女性の話を紹介する.彼女はデートに出かけるのがいかに苦痛であるかを説明する.なぜなら,エスコート役の男性の立場に身を置いて彼の発する合図の意味を理解する能力に恵まれていないからである.

　私たちが共感の能力を当然視するからといって驚くことはなかろう.というのも,神経科学の研究が示唆するように,私たちの脳内には,自閉症の人々が一般的な認知能力を駆使して必死に試みなければならない作業を自動的にこなす部位が存在するのである[2].しかし,自閉症患者の立場に身を置くことによって,共感することに固有の困難がいったん理解されると,共感による同一化の能力というものが人間の社会組織の核心にあることが明白に

---

[2]　進化心理学者は,あらゆる種類の技能に対して特別な部位が存在するということを確たる証拠なしに主張して部位の役割を誇張してきた,ということを私は承知している.しかし,脳内のある種の部位の構造については確かな証拠が存在する.顔の識別はこの文脈で重要な格好の例である.

なる．

共感と同感　思想史における気まぐれであろうか，人間の社会性にとって共感による同一化が持つ重要性が認識されるにはスコットランド啓蒙の時代〔18世紀〕を待たねばならなかった——しかもそれは，後に続いたイマニュエル・カントに始まる道徳哲学の暗黒時代において直ちに忘れられてしまったのである．しかしながら，デイヴィッド・ヒュームもアダム・スミスも今日の心理学者が行う共感と同感の区別を適切に理解していなかった．

　アダム・スミスが定義した同感は，現在ではむしろ共感と呼ばれるものに近いが，彼は後に自らの定義を忘れ，本書で使われているのとほとんど同じ意味であるかのように同感の考え方を用いた．この混同を避けることは非常に大切であろう．

　詐欺師であれば，老婦人に巧みに**共感**し，うまい話を持ちかけて彼女の生涯の貯蓄を手放すように説得することができるだろう．しかし，彼女から金を騙し取る時，この詐欺師は彼女に微塵も**同感**するわけではない．同感するとは，彼女の厚生を気遣う——彼女の後の苦痛を，部分的であれ，あたかも自分自身のものとして感じるということである．しかし，プロの詐欺師はそのような苦痛をまったく感じない．脆弱で高齢な女性であることがどんな気持ちなのかを想像できたとしても，彼はこうした仮説的な気持ちと自分自身の衝動や欲望を混同することはないのである．彼女の身になって彼女の視点で物事を見るのは，彼女の弱みにつけ込むためでしかない．したがって，彼は彼女に共感するけれども，同感はまったく抱かないのである．

　同じことができるようにならなければ，考え方の区別を維持できないだろう．なにも私は，皆が老婦人の年金を騙し取る準備に取りかかるべきだなどと言っているのではない．なんといっても，騙されやすい老婦人はそれほど多くない．私が言いたいのは，他者に共感する時に必ずしもその人の厚生を向上させようとする必要はない，ということであり，私たちはこれを認めるようにならなければいけない．そのような冷酷な企てに携わるからといって，反社会的だと感じる必要はまったくない．アガサ・クリスティの作品に登場する，常に礼儀正しいミス・マープルは，誰がやったのであれ，犯人の動機

に見当をつける時にはいつでもこうする，と述べている．

共感型および同感型選好　　共感する能力があるからといって，共感型選好を表明することが必ずできるというわけではない．後者の能力は，公平規範を用いて調整問題を解決する能力とともに，私たちが進化の過程で獲得したおまけである．しかしながら，共感が同感と同じではないように，共感型選好が同感型選好と同じではないという認識を持つことは重要である．

同感型選好は個人の私的な選好の一部である．ちょうど，アリスがいくらかお金を払ってアイスクリームを買いたいと考えるかもしれないように，彼女は自分の身近な人の便益のためにすすんで費用を支払う気になるかもしれない．適応度の問題のみを考慮するようにプログラムされた動物の場合，その費用を正当化するために必要な便益の大きさはハミルトンの法則が教えてくれる．

共感型選好は個人の私的な選好の一部ではなく，同感型選好はそうであるから，両者は同じ範疇の存在ですらないことになる．ただし，混乱が生じるのもやむを得ないかもしれない．というのも，結局は構造が似ているからである——これは共感型選好と効用の個人間比較との関係がいったん確立されれば明らかとなるだろう．

8.3　効用

効用の個人間比較に関するジョン・ハーサニの理論を簡略化した形で紹介する前に，経済学に携わる者たちが伝統としてこよなく愛する特殊な言葉遣いを吟味し，誤解を解いておく必要がある．

所有物を比べるのか？　　伝統的な経済学者は，効用の個人間比較というテーマについて重度の統合失調症を患っている．厚生経済学の授業では，異なる人々が得ている効用の水準を比べることができるという考え方は当然視されているので，それがいかにして可能であるかの説明の必要性を感じる者はいない．しかし，同時に隣りの教室ではミクロ経済学の学生に対して，効用

の個人間比較というのは明らかに馬鹿げており，不可能であって，その理由の説明は不要である，ということが教えられているのである．

　効用の個人間比較が実際に不可能であるとしたら，効率性への配慮に関心を限定しない厚生比較は，貨幣のような物理的な財の観点でなされなければならない．この種の理論で最も人気のある——まるで教義のように学部生に教えられている——ものによると，社会厚生とは政策が生み出す「経済的余剰」のドル換算価値である．なぜ経済的余剰であって，他の無数にある候補ではないのだろうか．それは，経済的余剰の最大化こそ完全競争市場が無制限に機能する時に起こることだからである．

　この不誠実な議論が市場の機能をまるで社会的に最適であるかのように見せるのは，追加的な１ドルが誰に与えられようとその価値は等しいという仮定が滑り込んでいるからにすぎない．しかし，私たちのほとんどは，富裕層向けの税制優遇措置よりも貧困層の窮状を緩和するために税金が使われることを望むだろう．私たちはなんと愚かなのだろう，という反応が聞こえる．効率的な結果を生むには不平等が必要であるということを知らないのだろうか．私はそのようなことは寡聞にして知らない．むしろ逆であって，公平規範は生の繰り返しゲームの効率的な均衡のなかから選択を行うために進化してきたのだと考えている．よって，公平性と効率性との間で何らかのトレードオフが必要であるという考え方はまったく意味を成さない．

　こうした議論にここで触れたのは，単に以下のことを強調するためである．すなわち，個人間比較の尺度を判断する基準は，市場の全面的な利用を支持するように見えるか否かであってはならないのである．しかしながら，はるかにまともな別の論法が存在する．その主張によると，財の割り当てが公平であるとみなされるのは，他人に割り当てられた財の束を羨望する者がいない時である．つまり，自らの所有物を他の誰かのものと交換したい（すれば得になる）と考える者がいない時である．

　この無羨望基準の不備な点を見ると，**効用を比較せざるを得ない理由**が明らかになる．アダムを羨む時，イヴは彼の持ち物を所有することを想像するだけでは不十分である．彼女はアダムに共感する必要がある．自分の分け前と彼のものを比較する時，イヴは**彼の立場に立って彼の所有物を手にしてい**

ると想像しなければならないのである．たとえイヴが貧しくアダムが裕福であったとしても，アダムが救い難い重度の鬱病に悩まされているとしたら，イヴは彼を羨むことはないであろう．彼女は文字通り 100 万ドルを積まれても，彼と立場を入れ替わりたいとは思わないはずである．

顕示選好　19 世紀初頭，ジェレミー・ベンサムとジョン・ステュアート・ミルは幸福を測定するための概念的な単位を表すために**効用**という語を用いた．しかし，関連するニューロンが火を放つ回数を数えるなどして誰かが科学的な幸福の単位を発明したとしても，それが現実にアダムとイヴの主観的経験の相対的な激しさについて何か真に意味のあることを教えてくれるのだろうか．

この疑問に対する歴史的な答えはノーである．事実，答えがイエスであるかもしれないという考えを嘲笑うことに研究生活のすべてを捧げるような学者までいた．しかしながら，彼らの危なっかしい議論が当てはまるのは「快楽または苦痛としての効用」のみであるということを皮肉屋たちは間もなく忘れ，不注意にも効用のあらゆる概念を酷評するに至った．幸運なことに，同時代の経済学者たちが効用の測定は馬鹿げた試みであると考えていたことをジョン・フォン・ノイマンは知らなかったか，もしくは気にしなかった．そこで，彼はためらうことなくある 1 日の午後を費やし，いまや現代経済学のほとんどの分野の強固な基礎となった効用の理論を考案したのである．

60 年以上を経た現在でも，批判者たちはライオネル・ロビンズのような皮肉屋を引用して効用の測定は不可能であるという趣旨を述べるが，経済学関係者がとうの昔にベンサムやミルの素朴な心理学的アプローチを放棄したことに気づいていないようである．しかしながら，現代の効用理論は私たちの脳が効用を生み出す小さな機械であるなどと主張するどころか，私たちの行動の原因について**何ひとつ前提しない**のである．

とはいえ，経済学者は私たちの思考過程が行動と何の関係もないと信じている，というわけではない．私たちは人間があらゆる種類の動機に左右されることを百も承知である．賢い者がいれば，愚かな者もいる．ある者は金銭がすべてだという．他の者は塀の外側にいられるだけでよいという．なかに

は，赤ん坊が泣くのを見るくらいなら自分の持ち物を売り払ってでも援助するという聖人のような者までいる．人々が限りなく多様であることは認めるが，その無限の多様性を統一された理論にうまく取り込むためには，人々の頭のなかで何が起きているのかについて憶測を弄ぶことは許されない．むしろ私たちは，観察される人々の行動だけに注目する．

したがって，現代の効用理論はそもそもアダムやイヴの行動の**動機**を説明しようとはしない．説明のための理論の代わりに，私たちは記述のための理論で満足しなければならない．後者にせいぜい言えるのは，アダムやイヴが過去にあれこれの行動をとり，将来しかじかの行動を計画しているとすると，2人の行動は整合性に欠ける，ということくらいである．このしくみは第4章で，仮定により利得がこの「顕示選好」理論に従って決定されるような囚人のジレンマの分析において示された．

整合性としての合理性　　オスカー・モルゲンシュテルンはある日，フォン・ノイマン宅を訪れて，共同執筆中のゲーム理論の本における利得が適切な基礎を持たない，と不平を漏らした．そこで，フォン・ノイマンは，合理的な人があるものを欲する程度を測るため，それを入手するために冒してもかまわないリスクの大きさを用いる理論を直ちに考え出した．批判者は時々，リスクをとることに対する人の態度は公平性とは無関係であるとこぼすが，旧約聖書の箴言にあるように，争いごとにけりをつけるのはくじである．

フォン・ノイマンの合理性の仮定は，人々の意思決定に整合性を求めるにすぎないが，その結論は驚くほど強力である．誰であれ，リスクのある状況で整合性のある選択を行う者は，観察者の眼には，まるであるものの期待値の最大化を目指しているように見えるのである．第4章で説明したように，この抽象的な「あるもの」を本書では**効用**と呼ぶ．その期待値を最大化するとは，単にそれが平均して最大となるような行為を選ぶということである．

哲学者はある種の効用関数が他のものよりも合理的だと主張することがあるが，経済学者はデイヴィッド・ヒュームにならって理性を「感情の奴隷」として扱う．よって，どんな目的であれ，整合性を保って追求するならば，非合理的ということには決してならない．ヒュームがいみじくも述べたよう

に，自分の親指にかすり傷を負うよりも全宇宙が崩壊したほうがましだと考えても**非合理的**ではない．なぜなら，合理性は目的ではなく手段に関するものだからである．

　ゲームにおけるプレーヤーの選択は整合性を持つと仮定するのは理にかなうだろうか．心理学実験室からの証拠はあまり励みにならない．そこで，行動経済学者たちはフォン・ノイマンとモルゲンシュテルンの理論がデータによりよく適合するように修正を試みたが，たいして成功しなかった．この方面での多大な努力の結果をあえて要約するならば，オリジナルの理論は実験データにそれほどうまく適合するわけではないが，これまでに提示されてきた競合する他の理論のどれよりも全体としてはうまく適合する，と言える．しかしながら，プレーヤーの選択は常に整合性を持つという正統派の仮定のもとで話を進めるにあたってより強い動機づけとなっているのは，首尾一貫して自己の複製を進める遺伝子やミームは，そうでないものに比べて生き残りやすいだろうという考えである．

効用単位で測定する　　リスクを伴う複数の見通しのなかからアダムが行う選択について十分なデータがあれば，彼の効用関数を見いだすのは容易である．2つの結果 W と L を，それぞれ議論に必要ないかなる結果よりも好ましいもの，厭わしいものとする（W と L は，それぞれ望み得るすべてを手に入れること，すべてを失うことと考えられる）．これらの結果は温度計に目盛りをつけるために使われる沸点と氷点に対応し，新たに設定される効用の物差しは L に効用単位 0 を，W に 100 を割り当てる．

　ここで，アダムがイチジクの葉を手にする効用を知りたいとしよう．そのため，（無料の）宝くじが多数あり，賞品は W か L であると考える．アダムがイチジクの葉の代わりに宝くじで W を当てる確率をしだいに上げていくと，宝くじの提供に対する返答をノーからイエスへと切り替える時がいずれやってくる．彼に切り替えを決断させる宝くじで W の当たる確率が 75% の場合，フォン・ノイマンとモルゲンシュテルンの理論は，アダムにとってイチジクの葉は 75 効用単位に相当するという．したがって，イチジクの葉と宝くじが無差別となる当たりの確率が 1 パーセント上昇するたびに，1 効用

単位が追加されることになる．

気温の測定の場合と同じく，もちろん私たちは設定する効用の物差しの零点と単位を自由に選ぶことができる．例えば，32効用単位を L に，212効用単位を W に割り当てることもできたのである．その場合，この新しい物差しでイチジクの葉が効用何単位に相当するかを知るためには，セ氏をカ氏に変換するのと同じ方法を用いる．古い物差しで75効用単位に相当したイチジクの葉は，新しい物差しでは167効用単位に相当する．

人の効用が物理的なものに対応する必要はないが，仮に対応するのであれば事態ははるかに単純である．イヴが一貫して平均的にできるだけ多額の金を手にしようとしているのであれば，1効用単位が1ドルに対応するような効用の物差しを選ぶことができる．ある動物が期待適応度を最大化するように進化してきたとすると，1効用単位が次世代における追加的な子1個体に相当するように効用の物差しを選ぶことができるのである．

食べ物を分ける　　第2章の待ち合わせゲームの結果が効用単位で評価された時，効用単位が何であるかの説明はしなかった．以下の例ではこの欠点に対処するため，プレーヤーの効用が何を意味するかに焦点を当ててナッシュ交渉解を導く．

アリスとボブは空腹でしかたがないが，食べ物といえば小さなウサギを1匹，親切な狩人からもらっただけで，どのように分けるか両者が合意するという条件つきである．プレーヤーが公平性を考慮することなく対面交渉すると，ウサギはどのように分けられるだろうか．

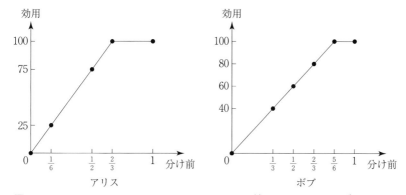

図18 フォン・ノイマン＝モルゲンシュテルン効用。アリスとボブそれぞれのニーズは、ウサギの一定の分け前への請求権を維持するために引き受けるリスクの程度に基づいて測定される。このリスクを評価するため、問題となっている一定の分け前を確実に手にするのと、1匹丸ごとを手にするか否かというくじとの間でプレーヤーが無差別となる時点を見つけ出す。このくじでプレーヤーがウサギを丸ごと手にする確率が、この分け前の効用としてプロットされる。

　図18は、受け取る可能性のある分け前に対して、アリスとボブがそれぞれどれくらいの効用単位を割り当てるかを示す．例えば、アリスのグラフが示すように、彼女はウサギの2/3を提示されるのであれば、丸ごとを手に入れるチャンスのために手ぶらに終わるリスクを冒す用意はまったくない．他方でボブは、確実な2/3のウサギと引き換えに、8割の確率で丸ごとのウサギが手に入るが残りの2割は手ぶらに終わるという賭けをしてもよいと考えている．同じことは、この賭けで丸ごとのウサギが5/6のウサギに入れ替わったとしても言える．なぜなら、ボブには5/6を超える分け前を狙って手ぶらで終わるというリスクを冒すつもりはまったくないからである．

　第2章で触れたナッシュ交渉解を利用して、アリスとボブの交渉問題を解こう．交渉決裂点Dで両プレーヤーが得る利得はともにゼロである．実現可能な利得の組の集合Xは、図19の左側に示されている．例えば、両者はアリスがウサギの1/3を、ボブが2/3を受け取るという合意に達することが可能である．アリスはこの取り決めから50効用単位を、ボブは80効用単位を得る．よって、利得の組（50, 80）は実現可能集合内の点である．

第8章　共感　　183

この問題のナッシュ交渉解が得られるのは，アリスとボブの効用の積が最大となるような実現可能集合内の結果においてである．少し計算すれば確かめられるように，結果がそうなるのはアリスの割り当てる効用単位が75，ボブのそれが60の時である．この非常に単純な場合，2人はウサギを折半してそれぞれの利得を得るのである．

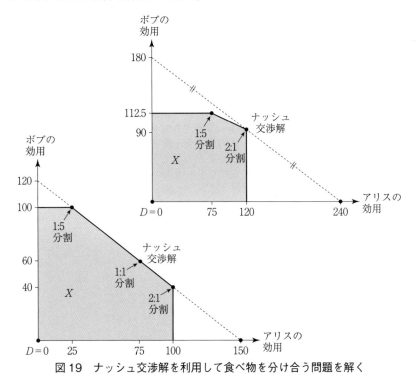

図19 ナッシュ交渉解を利用して食べ物を分け合う問題を解く

図19の右側の図形は，アリスとボブがきょうだいである場合に，実現可能な利得の集合がどのように変更されるべきかを示す[3]．すると，ナッシュ交渉解は120効用単位をアリスに，90単位をボブに与える．したがって，アリスとボブがきょうだいであるという事実により，両者の合意はウサギの折半から，アリスがボブの2倍の分け前を手にする分け方に移るのである．

---

3) ここでの利得は適応度に一致しなければならない．ハミルトンの法則が適用されるからである．

8.4 効用の個人間比較

効用の尺度の零点と単位の選択に確たる根拠はないため，フォン・ノイマン＝モルゲンシュテルン効用を個人間で比較するのは不可能である，と一般には言われている．しかし，これは明らかに誤りである．なぜなら，アダムとイヴに対して異なる効用尺度を選び，さらに例えば，アダムはイチジクの葉を与えられると彼の尺度で75効用単位を，イヴは彼女の尺度で167効用単位を得る，と述べることには何の支障もないからである．こうして得られる基準によれば，イヴの得る便益はアダムのそれの2倍をわずかに上回ることになる．

というわけで，問題は個人間比較が不可能であるということではまったくない．逆に，それは無数の方法において可能なのである．例えば，2人の人間がどちらも平均してできるだけ多くの金を手に入れようとしている場合，1効用単位の追加が1ドルの追加に対応するような効用尺度を両者に割り当てることができるだろう．しかし，一方が億万長者で他方が物乞いであったとしたら，それぞれに1ドルを追加的に与えることに違いはない，と言うことにいったいどんな意味があるだろうか．問題は，アダムとイヴの効用単位を比べる**何らかの**方法を見いだすことではなく，人々が有意義であるとみなす方法の特徴を明らかにすることである．そうでなければ，ジェレミー・ベンサムが鋭くも指摘したように，私たちはいつの間にかリンゴとナシを足し合わせることになる〔異なる種類のものを足し合わせることに意味はないという指摘〕．

この問題の半分は自動的に解決する．いかなる交渉問題においても，現状というものはプレーヤーのための有意義な共通の効用尺度を確立するために必要な2つの基準点のうちの1つを常に提供する．したがって，交渉の文脈においてアダムとイヴの効用**水準**を比べることに問題は生じない．しかし，いかにして2人の効用尺度の**単位**を比べることができるだろうか．

頭のなかへ　いよいよ，ハーサニにならって正統派の効用理論を共感型選好に適用する時が来た[4]．プレーヤーが公平基準を用いて均衡選択問題を解

第8章　共感　　185

決する際には常に共感型選好が明示されることになる．

　アダムとイヴに関して整合性のある一連の共感型選好を表現することは，アダムとイヴの効用単位の交換比率を決定することに他ならない．これを示したのがハーサニの貢献であった．パンドラは気づいていないかもしれないが，彼女の共感型選好は効用の個人間比較を行うための基準を暗に決定しているのである．

　本書ではお馴染みのように，ハーサニの議論も呆れるほど単純である．議論はパンドラの共感型選好に関する2つの仮定に依存する．第一の仮定は，それらが整合性を持つことである．すると，フォン・ノイマンとモルゲンシュテルンの理論により，以下の方法で彼女の共感型選好を記述することができる．つまり，彼女が評価しなければならない可能性のある出来事——例えば，アダムがイチジクの葉を，またはイヴがリンゴを手にすることなど——のそれぞれに対して，適切な数の効用単位を割り当てるのである．

　パンドラの共感型効用関数は，暗に選好をアダムとイヴの属性であるとする．例えば，イヴがリンゴではなくイチジクの葉を手にすることに対してパンドラがより大きな効用を割り当てるとしたら，パンドラとしては，イヴにとってイチジクの葉を身にまとうほうがリンゴを食べるよりもよい，ということである．しかし，イヴは同意しないかもしれない．だとすると，パンドラはイヴに共感する試みに失敗したことになる．彼女はイヴの立場に身を置いてイヴの視点で物事を見ようとしたけれども，人々にとって何がよいかについて自分自身が抱いている考え方が邪魔をして，イヴにとって何がよいかに関するイヴ自身の判断に思い至らなかったのである．

　ロンギノスが言い伝える以下の会話は，意外にもアレクサンダー大王がこの点に関する権威であることを示す：

　　パルメニオ：私がアレクサンダーであったら，この条約を受け入れるだろう．

　　アレクサンダー：私がパルメニオであったら，そうするだろう！

　アレクサンダーの指摘は，ペルシャからの和平提案の受諾の是非を考慮す

4）　共感型選好を最初に研究した哲学者パトリック・スッピスは，これを拡張された同感による選好（extended sympathy preferences）と呼んでいた．

る際に，パルメニオはアレクサンダーになりきれていないということである．パルメニオはアレクサンダーの立場に身を置くが，自分自身の選好を維持している．しかし，仮にパルメニオがアレクサンダーであったとしたら，アレクサンダーの選好を持つはずだろう．

ハーサニの第二の仮定は，パンドラがイヴの立場に身を置いてイヴの視点で物事を見る時，パルメニオの過ちを犯さないというものである．パンドラは，もし自分がイヴであったならイヴの選好を持つだろうということを認める．よって私たちは，パンドラが高い共感能力を有し，イヴの望みを熟知していると仮定する．加えて，パンドラは他人にとって何がよいかをその人自身よりもよく知っていると思い込むようなおせっかいではない，ということも仮定する．

後者の仮定は，ジョン・ステュアート・ミルのような旧式の功利主義者のアプローチやアマルティア・センのような現代の温情主義者とは相容れない．ただし，私たちの目的は均衡選択問題を解決するために公平性がどのように進化してきたかを説明する理論の構築にあるということを忘れてはならない——プレーヤーたちが自らプレーしていると考えているゲームとは異なる調整ゲームを解く理論を考案したところで意味はないのである．

したがって，批判の矛先は人々が相互に十分理解し合っているという，もうひとつの仮定でなくてはならない．おそらくはこの点での失敗こそほとんどの調整決裂の原因であるから，この仮定が設けられる唯一の言い訳は，より現実的なものを組み込んだモデルは複雑すぎて分析できないだろう，というものである．

効用単位のトレードオフ　　いったんハーサニの仮定が置かれれば，彼の結論は，同じ選好に対する2つの効用尺度はセ氏とカ氏の関係と同じようなものであるという事実から導かれる．したがって，パンドラがアダムのものと考える効用尺度は，そのような形で，アダムが自分自身で用いている効用尺度に関連づけられなければならない．パンドラがイヴのものと考える効用尺度についても同じことが言える．

図20はこの結論を描いている．原初状態において，パンドラはSのよう

な点で表現されるさまざまな社会契約を考慮する．アダムが社会契約Sから得る私的な効用は，彼の私的な効用尺度で読み取ることができる．同様に，イヴにとってのSの私的効用は，彼女の私的な尺度で読み取れる．パンドラは2つの共感型尺度を手にしており，一方は彼女がアダムであった場合にSから享受する彼女の効用を，他方は彼女がイヴであった場合にSから享受する彼女の効用を，それぞれ表示する．社会契約Sにおいて，パンドラが自分は等しい確率でアダムあるいはイヴと判明するだろうと考える場合，パンドラによるSの総合的な評価は，これら2つの共感型効用の平均である．

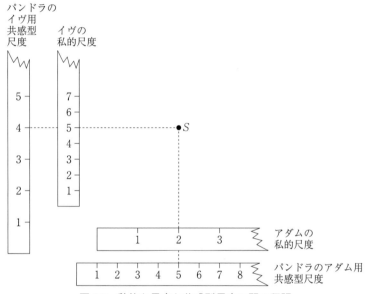

図20　私的な尺度と共感型尺度の間の翻訳

図20において，アダムの私的な尺度の単位（目盛り）は，パンドラのアダム用の共感型尺度の単位の2倍である．したがって，アダムの尺度の1単位は，パンドラの尺度では2単位に相当する．よって，パンドラがアダムの私的効用単位を評価するには，それを2倍するのである．イヴの私的な尺度の単位は，パンドラのイヴ用の共感型尺度の単位の半分である．したがって，イヴの私的効用単位を評価する際，パンドラはそれに1/2を掛ける．そして，原初状態において，パンドラはまるでこれらの2つの私的効用の加重和を最

大化するかのように意思決定を行う[5]．すなわち，彼女の意思決定はあたかも功利主義者のようであり，2つの加重の比に等しい比率でアダムとイヴの私的効用単位を交換するのである．図20ではこの比率は4であり，彼女がアダムの効用1単位をイヴの効用4単位と同じ価値であるとみなすことを意味する．言い換えると，パンドラのイヴ用の社会指標はアダム用のそれの4倍である．

　例えば，アダムとイヴは一貫して自らが獲得する貨幣の期待値を最大化するような行動をとる，と考えてみよう．そこで私たちは，1効用単位が10ドルに相当する効用尺度をアダムに，それが10セントに相当するものをイヴに，それぞれ選ぶことができるだろう．これらの効用尺度を固定した後に，パンドラの共感型選好を吟味して彼女がアダムの効用単位をイヴの効用単位と交換する比率を見つけ出す．もしかしたら彼女はアダムの1効用単位がイヴの10効用単位に値するとみなすことになるかもしれない．この評価は多くの事項を考慮に入れることができる．誰が豊かで誰が貧しいか．年老いているか若いか．男性か女性か．病気か健康か．賢いか愚かか．強いか弱いか．内部者か外部者か．分配すべき余剰に誰がどれだけ投資したか．どれほどの努力が必要であったか．血縁度はどれくらいか．

　関連する可能性のある要因のリストが延々と続くのは明らかであるが，パンドラが重要であるとみなすものはすべて1つの交換比率に集約することができる．もちろん，屋外の気温の測定を力氏からセ氏に切り替えるならば，屋外から室内に入るとどのくらい暖かいかの予測も変えなければならないように，イヴの効用単位を10セント白銅貨で測るのを止めて5セント白銅貨で測り始めれば，交換比率は10から20に切り替えなければならない．

見込みの違い　　ここでひとつコメントしておこう．パンドラは原初状態で自らがアダムあるいはイヴと判明する可能性は五分五分であると考えているが，この仮定は議論の行方をほとんど左右しない．アダムと判明する見込みとイヴと判明する見込みが異なるだろうとパンドラが考えるケースを，ここ

---

[5]　彼女の完全な共感型効用関数は，実際にはこの和を2で割って定数を加えて得られる．しかし，定数は各社会契約 S に共通なので，ここでは無視することができる．

で検討したケースに還元するには，単に彼女の用いる加重に適切な数を掛ければよい．例えば，アダムと判明する見込みのほうが2倍高いとパンドラが考えるのであれば，彼女がアダムの私的効用に割り当てる加重を2倍した後は，以前のように続ければよいのである．

ハミルトンの法則との比較　以上で見てきたように，パンドラは原初状態において功利主義者のように意思決定を下す．ハミルトンの法則もやはり功利主義の形式をとるが，これは偶然とは思われない．唯一の違いは，ハミルトンのほうでは生物学的適応度が私的効用に取って代わり，加重はアダムとイヴの血縁度によって決まるということである．

　これは重要な発見であると私は考えている．なぜなら，これによって共感型選好の創発に至る進化の可能性が開かれることになり，「自然」は既存の構造を徐々に適応させていく修繕屋であって，魔術師の帽子から出てくるウサギのような前途有望な怪物を生み出すものではないのだ，ということが理解されるからである．

　原初状態を用いて公平判断を下す時，イヴはある仮想の個人の立場に身を置く．この個人のことを私たちはパンドラと呼んできたが，彼女は自分がアダムであるかイヴであるかを知らない．この状況で自分に利用可能な選択肢を評価するため，彼女は自らの共感型選好に訴える．しかしここにおいて，承知のとおり，彼女はアダムが親族である*かのように*振る舞うのである．

　「自然」の教えにより，私たちの祖先がすでにハミルトンの法則に従って親族を評価していたと仮定すると，彼らはよそ者を親族であるかのように扱うことを自然から学びさえすれば，原初状態の目的にかなった．つまり，進化は既存のメカニズムを修繕するだけでよかったのである．

　それでもまだ私たちは，原初状態という装置自体を有望な怪物として扱うことなく，その出現を説明する必要があるが，これは次章の論点である．

8.5　共感型選好の進化

　効用の個人間比較に関するハーサニの理論を紹介するにあたり，私たちは

ある大きな問題を先送りにしてきた．ハーサニの仮定のもとで，アリスの共感型効用関数はアダムの効用単位がイヴのものと交換される比率を決定する．しかし，ボブの共感型効用関数による交換比率がこれと違ったらどうするのだろうか．

ロールズとハーサニの双方が主張していることであるが，個人間比較がどのように行われるべきかについては，実際のところ私たち自身の社会契約において広範な意見の一致が見られる．私の印象も同じであるが，なんら確たる証拠を示せるわけではない．ある種の「理想的な観察者」を持ち出して個人間比較をそれとなく委任してしまうような哲学者は，おそらく同じ直観を抱いているのだろう——ただし，異なる時代や場所に生きる哲学者たちがなぜ異なる「理想的な観察者」を持ち出すのか，自問しているようにはまったく見えない．アダム・スミスの「不偏の観察者」でさえ，今日ではかなり偏っているとみなされるだろうに．

いったいなぜそのような意見の一致が存在すべきだろうか．意見の一致があるとすれば，どのようにして人々は個人間比較のひとつの基準を共同で採択し，無数にある他の可能性を排することになったのだろうか．

社会的進化　個人間比較の基準は多くの点で言語に似ていると私は考える．ちょうど，何らかの言語を話すことが人間の遺伝的資質の一部であるように，私たちは個人間比較の基準を操作するように生まれついているのである．しかし，私たちが話す特定の言語と利用する個人間比較の基準は文化の産物である．したがって，言語と同様に，個人間比較の基準は利用される状況によって異なる．さらにそれは，言語と同じく，社会的進化の圧力に応じて時とともに目に見えて変化するのである．

子供は成長するにつれて生まれ育った文化に同化するが，それは主に周囲の人々を模倣する自然な性向の結果である．この進化の過程における共感の役割は，他の場面に劣らず重要である．人間の子が生後に習得した行動を効果的にこなすのは，手本とする行為の背後にある目的を理解する先天的能力が進化の過程で備わったからに違いない．この能力は類人猿において幅広く観察されているが，サルには見られない．よって，サルは従来考えられてい

たような模倣能力をほとんどあるいはまったく持たないという実地調査の発見は，この理論にとって心強いものである．「猿真似」は明らかに都市伝説のひとつにすぎない．

　他者の行動の理由を理解できるチンパンジーやイルカなどの動物には心の理論が備わっている，と進化心理学者は言う．人間の場合，経済学者に言わせると，子供は顕示選好と信念に関する内的な理論を持つようになるおかげで，他者の将来の行動をある程度予測できるだけでなく，現在の行為の動機も理解できるのである．こうして，意識的であろうとなかろうと，子供は以下のように推論することができる．まず，うまくいっている男が特定の行動をとるところを見たとしよう．すると，その子の選好と信念が，その男のもの（であるとその子がいま考えるもの）に似ているならば，将来しかるべき時にその男を手本とすれば，その子もうまくいくかもしれない．

　子供が観察する社会現象のひとつに，原初状態の装置を利用して公平な妥協が達成される状況がある．もちろん，子供が原初状態の装置をありのままに認識する可能性が低いことは，アダムとイヴがこの装置を用いて誰が何枚皿を洗うかを決める時と同様である．代わりに，子供たちは関連する行動様式を単純に手本とする．その過程で，一連の共感型選好と，調整ゲームで均衡を選択する時にそれらの選好に訴える習慣を獲得するのである．

共感均衡　私は共感型選好を主に模倣によって増殖するミームとして扱う．アダムとイヴが公平性を用いて調整問題を解決する時，2人の共感型選好は共有知識であると仮定される．この場合，ある特定の共感型選好を持つ利得は誰の目にも明らかとなる．

　人々がより高い利得をもたらす選択肢を求めて共感型選好を時々変えるとしたら，私たちは進化の過程を目にしていることになるが，これが止まるのは根底にある進化ゲームのナッシュ均衡に到達した時のみである．この場合，根底にあるゲームのプレーヤーたちがとる戦略は，個人間比較のための異なる基準の（おおむね無意識な）選択に対応する．**共感均衡**が成立するのは，この進化ゲームのナッシュ均衡に到達する時である．そこでは，現行の基準から，他者が採用していると見られる基準に切り替える誘因を持つ者が皆無

となる.

　共感均衡は，ある特定の個人間比較の基準を人々に採用させるに至った社会の文化・歴史というものを要約してカプセルに包んだもの，と考えることができる．確かに，この歴史は研究対象の社会で権力が分配される方法に左右されるだろうが，私たちはこの種の困難をすでに数多く耐え忍んできた．

　あえて困難な道を行く見返りとして，私たちは正統派の道徳哲学がなんら実のあることを言えない2つの問題に対し，定型化された答えを与えることができる．

　問題：いかなる個人間比較の基準を研究すべきか？
　回答：共感均衡において戦略として現れるものを．
　問題：どんな場合に基準について意見が一致すると考えてよいか？
　回答：関連する共感均衡が対称的である場合．

　さまざまな方法で共感均衡という概念を操作可能にすることができる．結局，大雑把な形式を使うか洗練された形式を使うかに関係なく，同じ答えを得ることがわかる．ここでは，より分析が困難で批判者を挑発しにくい後者を紹介しよう．

　一組の共感型選好が共感均衡であるかを調べるため，各プレーヤーに以下の質問をする．

　あなたの共感型選好が，何であれあなたにとって都合のよいものであるように，すべての人を騙して信じさせることがあなたに可能であると想定しよう．**あなたが実際に持っている**共感型選好に照らして，あなたにはこのような詐欺行為を**原初状態において**行う価値があるように見えますか？

　共感均衡であるための正しい答えはノーである．

　大雑把な形式のほうは，第二文で「共感型選好」を「私的選好」とし，太字の部分を省略すればよい．どちらの方がふさわしいかは，公平性が問題と

なる取り引きにおいて誰がどれほどを手にするかを第三者がいかに評価するかに依存する．

アリスが観察するなか，イヴは原初状態の装置を用いてアダムとの調整問題の解決を図っているとしよう．この場合イヴは，イヴの共感型選好を持つ仮想の人物パンドラに共感するが，無知のヴェールの背後から現れ出る時にアダムあるいはイヴとなる可能性は五分五分だと考えている．アリスは誰に共感するのか．彼女が共感の鎖を伝ってパンドラを経由することなく常にイヴに共感すると仮定すれば，私たちが注目するミームはプレーヤーの**私的な**選好に従って増殖するだろう．ここでは大雑把なほうの共感均衡が当てはまる．もしもアリスが，パンドラは仮想の存在にすぎないのだという思いで我に返ることなく，常に鎖を伝ってパンドラを経由する場合，ミームの増殖はプレーヤーの**共感型**選好に従うことになる．この場合は洗練されたほうが当てはまる．

私の推測では，これらの可能性には何らかの混乱が付き物であって，私的選好と共感型選好の双方が重要ではあるが，その詳細をはっきり示すのは非常に難しい．したがって，大雑把なほうと洗練されたほうの共感均衡の両者が同じ結論に達するというのは幸運である．

対称性 誰もが同じ調整ゲームをプレーし，自分以外の全員を模倣のための潜在的な手本とするような社会で共感型選好が獲得されるとしたら，根底にある進化ゲームの対称的な共感均衡のみが，進化過程の最終結果の候補たるにふさわしい．非対称的な共感均衡はどれも議論に無関係なものとして無視することができる．

しかし，社会がカーストや派閥に分裂している場合はどうであろうか．例えば，伝統的な社会は男と女に異なる役割をあてがう．アリストテレスの社会は市民と奴隷を区別し，封建社会は家柄の良い者とそうでない者を区別した．私たち自身の社会では，十代の子供と老人は異なる種族のように見えることがある．

こうした不均質な社会では，文化の進化は異なる集団で別々に生じるはずであり，非対称的な共感均衡が出現するかもしれない．とすると，対称的な

均衡だけが存在できるという発見がなされるとしたら，それは重要である．というのも，そのような発見は，すべての異なる集団が同じ個人間比較の基準を共有していることを意味するからである．

　しかし，だからといって，異なる集団に属する人々の価値が等しいとみなされるわけではない．確かなのは，誰もが価値の基準に同意したということだけである．貴族社会では，下層階級の人々でさえ，自らには価値がないとみなされることを正当かつ当然であると一般に受け入れるのである．

第9章
黄金律
The Golden Rule

> 単純なものだ，この黄金律というのは．しかもそれだけで十分なのだ．経済学や適者生存説がそうでないと言うなら，そんなものはくたばればいい．
>
> ジャック・ロンドン『どん底の人びと』

9.1　いにしえの賢人たち

　原初状態という装置が，これを初めて耳にするほとんどの人の心の琴線に触れるのはなぜだろうか．それは，日々の調整問題の解決のために日常的に利用される公平規範の深層構造を，私たちがそこに見て取るからであろう．この深層構造は人類に普遍的な特性であり，私たちの遺伝子に組み込まれているのではないかと思われる．この推測を裏づけるものがあるだろうか．

　わかりやすい出発点として，原初状態は遍在する黄金律に手を加えて精緻化したものにすぎないという言説を検討しよう．それは，黄金律：

　　あなたがしてもらいたいことを人にしなさい

に対する以下の反論に応答するものである．

　　あなたがしてもらいたいことだからといって，これを人にしてはならない——人の好みはあなたと同じではないかもしれないから．

　アダムは夜明け前にたたき起こされて，冷たいシャワーを浴びてから10マイル走るのが好きである．イヴはもっと遅い時間にゆっくり起きてから，

コーヒー1杯と新聞で目を覚ますほうがいいと考えている．したがって，イヴが自らのためにアダムにしてもらいたいと思っていることを，アダム自身はイヴにしてもらいたいとは考えないのである．アダムが，自らのためにイヴにしてもらいたいと思うことを彼女に対して行ったとしても，イヴはまったく喜ばないであろう[1]．

　私たちは皆，他者が自らに望んでいることを自分にしてもらうと嬉しく思う——ただし，その他者の選好が独自のものではなく私たちのものと同じ場合に限り，という条件がつく．この解釈のもとで，黄金律は以下の形をとる．

　　あなたがしてもらいたいことを人にしなさい——ただし行為の対象があなたであれば．

　これは原初状態の装置によって操作可能となる原理である．

誰が黄金律を支持しているか　　完全なリストを作るときりがないであろうが，アルフレッド大王，アリストテレス，ダーウィン，エピクテトス，ホッブズ，ロック，ミル，スピノザは間違いなく含まれる．私の母は彼女なりに支持していたし，きっとあなたの母親もそうであったに違いない．ここで，スーパースターからの引用を挙げておこう．

　　ゾロアスター：善良な本性は決して自らにとってよくないことを他人にしない．
　　仏陀：自分自身が痛ましいと思う仕方で人を傷つけてはいけない．
　　孔子：自分自身がしてもらいたくないことを人にしてはいけない．
　　ヒレル：自分が人にされたくないことを人にしてはいけない．
　　イエス：自分が人にしてもらいたいことを人にもしてあげなさい．

---

1) 性的なほのめかしを意図しているわけではないが，趣旨が伝わりやすいかもしれない．

これほど普遍的に支持される原理が他にあるだろうか．道徳の舞台では，答えは「まったくない」ようである．

9.2 狩猟採集民

初期の人類学者ウェスターマークは道徳的相対主義で知られていたが，その彼でさえ，黄金律は原始社会においてほぼ普遍的に是認されていると報告する．純粋な狩猟採集社会を対象とする今日の研究も，まったく異なる環境に住む地理的に隔離された集団の社会契約の間に驚くべき類似を発見している．

カラハリ砂漠のブッシュマン，アフリカのピグミー，アンダマン諸島民，グリーンランドのエスキモー，オーストラリアのアボリジニ，パラグアイのインディアン，シベリアのノマドの間に文化的な違いはいくらでも存在するが，今日の人類学者の間で意見の一致が見られるように，上記を含め純粋な狩猟採集社会はすべてボスや社会的差別を設けずに食物（特に肉）を比較的平等に分配する．

これらの社会は，高貴な野蛮人が住む，甘く光に満ちたのどかな田舎などではない．嬰児殺しや殺人は日常的に見られ，利己主義もはびこっている．狩猟採集社会の住人が社会契約を尊重するのは，空腹時に食べ物を断念するのが好きだからではない．見つからないだろうと思えば，社会契約を裏切ってひそかに食べ物をため込むのである．ほぼ常に規範に従うのは，そうしなければ仲間に罰せられるからである．

とはいえ，食物や他の所有物の分配方法が必ずしも非常に友好的で上品なわけではない．公平な配分が「盗みの容認」により達成される社会がある．イヴは，アダムの分け前が多すぎると考えて彼の食べ物の一部を横取りするかもしれない．集団の他のメンバーがこれに同意すれば，アダムには抵抗のしようがない．誰かが自発的に所有物を他人に譲る場合でも，これを与える側の説明によると，規範に従っているのは，より過酷な制裁が発動される前に羨望の対象となるのを避けるためであるかもしれない．実際，狩猟採集社会の生活は，誰が何を持っているか，羨望の眼差しで絶え間なく監視される

ため，耐え難いほど息苦しいであろう．

したがって，狩猟採集社会ではつまらない口論や取るに足りない諍いが絶えないが，同時にそこには笑いと仲間意識が存在する．要するに，人間の本性は狩猟採集社会と私たち自身の社会とではほとんど変わらないように見える．すると，狩猟採集民の本性に特定の分配方法を構造化する本能的バイアスがかかっているならば，私たちの本性もおそらくそうなのではなかろうか．

先史時代　人類に最も近い動物はチンパンジーとボノボである．私たちの共通の祖先はおよそ500～600万年前に生存していた．なぜ進化の途上で違う道を歩むことになったのかは誰にもわからないが，多くの仮説が提示されてきた．道具を作る能力は原因なのか，それとも結果なのか．火や，根菜を調理して食用にする能力についてはどうだろうか．男が育児を手伝うという珍しい性別役割分担は？　相対的な寿命の長さは？　文化を伝える能力は？

ホモ・サピエンス（現生人類）の起源をめぐるこうした疑問に対する多くの答えをここで概観するつもりはない．代わりに私が焦点を当てたいのは，これまで見落とされてきたが，おそらくゲーム理論が光を投げかけることのできる論点のいくつかである．

私たちの祖先は，目に見えて人間らしくなりかけていた頃，集団で生活し，狩猟と採集によって生き延びていた，ということで意見の一致が見られる．おそらくは100万年ほどそのような形で生活した後に，人口の多くが動物の飼育と農耕に転じた．標準的な理論によると，農業はたかだか1万年ほど前に局地的な人口危機への対応として出現したにすぎず，これに急激な気候変動が関わっていたかは不明である．

社会性昆虫の場合と同じく，生産力の増大はより効率的な組織を要求する．おそらくはカール・マルクスの唯一と思われる真の洞察によると，ある社会の社会契約は経済的な生産手段と密接なつながりを持っている．ある種の社会契約は社会の生産力が不十分であればうまくいかない．またある種の生産システムは，現行の社会契約が適切な誘因を提供しなければ機能できない．

現代社会は高度に階層化されているのが実情である．私たちはボスに忙殺されるが，いつもそうだったわけではない．人類学の報告によれば，経済的

生産手段が洗練されるにつれ，公平性が標準的な調整装置の座をリーダーシップに奪われる過程はかなり緩やかであった．そして，なぜリーダーシップが必要になったかを理解するのは難しくない．

　起業家がいなければ，技術革新を起こし分業を組織して，農工業における協業から規模の経済を生み出すことはできない．指揮官がいなければ，戦闘集団を組織して社会の余剰生産物の蓄えを保護し，近隣社会の余剰生産物を狙うことはできない．船長が権威を与えられるのも同じ理由による．嵐の最中に，どの船員が何をすべきかについて議論をしたいと思う者がどこにいようか．

　最近になって本格的に農耕へと転じたパラグアイのアチェ族は詳細に調査されており，私有財産の発生について格好の例を提供する．伝統的な慣習に従って共有地の共同耕作が試みられたが，それはうまくいかなかった．なぜなら，労働を回避しておきながら生産物の「公平な」分け前を要求することがあまりにも容易だったからである．そこで間もなく新しい社会契約が採用され，土地は分割されて小区画が私的に所有されることになった．これとは対照的に，アメリカ南西部のナバホ族の経済が歴史的に停滞しているのは，利益の分配を要求することで起業家のやる気を削いでしまう社会契約に固執しているからだと言われることがある．

　大半の進化生物学者の考えでは，1万年という期間は短すぎるため，より高い経済的生産を可能にする社会契約の基本原則が私たちの遺伝子に書き込まれたとはいえない．これが正しいとすれば，生物学的進化ではなく文化の進化こそ，狩猟と採集を止めた後の人類の成功の鍵であったに違いない．私たちの遺伝子は，狩猟採集生活を送っていた頃のままなのである．私たちは，狩猟採集社会に適する類の社会的行動に走りがちであるが，そうした行動への傾向は文化的な要請によって上書きされてきたのであり，後者なしでは私たちの社会はこれほど生産的たり得ないのである．

　マリヤンスキーとターナーの『社会という檻』は，他の数多くの類書とともに，現代産業社会に生きる私たちが感じる違和感の原因をこの現象に求めている．著者によると，私たちの遺伝子は，それを上書きしてきたミームとの間に軋轢を生じており，私たちはそこに発生する不協和の犠牲者なのであ

る．心は一方に惹かれるが頭は他方を向くため，満足には手が届かないのである．

　要するに，文化の進化は異なる社会を多様な方向へと導いてきたが，私たちが皆同じ種に属することを指し示す普遍的特性は依然として残っているのである．黄金律の尊重はこうした普遍的特性のひとつのように見受けられるが，より詳しく知りたい場合にはどこに目を向けたらいいだろうか．

　ひとつのわかりきった答えとしては，1万年ほど前，つまり私たちを現在の厄介な状態に追いやった文化の進化が慌ただしく始まる前に存在した狩猟採集共同体の社会契約を吟味すべきである．しかし，社会契約は化石をまったく残さない．私たちにせいぜいできるのは，今日にまで生き延びた狩猟採集社会——人間とチンパンジー——の社会契約を検討することである．

チンパンジーの共同体　　私たちとチンパンジーはごく一部を除くすべての遺伝子を共有しているので，互いに非常に似ていることは驚くに値しない．しかし，公平性に関して言うと，私たちはチンパンジーとは一線を画すると考えられる．チンパンジーには，均衡選択装置としての公平性を開発するための進化的な動機と必要な生物学的条件が整っているように見えるが，にもかかわらず，そうした装置に類するものがまったく欠けている．言語に似て，公平感もホモ・サピエンスに特有のものと見受けられるかもしれない．しかし，チンパンジーの社会を研究することにより，人類出現以前の時代の社会で公平感が進化した時に一般的であった諸条件について，何かがわかるであろう[2]．

　チンパンジーが生活する社会集団では，親族関係が重要な役割を果たす．雄は自分の生まれた群れにとどまるが，雌は通常，近くの群れに移る．発情期の雌は一般に群れのすべての雄と交尾をする．これは，自分の子孫の厚生のみを気遣うようにプログラムされた雄によって嬰児殺しが行われる，というリスクに対する進化的な反応であると考えられている．しかし，雄に嬰児

---

[2]　専門家の見解については，*Tree of Origin*, edited by de Waal, Harvard University Press（2001）を参照．

殺しを思いとどまらせるこの匿名性は，逆に，おそらく自分のではない子の育児を手伝う誘因を雄に提供することもない．これはチンパンジーと人間の大きな違いである[3]．

　雄の間でも雌の間でも，社会的優位性というものが非常に重要である．雌のチンパンジーは雄に従属するが，ボノボにおいてはこれが逆となる．群れの序列における地位の維持は，チンパンジーの個体としての強さと性格のみならず，異なるチンパンジーたちの間の流動的な同盟のパターンにも依存する．社会関係を示す合図としては毛づくろいが重要な要因である．ロビン・ダンバーが述べるように，毛づくろいがチンパンジーにおいて果たす機能は，人間社会における噂話のようなものであるらしい．チンパンジーは互いに共感し合うことができ，共感能力を積極的に利用して社会的立場を向上させようとする，ということに疑いの余地はなさそうである．

　かつてチンパンジーはほぼ完全に草食性であると思われていたが，以前の理解をはるかに凌ぐ規模でサルを捕まえて食べるということがわかっている．ウィリアム・マックグルーの報告によると，チンパンジーは季節によっては1日に65グラムにのぼる肉を食べることがあり，また肉食は繁殖の成功と相関関係にあるという．

　雄のチンパンジーの集団が共同で狩りをすると，各チンパンジーが個別に狩りを行うよりも獲物の総量は大きい．社会性昆虫の場合と同じく，チンパンジーによる協力は規模に関する収穫逓増を享受するのである．しかしながら，一般に獲物の分配は——人間であれば公平とはみなさないような仕方ではあれ——非常に平等主義的に行われるため，利己的な遺伝子の問題を引き起こす．この問題は，人間の狩猟採集共同体で行われる狩りのための協力にも当てはまる．狩りにおける協力は，集団全体にとっては明らかに望ましいものであるが，各個別の狩人にとってはどうであろうか．

人間の狩猟採集共同体　　人口過剰がもたらした先史時代の食糧危機は，人

---

[3] ただし，DNA鑑定によると，我々人間社会の夫たちが，自分こそ妻の子の父親であると主張する時，これが正しい可能性はたかだか4/5ほどでしかないらしい．長子の場合，この可能性はさらに低くなる！

類の標準的な生産様式としての狩猟採集に終止符を打ったかもしれないが，狩猟採集民を完全に消滅させたわけではない．狩猟採集民は，砂漠の周縁，極地の氷冠，熱帯ジャングルの奥地など，穀物の栽培や動物の飼育が困難あるいは不可能な辺境の生息地で生き続けたのである．実際，そのような場所に入植が行われたという事実は，人口過剰説を支持する根拠のひとつである．

おそらく**純粋**な狩猟採集社会はまったく残っていないであろう．すなわち，経済的生産手段がもっぱら狩猟と採集からなり，性別と年齢が決定する分業しか行わないような社会は絶滅したと思われる．しかしながら，数多くの狩猟採集社会が20世紀にまで生き延びたため，その生活様式の詳細な記録が残っている．これらの社会こそ，1万年前の社会契約について推測する時に私たちが目を向けるべきものである．

2つの特色が普遍的に観察される．第一は，純粋な狩猟採集社会がボスや族長を持たないことである．忠告を与える時に他の者たちよりも尊敬される個人は存在する．そうした個人が肩書きを持つこともある．ただし，決して私的な権威を振りかざすことはできず，それが可能であると考えているような印象を与えまいと注意を払うのが普通である．

彼らが慎重に事を運ぶのは，胸のうちで燃えさかる支配欲が私たちほど深くないから，というわけではない．生物学的にいえば，彼らは私たちと同じである．チンパンジーやボノボに今日でも観察される序列への本能と同じものを，おそらくは彼らも私たちと同様に引き継いだのだろう．しかし，支配への本能は，後に現れた別のメカニズムによって抑制されるのである．

威張り散らす兆しを見せる者は，この反支配メカニズムの要請によって，集団がしだいに厳しい懲罰を科すという威嚇に直面して自制することになる．最初の段階で，リーダー志望者はからかわれる．そのまま続くと，第二段階で彼はボイコットされる．それでも止めず，特に暴力的に支配を確立しようとすると，彼は集団から完全に排除される．

これら3つの段階が私たち自身の社会にお馴染みであることは偶然ではなかろう．嘲笑の段階は特に興味深い．笑われてもあからさまな損害はまったくないというのに，なぜ私たちはそれを非常に嫌うのであろうか．おそらくそれは，私たちの遺伝子が嘲笑というものを，そのままでは実害を伴う懲罰

が科されることになる前兆と解釈するからである．

　余剰が生み出された場合の分配方法の決定に責任を持つリーダーのいない社会で，協力はいかにして可能だろうか．私たちの公平感はこの問題に対処するために反支配メカニズムとともに進化した，というのが私の考えである．社会性のある種において，社会における生のゲームの均衡を指し示すリーダーがいない場合，別の何らかの均衡選択装置を用いなければならない．私たち人類の場合，その装置として進化したのは公平性であった．

　人間の狩猟採集社会において，食べ物を分け合うのはよくあることだが，分配ルールが例外なく公平なのは肉類についてのみのようである．この現象は，それが実践されている狩猟採集社会においてどれほど重要であろうか．この問題を問う必要があるのは，「偉大な狩人としての男」というパラダイムが近年その仮面を徹底的に剝がされてきたからである．ただ，仮面を剝ぐのも程度しだいである．狩猟採集社会の存続は明らかに，狩猟における男性の役割にまったく劣らず採集と育児における女性の役割にも明らかに依存するといってよいが，狩猟を食物の供給に必須の選択肢とみなす必要はないという主張は詳細な吟味に耐え得るものではない．

　確かに，優れた狩人は女性にとってより魅力的であり，結果的に繁殖の頻度も高くなるが，狩猟というのは若い男が代償の大きな信号を送って自らの勇気を若い女に示す舞台以上のものである．今日の狩猟採集社会の食費に関するカプランたちの最近の研究によれば，驚くべきことに，子供が摂取するカロリーの97パーセント，そしてタンパク質については全量が男性によって供給されているのである[4]．狩猟なしでは，時々訪れる厳しい年を集団が生き延びることはできなかったのであり，その時にこそ進化の過程が適者とそうでない者とを区別する．したがって，肉類が例外なく公平に分配されるというのはきわめて重要である．

　人類学者のなかにはこれを不可解と見る者がいる．狩りを組織する原理が，各人は自己の能力に応じて貢献しニーズに応じて受益するというものである

---

[4] *Moral Sentiments and Material Interests*, edited by Gintis et al, MIT Press, 2005 参照．

とすると，私たちは囚人のジレンマの状態にあるのではなかろうか．男が他の者たちと協力して大きな獲物を狙う狩りに参加し，家族のために獲得する肉の量が，自分だけで小さな獲物を狙う場合よりも少ないとしたら，そもそもなぜ彼は狩りに参加するだろうか．参加しないからといって彼を罰する権威は存在しないというのに．

ジャン゠ジャック・ルソーは，鹿狩りの話のなかでほぼ同じ問題を考えた．ある狩人が，成功すれば大きな鹿の分け前を得られる共同の狩りに協力するか，それとも確実に自分だけで小さなウサギをしとめて独占するか，という選択に直面している．しかし，ルソーの答えは結局，囚人のジレンマのようなゲームにおいては協力するのが合理的であるという主張に行き着くので，あまり助けにはならない．

しかしながら，私にはさほど不可解なことには見えない．ただ，各集団のメンバーどうしがゲームをプレーしていて，その集団が**均衡**にある場合，集団選択の誤謬は当てはまらない，ということを忘れないでほしい．あとは2つの点を指摘すれば事足りる．

- 男が協力して狩りを行う社会はそうでない社会よりも繁栄する．なぜなら，全体としてより多くの食物が手に入るからである．
- 狩りにおける協力は，自分の務めを果たさない男を罰することにより，均衡として維持され得る．若い男には，必要な狩りの技能を習得する特に強い誘因が働く．というのも，狩猟採集社会の若い女は，まるで今日の十代の少女がポップ・スターやスポーツ選手にハートを奪われるように，力のある狩人に心惹かれるからである．

9.3 メカニズム・デザイン

人類学者クノフトは，ヒト科の動物の社会契約で想定される支配の水準を，進化的時間の関数として表現するU字型の曲線を描く．これが高水準で始まるのは，人類の祖先による社会契約が，今日のチンパンジーやボノボのように強力な社会的支配構造を有していたという仮定に基づいている．曲線は

しだいに低水準に下がってくるが，これは，今日の狩猟採集社会の無秩序な構造が，1万年ほど前の古代の狩猟採集社会の組織を映し出しているという仮定に基づく．以降，農業社会・工業社会において社会的序列はしだいに複雑さを増し，それを反映して曲線は再び高水準に戻るのである．

　この話が正しいとすると，私たちを序列形成へと向かわせる本能は，一連の遺伝子突然変異によって抑制され，潜在的リーダーを集団で攻撃する命令に置き換えられたと考えられる．しかし，その結果として生じる無階層社会がなぜ進化的な意味で改善になるといえるのだろうか．

分権的組織　この問題を考察するため，メカニズム・デザインの話題へ脱線しても許されるだろう．ゲーム理論のこの部門は，電気通信分野の競売で広範に応用され，政府に何十億ドルもの収入をもたらしたため，大成功のひとつとされている．その結果，ジャーナリストはもはやゲーム理論家を，ご多分にもれず役に立たない社会科学者の一群として扱うことはない．いまや我々は危険なマキアヴェッリ流干渉主義者なのである．私が設計に携わった電気通信分野の競売が計350億ドルという巨額を計上したことに対し，『ニューズウィーク』誌は私を「無慈悲な，はったり経済学者」と表現したが，私なりにこれを翻訳すると，金持ちというのは，自分たちが一般の人々から金をせしめる方法が逆に利用されて，共同体全体のために金を搾り取られるのが嫌なのだということであろう．

　メカニズム・デザインという分野は，必要な知識と技術を持つ人に意思決定を分権化すべきであるという明白な原則に基づいている．誰だって，無知・無能なボスから馬鹿げたことを命令される時の不満を知っている．こうして生じ得る非効率が膨大なものとなる可能性は，まったくの機能不全に陥った指令経済が最終的にソビエト連邦でものの見事に失敗したことを見ればわかるだろう．しかし，分権化に伴う問題は，権力が腐敗の温床となることである．周知のとおり，権限を委託された小役人は，自らが奉仕すべき共同体ではなく自分自身に都合のよい意思決定を行うようになるものである．

　電気通信免許のような公共の資産の売却は有益な事例研究となる．伝統的に西側の政府はソ連型の過ちを犯して売却価格を役人に決定させ，売却物の

真の価値を知る唯一の人々——つまり潜在的な買い手自身——にこの決定を任せなかったのである．ひょっとすると，このテーマについてヒュームを読んでいたのかもしれない．「どんな統治システムであれ，それに制約を課し，政体を点検し制御するしくみを決めるに際しては，あらゆる人間がならず者であって，そのすべての行為は私的な利益以外の目的を持たないと想定されなくてはならない」．電気通信産業の大物が，役人に問われれば免許がどれくらいの価値を持つか正直に答える，などと想定するのはいかにもばか正直であろう．

しかし，公共の利益にかなうように人々を行動させるためのばか正直な方法だけに注目する必要はない．メカニズム・デザイン論はヒュームの課題を引き受けて，権限を受託するならず者がプレーヤーとして扱われるゲームを設計する．政体を点検するしくみがゲームのルールである．それは，設計者が効果的に監視・評価できる状況においてプレーヤーが道を踏み外すことを妨げるために用いられる．しかしながら，もっと大切なのは制御のしくみである．というのもこれは，設計者に監視の能力や評価方法の知識が欠けている意思決定に適用されるからである．そうした状況でプレーヤーたちの行動をプレーヤー自身の目的ではなく設計者の目的に沿うように導くためには，ゲームの利得を注意深く設定して正しい**誘因**を提供する必要がある．

例えば，電気通信分野の競売の入札者に対し，免許がどれほどの価値を持つと考えるか表明する誘因を与えるため，ヴィックリー型競売を利用することができる．この競売での勝者は，敗者による入札のなかで最高の価格を支払うのみである[5]．この時，自己評価を上回る入札価格をつけることに意味はない．なぜなら，仮にそれが免許の落札に必要であるとしたら，それは最高値をつけた敗者の入札価格が，あなたの支払ってもよいと考える価格を超えていたからである．反対に，自己評価を下回る入札価格をつけることも無

---

5) ウィリアム・ヴィックリーはナッシュやハーサニのように奇抜な天才であったが，彼の声に耳を傾ける者はおらず，孤独な研究生活を送った．いまや彼を有名にした業績の他に，ハーサニやロールズと並んで原初状態の考案者としての功績を認められてしかるべきである．彼は最終的にノーベル賞の受賞が決まった3日後に亡くなった．

意味である．それは免許を落札する可能性を減らすだけで，落札時に支払うべき金額は変わらないからである．

ヴィックリー型競売では，すべての免許が敗者のつけた最高入札価格で売却される．適切な条件のもとで，この価格は入札参加者の評価を知らない売り手が期待できる**最高値**であることを証明できる．したがって，ヴィックリー型競売はこうしたセカンド・ベストの世界において最適なのである（が，ただし一意的にではない）．

この設計による競売は入札者に正しい誘因を与えて真の評価を表明させるが，この情報を引き出す費用として，売り手は勝者が実際に支払う意思のある価格よりもはるかに低い落札価格で満足しなければならない．ファースト・ベストの世界であれば，売り手は勝者の評価を事前に知っており，各勝者が支払う意思のある価格をわずかに下回る値段で「買うか買わぬか」の提案をする．

これは最も単純な事例にすぎず，他の多くの場合にも，私たち人間はセカンド・ベストの種族であり，見つからないと思えば嘘をつき不正を行う結果としてどれほどの損失が生じるかを計量化できるのである．電気通信免許の売却の場合のように，損失は膨大であるかもしれない．しかし，どうしようもないことを嘆いてもしかたがない．代わりに，メカニズム・デザイン論は私たちのセカンド・ベストとしての立場を受け入れて，通常私たちが抱え込むような三流の結果に陥ることを防ごうとするのである．

盲目の時計職人[†] 前述のメカニズム・デザインに関する余談の要点は，狩猟採集社会の社会契約をメカニズム・デザインの実践の産物と考えることができるということである．そこでは「自然」が「盲目の時計職人」の役目を果たし，比喩的な意味で社会の歯車とバネをうまく組み合わせて調和のとれた全体に仕上げるのである[6]．

「自然」は設計の準備に際して，遺伝子がならず者であり種全体のために

[†] リチャード・ドーキンスの用語・著書名．複雑・精緻なものが，明確な意図や見通しにより「設計」されることなく，自然淘汰の結果として出現する現象を指す．

第9章 黄金律 209

行動するとは当てにできないことがわかっているため，遺伝子は自己の適応度を最大化するということを当然視する．したがって，生のゲームの均衡のみが社会契約の候補となり得る．これは狩りにおける協力にとって問題とはならない．すでに見たように，共同の狩りは均衡の一部として維持可能だからである．しかし，集団の純利益を最大化するという意味において，狩りにおけるどのような協力が最適なのだろうか．

メカニズム・デザインの分権化原理の重要性がここで明らかとなる．個々の狩人は，集団の他の仲間と協力し，最大限に自らの知性と技術を自由に利用できる．制御のしくみとしては，肉が一定のルールに従って分配されることになる．そうすると，各狩人は自分の家族が受け取る肉の量を最大化するため，集団全体に消費可能な肉の総量を最大化しようとする．もちろん，ここには便益とともに費用が発生する．各狩人が大きな獲物を狙うにあたって引き受けるリスクは分配ルールでは制御されないが，勇敢な若者が臆病者よりも性的な魅力を有するのはおそらく偶然ではあるまい．

誰かが狩りのまとめ役となって異なる個人間の役割分担を調整したほうが，時にはうまくいくのではなかろうか．答えは明らかにイエスだが，ただしそのリーダーが懲罰の権限を悪用しないという条件がつく．今日の狩猟採集社会において，経験に富む狩人は実際にそうした調整役を引き受けるが，助言を与える時には命令を下しているような印象を与えないように注意を払う．

しかしながら，私たちが焦点を当てるのは今日の狩猟採集社会ではなく，はるか昔，言語が進化する以前に存在した狩猟採集社会である．何らかの将来計画がやはり可能であったことに疑いはないが，それが非常に洗練されたものであった可能性はかなり低いだろう．おそらく，共同で狩りを行う経験を積むにつれて，異なる個人が別々の役割を占める習慣が形成されたのであろう．チンパンジーが見事にこれをやってのけるのに，なぜ人間にできないこ

---

6) 「利己的な遺伝子」や「見えざる手」と同じく，「盲目の時計職人」と言う場合にも目的論的な含みはまったくない．こうした比喩は単に，進化がもたらす均衡は合理的なプレーヤーが選ぶものと同じであるという主張に注意を喚起しているにすぎない（1. 4節）．ここでの唯一の違いは，1. 5節で擁護されているタイプの集団選択説にそれとなく訴えている点である．

とがあろうか．

　要約すると，協力して行われる狩りは，リーダーのいない社会——特に言語の出現以前——においてより生産的であったかもしれない．なぜなら，不服従を罰することのできるリーダーがいないことにより，意思決定が効率的な水準に分権化され得るからである．

ミームか遺伝子か？　　私たちがかつておそらくチンパンジーと共有していた社会的支配への本能が進化の過程で抑制されたかもしれないことにはもっともな理由がある，ということをこれで納得していただけると思う．しかし，このトリックを仕掛けたのは文化の進化であった可能性はないだろうか．なんといっても，私たちが後に農耕を営む生活様式に適応したのは文化の進化が原因であったと言われているのである．

　いくつかの理由により私は，ボスのいない公平な社会契約への移行は，おそらく遺伝的に操作決定されたのだと考えている．なかでも最も重要な理由は，今日の狩猟採集社会が地理的に隔離され多様な環境に散在しているにもかかわらず示す，深層構造の普遍性である．この現象は文化の進化の同時発生・進行の結果であろうという社会人類学者の議論を耳にしたことがあるが，その主張の背後にある動機は，仮説の科学的説得力をまじめに検討することよりも，むしろ人間の心についての「空白の石板」パラダイムにすがろうとする衝動であるように見える．

　補足的な証拠を提供する数少ない自然実験が存在する．以前は現代的な社会契約のもとにあった社会が，純粋な狩猟採集経済へ戻らざるを得なくなった例である．ジャレド・ダイアモンドの『銃・病原菌・鉄』によると，モリオリ族というポリネシアの人々はニュージーランドから遠く離れたチャタム諸島にたどり着いたが，そこは遥かに南よりのため，ポリネシアの穀物はうまく育たない．その結果として生じた狩猟採集社会の社会契約は，そうした社会の普遍的特性を再現した——これらの特性が遺伝的に決定されるとすれば，予想通りである．族長の肩書きは残ったが，権威はすっかり失われた．しかし，1835年に少数のマオリ族がニュージーランドから侵入してきた時，新しい社会契約ではなす術もなかった．マオリ族は，モリオリ族を無慈悲に

も地球上から一掃した時の見慣れた光景を確かに再演したのである．

さらに，ジョン・オールマンと彼の同僚による神経科学研究がある．オールマンらは，人間と他のアフリカの類人猿だけに見られる，10万ほどの巨大な「紡錘型」神経細胞を含む構造の所在を突き止めた．私が仮定するような公平性の深層構造によって要請される種類の社会的行動は，この驚くべき細胞集団によって制御されているとオールマンは考えている．

最後になるが，私たち自身の心理がある．不公平な取り扱いをするボスの権威に従わなければならない時，私たちはなぜあれほど怒りを感じるのだろうか．私の子供は驚くほど幼い時期からすでに，顎で使われると怒りをあらわにして「公平じゃないよ」と言っていたが，多くの場合あいにく子供たちの言い分は筋が通っていた．そして，人々が最も幸福で最も多産なのはどんな国においてだろうか．それは，市民を専制から守り，公平な司法行政を保証する憲法を持つ国である[7]．私は，これらのいずれも偶発的あるいは偶然の一致であるとは思わない．私の考えでは，進化が私たちの本性に自由と正義への渇望を書き込んだのであって，スターリンやヒットラーのような者たちがこの世界でどんなに社会的条件づけを行おうと，それを消し去ることは決してできないのである．

9.4　黄金律の起源？

黄金律は人間の社会で普遍的に是認されているようである．進化の過程は，何か理由があって私たちの遺伝子にこのような原理を書き込んだのであろうか．社会生活を可能にするには，明らかに何らかの均衡選択装置の存在が不可欠であるが，いったいなぜ黄金律のようなものが進化したのであろうか．

黄金律は原初状態の装置が単純化されたものであると理解するならば，この疑問に対する答えを見つけるには，なぜ社会性動物がそもそも進化したのかを問うとよいであろう．それは一般に，食物の共有が生存・繁殖を助ける

---

[7] アメリカ合衆国憲法の原文は，メカニズム・デザインの原理の応用を教科書的に実践したように読めることがある．起草者たちはどの程度ヒュームへの恩義を自覚していただろうか．

からであると考えられている．

保険契約　第1章で言及した吸血コウモリが例となる．吸血コウモリはおよそ6時間ごとに栄養を摂らないと死ぬ可能性が高い．したがって，餌を分け合う利益は大きい——それは非常に大きいため，血縁関係にないコウモリたちでさえ，互恵性に基づいて血を分け合うことを進化の過程で学んだのである．

　餌を分け合うことで，本質的にコウモリは飢えに備えて相互に**保険をかけ**ているのである．動物は人間のような方法で保険契約を書くことはできず，また仮にできたとしても，一方が他方に対する契約上の義務を怠った場合に訴える法制度が存在しない．ただし，フォーク定理が示すように，動物たちが繰り返し顔を合わせるのであれば，進化は外部強制の問題を回避することができる．

　互いの行動をしっかりと監視することができる2匹の動物は，法的拘束力のある保険契約の交渉によって可能となることは何であれ，生の繰り返しゲームにおける適切な均衡への調整を通じて達成することができる．動物たちが血縁関係にある場合，進化の過程がそのような均衡へたどり着くことはより簡単であろうが，吸血コウモリの例が示すように，進化の圧力が非常に強ければ親族関係は必須ではない．

不確実性から無知へ　相互保険契約の交渉に際し，アダムとイヴはどんなことを考慮する必要があるだろうか．

　狩りにおける協力が進化する前，つまりアダムとイヴが別々に食糧を探していた時代を想像しよう．吸血コウモリのように，幸運な日もあれば不運な日もあるだろう．2人の間の保険契約は，一方が幸運で他方が不運であった日に手持ちの食糧をどのように分けるかを定める．

　アダムとイヴが保険契約を交渉中の合理的なプレーヤーであるとすると，契約が履行される日にどちらが幸運でどちらが不運であるのかを前もって知ることはない．話を複雑にしないため，どちらの可能性も等しく半々であると仮定しよう[8]．すると，アダムとイヴは，誰が幸運で誰が不運となるかを

隠す**不確実性**のヴェールの背後で交渉していると見ることができる．そして両プレーヤーは，不運に見舞われた場合に割り当てられる分け前に終わる確率と，幸運に恵まれた場合の分け前にありつく確率とが等しいという前提で交渉を行うのである．

　こうした相互保険契約の交渉と原初状態における交渉が明らかに似ているのは偶然ではなかろう．類似点を徹底して見極めるには，ロールズの無知のヴェールの背後へと向かうアダムとイヴに新しい名前を与えさえすればよい．功利主義哲学者ヘアが彼の「理想的観察者」を「大天使（Archangel）」と呼んだのと同じ気構えで，アダムとイヴをそれぞれジョン，オスカーと呼ぶことにしよう（ゲーム理論の考案者は，まだこの世にいた時，天使のように推論したのであるから）．

　アダムとイヴが幸運と不運のいずれと判明するかは不確実であるという代わりに，新しい設定では，ジョンとオスカーはそれぞれ自分がアダムと判明するかイヴと判明するかについて無知を装わなければならない．こうすれば明らかに，原初状態の装置へ移行するのに必要なのは，プレーヤーが自分自身の将来の可能性を想像するのではなく，誰か他の人——アダムかイヴ——の立場に身を置く想像力のみである．

　仮に「自然」が，食物の共有で生じる簡単な保険問題を解くための配線を私たちに備えつけたのだとしたら，原初状態を作動させるのに必要な配線のほとんどを同時に用意したことにもなるのである．

　もちろん，保険契約においては，合意への参加者は他の誰かの立場と入れ替わるかもしれないと**装**う必要はない．逆に，幸運と不運のどちらにもなり得るという見通しの現実味こそ，そもそもプレーヤーたちに契約を書かせる動機である．しかし，公平性の問題を解決するために原初状態の装置が用いられる時，ジョンは，自分が実際にはアダムであって，イヴになるのは物理的に不可能であることを十分に承知している．したがって，この装置をロールズやハーサニが推奨したような方法で利用するためには，ジョンは事実に

---

8) 可能性が等しくないとどうなるかについて苦悶しても意味がない．それは常にプレーヤーの社会指標に取り込めるからである（8．4節）．

反する想像行為に耽らなければならない．彼はイヴにはなれないが，それが可能であるかのように振る舞わなければならないのである．「自然は飛躍せず」という博物学者リンネの格言に反することなく現実と仮想の間の溝を埋めるには，どうすればいいだろうか．

輪を拡大する　前述したように，人間の倫理は「自然」がある種の均衡選択問題を解決する試みから生じたものであると私は考えている．ただし，「自然」は単純なものから複雑なものへ一足飛びするわけではない．前途有望な怪物†を創り出すよりは，既存の組織をいじくるのである．よって，原初状態という装置の自然主義的起源に説得力を持たせるためには，自然が何をどのようにいじくったかを少し説明する必要がある．

　ピーター・シンガーの『拡大する輪』において，拡大する輪とは，道徳規則が当てはまると理解される領域のことである．例えば，イエスは隣人を愛せよという原則の領域を拡大しようと努め，隣人をあらゆる人と再定義した．進化は道徳規則が通用する領域をどのようにして拡大させたのだろうか．

　私の推測では，ある道徳規則の領域が時に拡大されるのは，プレーヤーが環境からの信号を読み違える結果，内輪で用いられるように進化した特定の行動や思考方法を，より大きな人々の集団，または新しいゲームに誤って適用する場合である．そのような過ちが犯される場合プレーヤーは内輪のゲームの均衡を維持するための役割を果たそうとしており，外側のゲームが異なる規則のもとにあることを十分に理解していない．例えば，アダムはイヴと血縁関係がないのに彼女をきょうだいとして扱うかもしれない．あるいは，1回きりのゲームをまるで際限なく繰り返されるものであるかのように扱うかもしれない．

　内輪のゲームの均衡を構成する戦略の組み合わせが，外側のゲームの均衡となるのはまれであろう．よって，内輪のゲームにおいて均衡戦略を選ぶ規則は，外側のゲームに利用される場合には選択されないのが普通である．た

---

† 大きな突然変異によって生まれ，即座に新たな進化に成功する種・分類群を指す．20世紀中頃に跳躍説を主唱したリチャード・ゴールドシュミットによる命名．

だし，例外もあるだろう．外側のゲームをあたかも内輪のゲームのようにプレーしていながら，プレーヤーが偶然にも外側のゲームの均衡へと調整することがあるかもしれない．この時，この集団は外側のゲームのための均衡選択装置を偶然にも発見したことになるのである．この装置において，プレーヤーはあたかも内輪のゲームのルールに拘束されるかのように行動するが，実際に制約を課すルールは外側のゲームのものである．

前途有望な怪物ではなく　　第7章では，道徳行動の起源が家族に見いだされることを主張した．なぜなら，そのようなゲームでは進化が均衡選択問題を解決することが容易だからである．本章では追加的な論点として，私たちが焦点を当てるべきゲームは，その効率的な均衡が飢えから互いを守るために食べ物を分け合うというプレーヤー間の長期的な理解に対応するようなゲームであると主張する．そのようなゲームの均衡選択問題を解くためには，原始的な原初状態の装置のための神経配線が必要となるだろう．

　こうして輪が拡大される準備が整い，結婚や選出により一族に認められる外部者を始めとするよそ者がゲームに取り込まれ，名誉親族または仮想家族として扱われるのである．実際，日頃から親族としか交流しないとしたら，他にどんな行動基準が利用可能だろうか．

　親族の相対的厚生を評価するために「自然」が提供する同感型選好は，よそ者には当てはまらないが，あるよそ者をどんな種類の親族とみなすべきかについて，社会的な意見の一致が生じるだろうと考えることに無理はない．

　次の段階ではこれまでの2つの進展を組み合わせる必要がある．そうすれば，アダムとイヴが自分自身のまま幸運または不運の場合の役割を担うことになるような状況のみならず，それぞれが相手の立場を占めることになる可能性がある状況に対しても，原初状態を使えるようになるのである．不運に見舞われる可能性を認めることと，別の人格と身体を持つことになる可能性を真剣に考えることの間には大きな距離があるが，この差は本当にそれほど大きいものだろうか．結局のところ，ある意味ではどんな人も，満腹でくつろいでいる時と空腹で疲れている時では同じ人間とはいえない．状況によって私たちは異なる性格を見せ，異なるものを望むのである．

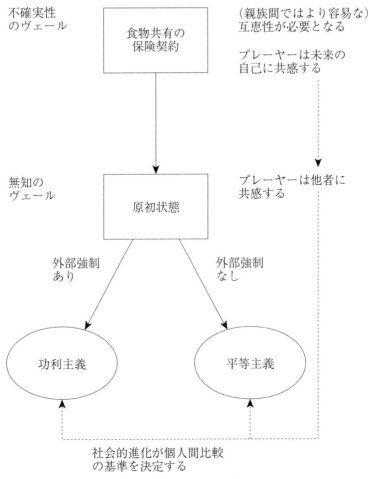

図21　原初状態の進化史？

　この点をさらに検討するため，合理的なプレーヤーが先々に生じる可能性のあるさまざまな不測の事態を考慮しつつ将来の計画を立てる時に，何が関係するかを考えてみよう．これらの事態を評価するため，プレーヤーは，サイコロの動きが止まった後に地位・役割が判明するすべての将来の――幸運または不運な――人々（自分）の利得の加重平均として自らの期待効用を計

算する．家族のゲームで戦略を選ぶ際には，プレーヤーは同様に家族全員の適応度の加重平均を利得とする．保険契約を交渉する私たちの能力を，生のゲームにおけるより一般的な調整装置として公平性を用いる能力に切り替えるためには，これら2つの過程を交配させ，プレーヤーの同一化対象をサイコロが指定する将来の自分自身ではなく，別の身体を持つ人物に置き換えればよいのである．この可能性を評価するために必要な同感型選好が求めるのは，この別の体を持つ人物をきょうだい，いとこ，おじやおばと同じように扱うこと以上の何ものでもない．

　図21は，これまでに話をした原初状態の進化史を示すが，2つの問題が注意を引く．第一に，アダムとイヴが原初状態に入る際に用いる同感型選好に組み込まれた個人間比較の基準に関するものである．

　家族のゲームにおいて相手の適応度を割り引く時に用いる加重の値は，家族の一般的な力学とそこにおける私たちの位置づけに基づいて親族との血縁度を推定することでなんとか得られる．しかし，共感型効用関数を構成する際にアダムとイヴの私的効用を割り引くための加重はどこから得られるのだろうか．私の答えは，社会的進化の作用がこれらの加重を決定するというものである．以降の章では，第8章で導入された共感均衡の概念を利用して，この仮定の含意について大まかな説明を加えることになる．

　第二の問題は，強制執行についてである．図21が示唆するように，原初状態を利用する結果として功利主義が導かれるか，それとも平等主義が導かれるかという違いはすべてここに起因する．第10章で示すように，ハーサニにならって，原初状態で達せられる仮説的合意は何らかの外部機関により強制執行されると仮定すれば，その結果は功利主義となる．第11章では，外部強制力をまったく仮定しなければ，結果は平等主義となることが示される．

　したがって，社会契約をどのように取り締まるかは大きな問題であり，この章を閉じる前に，今日の狩猟採集社会において強制執行がどのように行われているのか，そして先史時代の社会でそれがどのように行われていた可能性があるのかを見直しておくことが大切である．

9.5　強制執行

　時として忘れがちであるが，私たち人類が独自の道を歩み始めた頃，チンパンジーに働く生物学的進化の作用が止まったわけではない．事実，ボノボは私たちの分岐の後に枝分かれしたのである．さらに重要なのは，人類の狩猟採集社会においては文化の進化の作用も途絶えることなく，常に農耕社会・産業社会の姿を形作っていたという考えである．したがって，今日の狩猟採集社会を，進化によって人間の本性に最後の仕上げが加えられた先史時代の社会の化石化された複製として扱うのは危険である．社会契約の取り締まりの問題については，とりわけ慎重になる必要があると私は考えている．

今日の狩猟採集社会　現代にまで生き延びた純粋な狩猟採集社会は，辺境の居住地に追い込まれ，移住の可能性はなきに等しかった．そんな厳しい環境に追い払われたため，必要以上に厳格な社会契約を採用せざるを得なかった理由を少なくとも2つ考えることができる．

　第一の理由は，平等主義的な社会で人口規模が手に負えなくなるのを防ぐ必要である．苦しい時代には環境の厳しさが疑いなくこの役目を十分に果たすが，他にも「自然な」産児制限の方法が用いられる——子供の離乳を遅らせたり，また直接に嬰児殺しを行ったりするのである．さらに，遊牧集団が移動する時，高齢者は自らが置き去りにされるのを黙諾するという報告も時には存在する．

　第二の理由として，生存ぎりぎりの水準で生きている人々にとって名案を持つリーダーは危険なので，効果的な反支配メカニズムを働かせる進化の圧力はそれだけ強いことになるだろう．文化人類学者サーリンズの指摘によれば，食糧が不足する年は珍しいけれども，そのような年にこそ，集団の社会契約の生き残りが試されるのである．不作の年の危機が非常に深刻な場合，集団のメンバーに死者が出るかもしれず，残りの者たちは近くの集団に助けを求める．そうした危機と危機の間に訪れる豊かな年には，前回不作に見舞われた年の窮乏の記憶は薄れる．するとこの集団は，カリスマ性のある起業家に導かれて，豊かな年の余剰を巧みに利用する社会契約へと調整する危険

に晒される．この新しい社会契約が機能している時に不作の年がやってくれば，それこそ災難である．

　要するに，そのようなリーダーの出現を防ぐ社会的メカニズムは，一種の集団的無意識として働き，過去に辛うじて切り抜けた災難の記憶を人々の間にとどめるのである．自給自足農業に従事し，一般には愚かであるとされる農民の頑固なまでの保守性には，疑いなく同様な説明を与えることができる．

　したがって，少なくとも2つの理由で，文化の進化はより効果的な取り締まりを伴う社会契約を可能な限り生み出したと予想すべきである．とりわけ，少数の個人の行動を集団全体の公的な意見によって取り締まる可能性は，おそらく最大限に利用されたであろう．なぜカラハリ砂漠のブッシュマンは，特に便利な道具をわずか数日保持しただけで譲ってしまうのか．それは，あまり長く持ち続けて羨望の的となると，集団全体による懲罰が始まるからである．

　この点を考慮するとわかるように，小さめの下位集団の社会契約は，必ずしも集団全体の社会契約と同じ均衡要件を満たす必要はない．集団全体には外部の強制執行機関の役目を果たす者がいないため，その社会契約はもっぱら自己完結的でなければならないが，十分に小さな下位集団には潜在的な外部強制執行機関がある．それは，その下位集団に属さない者全員による提携である．

　したがって，下位集団における生のゲームは，集団全体のそれとは異なる．なぜなら，前者のルールは下位集団の外側の人々による取り締まり行動を考慮しなければならないからである．よって，仮に原初状態の装置が今日の狩猟採集社会で引き続き用いられるとしたら，ひょっとすると，個人間の取り引きが功利主義的に行われる一方で，集団全体における分配は平等主義的に行われるといった光景を目にすることになるかもしれない．

先史時代の社会　　ヒト科に属する私たちの祖先の社会契約は，おそらく今日の狩猟採集社会のそれに比べて厳格さに欠けていた．後者は，1万年以上の期間にわたり文化の進化による方向づけの機会を持ったのみならず，内部の罰則を厳格にする追加的な圧力にも晒されたのである．

ひとつ自明な点は，今日の狩猟採集社会で反逆者が懲罰を逃れる場所は，似たような社会契約を持つ近隣の集団を除いて存在しないということである．しかしながら，ヒト科の祖先には世界が丸ごと開けていたので，事情はかなり違っていたであろう．移住への障害がなく，社会組織は非常に無秩序だったはずで，今日の狩猟採集社会などまったく温情主義的に見えるほどであっただろう．そうでなかったとは考えにくい．というのも，異議のある集団には常にロック流の選択肢があり，比較的安い費用で袂を分かち，新天地で開店営業できたのである．立ち去ることで懲罰を簡単に逃れられるのであれば，公的な意見も私的な権威も「ビッグ・ブラザー」〔ジョージ・オーウェル著『1984年』に登場する一党独裁国家の指導者の通称〕の役目を果たすことはできない．

　恣意的な権力の行使に対して私たちの誰もが感じる苦痛は，そうした境遇で取るべく頭に生まれつき備わっている態度に由来するものであると私は信じている．ニーチェのツァラトゥストラが言ったように，「兄弟よ，お前たちは彼らの口と胃袋が放つ悪臭にまみれて窒息するつもりか．むしろ窓を壊して外へ飛び出せ．……いまでも多くの場所が空いており，静かな海の匂いを漂わせている．偉大な魂にはいまなお自由な生が開かれているのだ」．実際，1888年にはまだ手つかずの未開地がアメリカに存在したが，現代の悲劇は逃げられる場所がどこにも残されていないことである．この点で，私たち自身の人口過剰による危機は，ひょっとすると，権威主義をこの世に復活させた先史時代の危機の再現なのかもしれない．

　しかしながら，ヒト科の祖先の社会契約について私が強調したい点は，今日の狩猟採集社会と同様，集団全体の公的な意見が個人間の取り引きを制約したことはなかったであろうということである．したがって，保険を理由に個人間で分け合うことは，吸血コウモリの場合と同じように，続いていたのかもしれない．いったん分配規則が確立されれば，協力的な態度は消費のみならず生産をも利することになろう．狩りでは規模の経済効果が非常に大きいので，小さな集団からより大きな集団へと輪が拡大される道が開かれていたのである．

第 10 章
功利主義
Utilitarianism

> 幸福の加算可能性というものは，厳密に考えればいかにも虚構であると思われるかもしれないが，この基本原理を認めなければあらゆる政治的推論が行き詰まる．
>
> ジェレミー・ベンサム

10.1　ジョン・ハーサニ

　ロンドンにある私のカレッジのロビーには，ジェレミー・ベンサムの遺体が剝製にされ，椅子に座ってガラスのケースに展示されている．ベンサムは，彼の死後それが評議会の議長を務めるように，という不気味な冗談めいた指示を残した．実際，ジェレミーの亡骸は時おりカレッジのベンサム協会の会議を取り仕切り，私は一度隣に座ったことがある．食事を共にする多くの人々とは対照的に，生前の彼はもっと陽気であったのだろう．

　ベンサムは功利主義の創始者である[1]．彼は筋金入りの変わり者であったが，著作は独創的な洞察に満ちあふれている．彼の着想に対しては，ジョン・ステュアート・ミルが知的に健全な基礎を与えたことになっているが，少なくともこのテーマに関していうと，ミルは愛想よくお茶を濁したように見える．特に，しばしばミルから引用される功利主義の「証明」は，人々の望むものが幸福であるという主張に捧げられた 1 章からなるにすぎない．しかし，私たちが知りたいのは，幸福とは何か厳密に定義できるものなのか，ということである．それはどのように測定するのか．どのように足し合わせ

---

[1]　ベンサムはエルベシウス〔1715-71 年．フランスの哲学者〕の功績を認めている．ミルいわく，この思想は少なくともエピキュロスにまで遡るというが，エピキュロスは初期ベンサム主義者と呼ばれても嬉しくは思わないだろう．

るのか．なぜ自分自身の幸福の代わりに全員の幸福の総和を用いるのか．

こうした疑問に対する直接の答えを得るには，ジョン・ハーサニを待たねばならなかった．彼の人生は容易ならざるものだった．ハンガリーのユダヤ人として，彼は一度ならず二度も，間一髪で災難を免れている．ナチスの死の収容所を逃れ，後から来た共産主義者による処刑を免れるために，やむを得ず妻とともに違法に国境を越えてオーストリアに渡る．西側にたどり着くと，オーストラリアの工場での仕事に始まり，彼は自らのキャリアを再びゼロから築き上げたのである．

最終的に彼はノーベル賞を受賞したが，経済学関係者はいまだに彼の倫理学研究をきちんと評価していない．デイヴィッド・ヒュームの場合と同じく，彼の良識に富む洞察を受け入れるためには，何世紀にもわたってまじめに追究されてきた学識を無価値として廃棄しなければならない——しかし，どこの誰が進んで自らの蔵書を先に捨てるだろうか．彼の考えに対する哲学者たちの抵抗がより小さかったなら，と考えるのはもっともだが，彼が初等数学を使用したこともあって，真摯な評価を受けるためのドアも閉ざされたように見える．

ジョン・ハーサニの天才をこのように賞賛するからといって，彼が述べることのすべてに私が同意するわけではない．それどころか，彼が功利主義をカント流の私的道徳体系として擁護する試みに私は強く反対する．ただし，それでも私は彼がこの目的のために考え出した道具を借りて，全知全能の取締官がいる場合に作用する公平規範が功利主義的な構造を持つと考えるべき理由を説明するつもりである．

したがって，本章は図21の左側の枝を対象とする．人々が無知のヴェールの背後で交渉する際に，外部強制執行機関が存在するならば，なぜその結果は功利主義となるのか．そして，個人間比較に必要な基準はどのように決まるのだろうか．

ひとつの応用として考えられるのは，今日の狩猟採集社会の内部における小集団の行動である．あるいは現代の厚生経済学がある．万能だが慈悲深い政府はどのように政策を策定すべきだろうか．この議論においてはもちろん，社会を全体として捉える時には外部強制執行機関が存在し得ないということ

を忘れてはならない．よって，図21の右側の枝が示唆するように，その場合は平等主義的結論に達すると私が考える理由を待ちきれない読者は，次章へと飛ばし読みしてもらってかまわない．

10.2 空中の鉤？

さまざまな思想家が空中の鉤（skyhooks）を思い描き，どこにも証拠がないのにまるで外部強制執行機関が存在するかのように議論を進めてよいとする理由を説明してきたが，私はこれに対してきわめて批判的である．特に，憲法の構想についてものを書く経済学者がこの間違いを犯し，考案される憲法に組み込まれたルールを国民に遵守させる強制力がどこにもないにもかかわらず，メカニズム・デザインの方法を適用する姿は目も当てられない．

ジェレミー・ベンサムでさえ，全知全能の（どういうわけか，自らが指導する市民たちの，腐敗を生む私的な誘因に影響されない）役人の集合体として政府をモデル化するような空中の鉤を温かい目で見ることはなかった．彼が繰り返し説明するように，法は同胞である市民から私たちを守る以上に，私たちを支配する国家の役人からも私たちを保護しなければならない[2]．こうした理由により，社会全体のための社会契約は，何であれプレーされている生のゲームの**均衡**としてモデル化されるべきである，ということを第1章で主張したのである．

私はこの点をかなり強調したので断っておく必要があるが，なにも外部強制執行機関の存在を仮定することには意味が**全然**ないと主張しているわけではない．それどころか，ある社会の下位集団の組織や，社会全体による何らかの特別な活動を見る場合には，外からの強制執行を想定することが必ずしも空中に鉤を取りつけることにはならない．例えば，どのような税制が公平

---

[2] ロールズの設けた諸仮定が彼を功利主義に導くべきであったのと同様に，ベンサムの諸仮定は彼を平等主義に導くべきであったと主張することはできる．しかし，彼は私たちが想像するほどこの評価を嫌がることはなかったのかもしれない．というのも，彼がしばしば公言したところによると，現代の功利主義者であったならば大多数の人々の利益のために数人の犠牲に賛成するような場合において，彼の「最大幸福」原理は平等を促進する傾向を持つだろうからである．

であるかを考える時には，政府の財政を警察の役割から区別するだろう．労働組合の規約や商業契約の文言については，強制執行が必要になれば国の法制度に訴えることができる．

したがって，舞台が社会全体の一般的活動以下のものであれば，検討する生のゲームのルールに外部強制執行機関を組み込むことはしばしば理にかなう．その場合に利用可能な社会契約の集合は，この機関がない時に比べて**大きいものとなる**[3]．例えば，仮に生のゲームが1回きりの囚人のジレンマである場合，合意を裏切る者は必ず誰か強力な観察者によって厳しく罰せられるということが周知であれば，両プレーヤーが**ハト**をプレーするという合意は均衡となる．

本章と次章の分析はすべての生のゲームに有効であるから，生のゲームのルールに明示的に組み込まれた強制執行メカニズムについて，特定の文脈で何を仮定するのが妥当であるかをあれこれ示す必要はない．2つの章を区別するのは，**原初状態**において仮説的に結ばれる取り決めが拘束力を持つとみなされるか否かである．

そうした取り決めが拘束力を持つとされる時，きわめて重要なのは，なぜ，そしてどのように拘束力を持つのかについて平明な説明が与えられることである．例えば，今日の狩猟採集集団の場合，2人の隣人が公平性に関する個人的な争いを解決する様子が集団の他のメンバー全員によって監視されても不思議ではないが，公平性がそもそも均衡選択装置として進化した古代の狩猟採集集団では，それは不可能だったはずである．

10.3　最高善？

功利主義者は3つの質問に答える必要がある．

・効用の中身は何であるのか

・なぜ個人の効用が足し合わされるべきなのか

・なぜ私は自分自身の効用ではなく効用の総和を最大化すべきなのか

---

[3]　私の推測では，ルソーとカントが「一般意志」という空中の鉤への服従を推奨した時に言いたかったのはこのことにすぎない．

ハーサニはこれら 3 つのうちの最初の質問に答えるため，幸福を数値で表現するベンサムとミルの試みを放棄して，フォン・ノイマンとモルゲンシュテルンの理論を採用する．そのため，プレーヤーの効用は，選択行動によって顕示される選好を記述する役割を果たすにすぎない．

　第二の質問に対してハーサニがまったく異なる 2 つの答えを用意したという事実は，ちょっとした混乱を生じるきっかけとなった．ひとつ目の答えは，絶対善に関して私たちが共有すると言われる直観を要約するような一連の公理を仮定しなくてはならない．ただし，ここでいう絶対善とは，私たちの進化史から独立に存在する何らかのプラトン流のイデアとして思い描かれるものである．しかし，そのような超自然的概念を拒絶する本書にこうしたアプローチは無用である[4]．2 つ目の答えはより興味深く，ハーサニがロールズと独立に考案した原初状態の装置に訴える．次節で私はこのアプローチを再解釈して記述する．

　ところが，3 つのうちの第三の質問に対して，ハーサニは何も実質的なことを述べていない．ある道徳的な「善」が存在し，その促進はなぜか私たち自身の個人的な関心事に優先するということが単純に当然視されているのである．

　功利主義者が第三の質問に対してお茶を濁すのは大きな誤りであると私は考える．決着をつける必要があるのは，功利主義というものが，他者との交流を調整するために**個人**が用いる道徳体系であるのか，それとも，自らの決定を強制する力を持つ**組織**が従う一連の信条なのか，という点である．功利主義の教義は納得し難いと考える人々に対し，功利主義者がそれを押しつけるべきだとは主張したがらないのも無理はない．むしろ，功利主義国家の全市民が諸手を挙げて彼らの考え方を受け入れるような世界を想像したいのである．マルクス主義者の場合のように，合言葉が最終的にすべての人の心に届けば国家は退場すると言われることもある．他方で，たいていの功利主義者は実際には強制が必要であることを認める．ミルが言うように，「他者の

---

[4]　ジョン・ブルームの著書 *Weighing Goods* が見事に明快な説明を与えている．

利益を害するような行為については，個人に責任を問い，社会的・法的な処罰を科して差し支えないのである」．

　私自身の見解では，功利主義者は公共政策や社会福祉という選択肢で手を打つのが賢明であろう．その簡略版を本章の残りで擁護するにあたり，私は原初状態に関するハーサニの理論に触発された議論を用いる[5]．

10.4　政治的正統性

　政府の政治的正統性は国民の負託に由来することが，現在ではほぼ普遍的に認められている．すなわち，国民の何らかの決定や承認によって，政府が政策を実施するのである．しかし，代表民主制国家の政府に適切なお墨付きを与えるとされる定期的な選挙は，なんら神聖なものではない．それどころか，その過程は不公平であるという不満――とりわけ派閥による政治不安の歴史を持つ国々における少数派の処遇について――がしばしば寄せられる．そこで，原初状態の装置を用いて政府への負託を決定すると何が起こるかを問うことができる．しかし，そうして得られた総意はどのようにして実行されるのだろうか．

　ハーサニとロールズは，この質問に答えるため，非常に似通った空中の鉤を考え出す．ハーサニの場合，原初状態で合意される社会契約は，プレーヤーたちの「道徳的コミットメント」による取り締まりのもとに置かれるとされる．ロールズの場合，取り締まりはプレーヤーたちの「自然な義務」の感覚による．しかし，こうした空中の鉤の存在を信じなくても，彼らの議論は注目に値する．仮に正しいならば，彼らの議論は外部強制執行力の源泉が現実に存在する限り，いつでも通用するのである．

　ハーサニの議論　　ハーサニ自身の分析を述べるのは容易である．彼のいう

---

[5]　私の考えでは，この見解を採用することにより，行為功利主義と規則功利主義との間の長きにわたる論争に偶然ながら決着がつく．公共政策という解釈のもとでは規則功利主義だけが，そして私的道徳という解釈では行為功利主義のみが意味を持つと私には思われる．

厚いほうの無知のヴェールの背後では，アダムとイヴは自分自身について忘れることのできるすべてを忘れ去る．これは，自分自身の私的選好だけでなく共感型選好も含めてである．

しかし，誰であれ原初状態で交渉を行うためには，さまざまな選択肢を評価するための共感型効用関数が必要である．そこで，アダムとイヴは自分たちの置かれた情報の真空空間にふさわしい新たな共感型選好を構成する，とハーサニは仮定する．そして，ハーサニ主義と親しみを込めて呼ばれるようになった原理に訴える．それは，まったく同じ状況にある合理的な人々は，まったく同じように選択を行うというものである．そうであれば，ハーサニの無知のヴェールの背後において，アダムとイヴはまったく同じ共感型選好を構成する．

こうなると，アダムとイヴの交渉問題は取るに足りないものとなる．2人は，共有する共感型選好に照らして最適な社会契約の遂行を一致して望むのである．しかしながら，第8章からわかるように，共感型効用関数の最大化は，アダムとイヴの私的効用の加重和の最大化に等しい．ところが，これはまさに功利主義者が望むところである．

ロールズの議論　ロールズは，アダムとイヴがなぜ同一の共感型選好を持つのかという問題を単純に仮定によって回避する．2人は個人間比較の同じ基準に従う．なぜなら，どういうわけかロールズのいわゆる「基本財」という同じ指標が与えられているからである．

ではなぜロールズは，多少の表現の違いはあれ，ハーサニと同じ功利主義的な解答を得ないのであろうか．答えは，ロールズが正統派の意思決定理論を拒絶しているからである．彼の主張によると，ある種の基本的な権利と自由の保障について合意した後，アダムとイヴは分配問題に対してマキシミン原理を適用する．しかしながら，第5章で見たように，この原理が意味を成すのは，相手が自分の憎い敵となるゼロサムゲームにおいてのみである．しかし，アダムとイヴにできるだけ損害を与えるという唯一の目的のためにサイコロの転がり具合が操られる，などということをこの2人が仮定すべき理由があろうか．

要するに，ロールズが功利主義的結論を免れているのは，無知のヴェールの背後のアダムとイヴに対して彼が設定した意思決定問題の論理を，因習に逆らって回避しているからにすぎない．哲学者たちは時々この点で彼の立場を擁護するが，自らの支持する異論の含意の重大さをめったに理解していないと思われる．正統派の意思決定理論が，原初状態のような単純な状況で間違っているとしたら，それは常に間違っていることになるだろう．力任せに神殿を倒して多数のペリシテ人を巻き添えにしたサムソン〔旧約聖書に登場するイスラエルの怪力の士師〕を私は全面的に支持するが，少なくとも彼は自分のしていることを承知していたのである．

このように，ロールズの分析は欠陥を伴うが，にもかかわらず彼の直観は健全であったと思われる．基本的に彼が主張したのは，原初状態を利用すると，狩猟や採集を営んでいた私たちの祖先の社会契約に似たものが生まれるだろうということである．ただし，この結論に達するのは，「自然な義務」が外部強制執行機関として働くという仮定のもとで原初状態を分析することによってではない．この空中の鉤は功利主義に通じるのである．異なる結論を得るには，ロールズが『正義論』の後のほうで「コミットメントの制約」について述べていることをはるかに真剣に受けとめる必要がある．次章でこれを行う時，彼が求めていたような平等主義的解決方法が転がり出てくるのである．

10.5　原初状態での交渉

ハーサニは，理想的に合理的な一連の共感型選好が存在すると主張するが，それがどんなものであるか，いったいどうすれば私たち哀れな人間にわかるだろうか．カント流の架空のリンボ〔キリスト教で天国と地獄の間にあるとされる場所．辺獄〕でロダンの「考える人」のポーズをとってみるのもいいかもしれないが，それが非常に役に立つと思う人がいるとは考えられない．したがって，本節ではハーサニのアプローチに対する自然主義的な再解釈の試みを始める．

ハーサニの功利主義的ユートピアの「合理的」社会指標は所詮，空中の鉤

でしかないだろう．そんなものは「自然」言語と同様，見つかるはずもないが，エジプトのファラオは，子供を大人から社会的に隔離して育てることにより，自然言語を発見しようとした．個人間比較の実際の基準を記述する社会指標は，**文化的**に決定されるのである．それなのに，あらゆる文化的影響を取り除いてしまっては，いったいどうやってそれらを解明することができようか．

　私の自然主義的再解釈では，イヴが原初状態に入って日常の公平問題を解決する際に用いるのは彼女**自身**の共感型選好である——道徳哲学者が考え出した何らかの抽象的・理想的な一連の共感型選好ではない．イヴが共感型選好を獲得したのは彼女の文化からであって，共感型選好がどんなものかを知りたいのであれば，そこを見なければならない．

　ハーサニとロールズによれば，個人間比較の適切な基準については，一般に社会において広範な意見の一致が見られる．彼らは確かに正しいが，このことは，単に興味本位でついでに言及されるべき事柄であるとは思われない．それどころか，社会的進化がそのような意見の一致をもたらしたであろう過程と理由を理解することは，社会の採用する社会指標が現在の形をとるようになった経緯と原因を理解するために不可欠であると思われる．

　したがって，ハーサニの議論を自然主義的なものにする次の段階は，アダムとイヴが**異なる**共感型選好を伴って原初状態に入るとどうなるかの検討である．そこでは，どんな社会契約を採用すべきかについてもはや意見が一致しないため，交渉問題はまったく取るに足りないものではなくなる．個人間比較の基準について意見の一致がない時に何が起こるかを解明した後に，最終段階ではこれらの結果が意見の一致のある場合よりも不安定になる理由を探るのである．

　この作業のすべてを，外部強制執行機関の存在を仮定せずに次章で再び行わなくてはならないが，ここで提供されるより単純な分析により，交渉問題の一部をとりあえず棚上げして，均衡問題に関心を集中できるようになることを願う．

結婚契約　　原初状態における交渉の分析は，プレーヤーをエデンの園のア

ダムとイヴに見立てることで脚色できるだろう．それは究極の強制執行機関としての「神」を伴う．アダムとイヴは，2人の関係の便益と費用の分け方を明記するカリフォルニア流の結婚契約を立案する（シャーロット・ブロンテよりはジェーン・オースティンを思い起こそう）．

ある程度抽象的な水準で分析を行うため，アダムとイヴの生のゲームのルールについて多くを仮定する必要はない．特定のゲームを考えることがここで役に立つならば，第4章のナッシュ需要ゲームでよいだろう．大切なのは，図1に示されたような集合Xが存在し，それがアダムとイヴにとって実現可能な結婚契約の集合を表現していることである．

さらに，初期設定の社会契約（アダムとイヴがまだ結婚していない現時点で結んでいる社会契約）を表す点Dが必要である．交渉理論において，この状態は交渉決裂点ないし現状などとさまざまな名前で呼ばれ，私の理論では，ホッブズの命名で知られる自然状態の代わりとなる．ただし，独身者は定義からして孤独であろうが，必ずしも陰湿，残酷または短命であると示唆したいわけではない〔ホッブズの自然状態では，人生は「孤独，貧困，陰湿，残酷，短命」であるとされる〕[6]．

これで交渉問題の定義に必要な最小限の構造が整った．アダムとイヴは集合X内のいかなる社会契約にも合意することができる．合意に達しなければ，社会契約Dにとどまる．

仮にアダムとイヴが対面交渉をして，互いに相手からできるだけ搾り取ろうとしているならば，合意される結婚契約は図1でNと記されるナッシュ交渉解であろうと予測される．しかし，ここでの目的はアダムとイヴが何を公平とみなすかを解明することにある．

私たちが検討している公平性の観念は，少しも情緒的なものでないことを思い出そう．現代では，対話の時間がない場合や，人が多すぎて全員が発言

---

[6] ゲーム理論家は，なぜ私がナッシュの可変脅迫理論を使って原初状態の現状を決定しないのかと問うかもしれない．そうしていたら，自然状態は非常にホッブズ的なものであっただろう．これに対する私の答えは，実際には執り行われない交渉において，遂行されることのない脅しを何らかの形で強制する外部機関を想定するのは非現実的である，というものである．

できない場合に，公平性の観念が対面交渉の代わりとなる．実際に交渉する代わりに，人々は，原初状態で交渉するとしたらどのような取り決めに至るだろうかを無意識のうちに予測するのである．

したがって，アダムとイヴが無知のヴェールの背後でジョンとオスカーという新しい役柄で直面する交渉問題に対し，私たちはナッシュ交渉解を適用する必要がある（9.4節）．第一段階は，この交渉問題をきちんと把握することである．原初状態において実現可能な取り決めの集合Zはいかなるものか．どこが現状Qとなるのか．

原初状態をモデル化する　最も簡単なのは現状を出発点とすることである．合意に達しない見通しをジョンはどのように評価するだろうか．

アダムは原初状態へ入ることを想像する時，このことを頭から消し去るのであるが，ジョンは実際にはアダムの共感型選好を持ったアダムである．ジョンはその選好に基づいて，後に自分がアダムまたはイヴと判明する確率が五分五分であるという仮定のもとで，合意決裂の見通しを評価するのである．

第9章で学んだように，ジョンは，自分が初期設定の社会契約Dにおいてアダムであると判明する場合の自らの共感型効用を計算するため，その場合のアダムの私的効用を測り直すのみであるが，これはセ氏で測った温度をカ氏に換算するのとほとんど同じである．同様にジョンは，自分がイヴであると判明する場合の自らの共感型効用を計算するため，その場合のイヴの私的効用を再計測する．これらの再計測を経ると，ジョンは交渉決裂の可能性に対する2つの共感型効用を手にするが，それらは彼が原初状態に入る際に伴っていたアダムとイヴの間の個人間比較の基準を反映している．初期設定の社会契約に対する彼の包括的な評価を得るには，単にこれら2つの共感型効用を平均すればよい．

図22の点D_{AE}は，ジョンとオスカーがそれぞれ初期設定の社会契約Dにおいてアダムおよびイヴとなる場合に割り当てられる共感型効用の組である．点D_{EA}は，ジョンとオスカーがそれぞれ初期設定の社会契約でイヴおよびアダムとなる場合に割り当てられる共感型効用の組である．原初状態における交渉問題のための現状Qを見つけるには，D_{AE}とD_{EA}におけるジョンと

オスカーの効用を平均すればよい．したがって，それは図23に示されたこれら2点の真中に位置する．

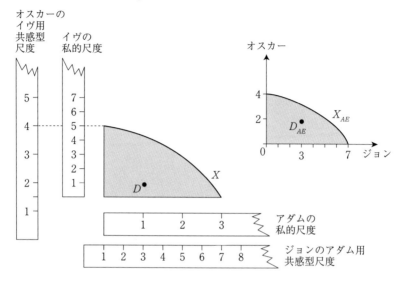

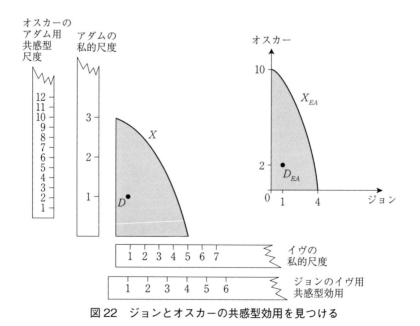

図22 ジョンとオスカーの共感型効用を見つける

図23の点Jと点Kは実現可能な社会契約である．原初状態における合意の一候補として，ジョンがアダムでオスカーがイヴであると判明する場合にJを遂行し，ジョンがイヴ，そしてオスカーがアダムであると判明する場合にはKを遂行することができる．ジョンとオスカーにとってこの取り決めはJとKの中間にある点Lに等しい．そのような点をすべて集めた集合Zこそ，原初状態における交渉問題の実現可能集合である．

原初状態における合意　ジョンとオスカーは，実現可能集合Z内のどの点で合意するかをめぐって交渉を行う．ただし，合意に至らなければ結果は点Qとなる．この問題のナッシュ交渉解は図23の点Pである．

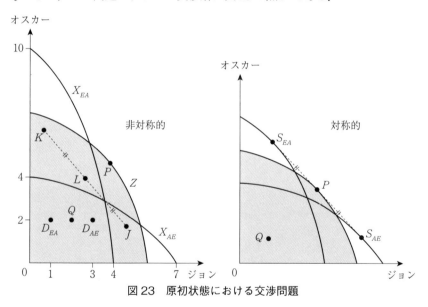

図23　原初状態における交渉問題

図23の右側の図形はこの問題が対称的である場合を示し，アダムとイヴは同じ共感型選好を伴って原初状態に入る．この時ナッシュ交渉解Pも同様に対称的で，ジョンとオスカーに同じ共感型利得を割り当てる．このことは，アダムとイヴが無知のヴェールの背後から出てきて実際に遂行する社会契約について，どんな含意を持つであろうか．

対称的な場合，図23からは2つの結論を読み取ることができる．第一に，

第10章　功利主義　　235

誰がアダムで誰がイヴと判明しようと，同じ社会契約Sが結ばれる．この社会契約はおそらく一方のプレーヤーを他方よりも優遇し，不利な扱いを受けるプレーヤーは，誰が誰となるかを決める幻の硬貨を投げ直すため，原初状態に戻りたいと思うであろう．

しかし，本章では外部強制執行機関としての「神」が存在し，原初状態で結ばれた取り決めを強制執行する．神の姿勢としては，アダムとイヴは原初状態において幻の硬貨を投げた結果を尊重することに合意したはずで，いまや神はその力を行使して，仮説的な取り決めから逸脱するいかなる試みをも防ごうとする．よって，誰が甘い汁を吸うかを決める幻の硬貨は，一度だけ投げられる——そして嫌でもこれを我慢しなければならない．

いささか驚くべきことに，ロールズはハーサニに加わってこの結論を支持しているが，この点について彼は非常に率直である．彼の議論を私なりに解釈すると，奴隷所有者が奴隷制度を正当化しようとして奴隷に対し次のように述べる．「仮にお前が社会のなかでどのような身分・境遇に置かれるかを知らないまま社会の基本構造に同意するように求められたとしたら，お前は奴隷制社会を支持したであろう．なぜなら，お前の心のなかで，奴隷所有者であることの潜在的な利益は奴隷であることの潜在的な費用を上回るはずだからである．だから，いま現実に奴隷であるからといって，お前には不平を言う正当な理由はないのだ」．ロールズは，原初状態で奴隷制社会が合意を得る可能性を否定するが，仮に合意を得たとしたら，奴隷たちには主人に従う「自然な義務」が実際にあると主張する．

図23の対称的なケースから読み取れる第二の結論は，点Pが偶然にも原初状態における交渉問題の功利主義的な解になっているということである．これが生じるのは，ジョンとオスカーの共感型効用の単純和が最大となる時である．アダムとイヴの牛のゲームにおいて社会契約Sが結ばれる含意は何であろうか．

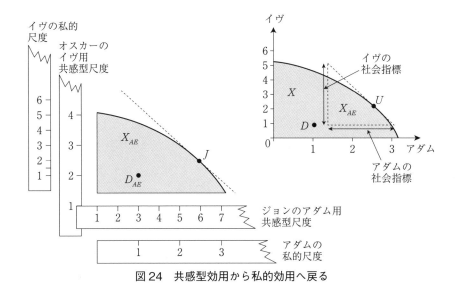

図24 共感型効用から私的効用へ戻る

この問いに答えるには，再計測の過程を逆転させなければならない．つまり，(すべてが私的効用で表現される) 最初の交渉問題を，(すべてが共感型効用で表現される) 原初状態での交渉問題へと変換した過程を遡るのである．図24が示すように，私たちの結論がアダムとイヴの私的効用で表現されれば，S という社会契約においてアダムとイヴの私的効用の総和が適切な加重で調整された後に最大化される，というハーサニの功利主義的主張が復元されるのである．

10.6 社会的進化

前節を締めくくる結論は，アダムとイヴが**同じ**共感型選好を伴って原初状態に入ると功利主義的な結果に同意するだろう，というものである．しかし，前節の出発点は，2人が**違う**共感型選好を伴って原初状態に入るとどうなるかを探求することにあった．ここで私たちは後者の問題に戻り，ハーサニのアプローチで当然視されている功利主義的社会指標を文化の進化がいかに決定するかを究明するつもりである．誤解を招かないように気をつけたいが，

この主題について私が述べることは，効用の個人間比較に関する自然主義的理論へ向けての荒削りな初めての試みにすぎない．それでも，誰かがどこかで始めなければならないのである．

簡単化のため，3つの異なる期間を区別しよう．

・**短期**（short run）は経済的な時間に該当する——市場が予期せざるニュースに適応するのにかかる時間である．短期の時間は分や時間で計るものと考える．
・**中期**（medium run）は社会的な時間に該当する——文化的規範や社会的慣習が基本的環境の変化に適応するのにかかる時間である．中期の時間は月や年で計るものと考える．
・**長期**（long run）は主に生物学的な時間とみなせる——遺伝子のプールが新しい難題に適応するのを待たねばならない時間である．これは世代単位で計るものと考える．

こうした区別を設けるために用いたモデル化の技術は，企業の経済理論から借りている．実際には，経済的，社会的，生物学的過程は同時進行するのであるが，この現実を反映するモデルは複雑すぎて手に負えないだろう．したがって，世界の実際のしくみを近似するために，短期過程は中期過程よりも無限に速く，そして中期過程は長期過程よりも無限に速いと仮定する．

短期の動学過程を検討する時，中期と長期の変数は固定する．すると，それら中期と長期の変数の値はパラメーターとして働き，短期過程が収束する均衡を決定する．中期の動学過程を検討する時には，長期変数を固定するが，短期変数は短期の分析で計算された経済的均衡における値に定める．ここで長期変数はパラメーターとして働き，中期過程が収束する社会的均衡を決定する．同じ原理が長期的均衡にも当てはまるが，本書では長期の動学過程について多くを語ることはできない．

このようなモデル化の技術を利用するためには，単純化のための大胆な仮定がいくつか必要である．プレーヤーの意思決定はすべて短期の現象である．よって，プレーヤーの私的選好と共感型選好は短期的には固定されている．

中期ではプレーヤーの私的選好は固定されているものの，共感型選好は共感均衡に到達するまで調整される．長期的にはプレーヤーの私的選好も進化する可能性がある．

共感均衡では何が起こるか？　単刀直入に結果を述べよう．社会的進化によりアダムとイヴの共感型選好が共感均衡に達した後，結果的に結ばれる社会契約は2人の基本問題に対するナッシュ交渉解である．すなわち，自由に対面交渉を行う場合と同じ私的効用を得ることになるのである．

この結果の幾何学的な証明を示さないのは，ある意味でこの結果が生じるべきことは自明だからである．もちろん，社会的進化は中期的に原初状態の道徳内容をすべて濾過して取り除いてしまうだろう．唯一驚くべきは，これが第8章で与えた共感均衡の弱い定義でも成立することである．より強い定義では，利己心に流される傾向がもっとあからさまであるが．

次章では，外部強制力が不在の場合に共感均衡は必ず対称的であることを示すが，ここではその限りではない．複数の共感均衡が存在し，そのうち1つだけが対称的である．第8章で説明したように，外部強制が可能な場合の合意形成問題に対してよい答えが存在するのは，人々が十分に統合されており，誰もが他の全員を潜在的な役割モデルとみなすような場合のみである．

十代の若者のファッションが便利な喩えとなる．若者たちが自分で自分の服を選ぶ時，いかにも制服のような同じ格好をすることがあるのは驚くべきである．社会的進化が集団内で作用して対称的均衡を生み出すのである．しかし，異なる集団は異なる制服に合わせるかもしれない．私のモデルが個人間比較のための統一的基準を生み出すためには，全人口が十代の若者の一群のように振る舞う必要がある．

本章の残りを通じて私はこのありがたくない仮定を置くが，大切なのは，次章ではこれが不要となるということであろう．

10.7　功利主義的正義のしくみ

社会的進化が中期的には公平規範の道徳内容をすべて取り除いてしまうの

であれば，そもそもなぜ公平性にこだわるのか．延々と正義について語ったところで，鉄の拳をビロードの手袋で覆い隠すことにしかならないとしたら，道徳にどんな利用価値があろうか．

ひとつの答えは第2章で与えられており，さまざまな形の待ち合わせゲームに対して同一の公平規範を同時に適用する帰結を考える．しかし，本章で焦点を当てたいのは，より重要なタイミングの問題であり，第2章ではそれにほとんど言及しなかった．この目的のため，公平規範は一度にひとつの調整問題だけに適用されるという簡単化のための仮定を維持することにしよう．

十分に結束の固い社会のカップルが同じ調整問題に直面し続ける場合，私の理論によれば，適切な外部強制力が存在する時，カップルは功利主義的交渉解を用いて問題を解決するだろう．中期的には文化の進化が功利主義解の社会指標を調整し，以下のように計算することが可能となる．

(1) 調整問題のナッシュ交渉解 N を見つける．
(2) 功利主義解 U が N と一致するような社会指標を選ぶ．

では，そもそもなぜ功利主義解にこだわるのだろうか．答えは，私たちが関心を寄せているような道徳が有効なのは短期においてだからである——そして，公平規範の道徳内容は中期にならないと浸食されないのである．

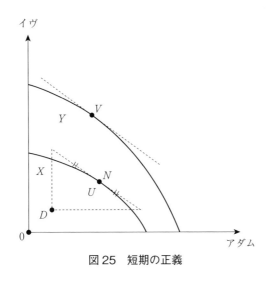

図25 短期の正義

　この点をさらに検討するため，図25が示すように，ある新しい出来事ないし技術革新によって，利用可能な社会契約の集合が集合 X から集合 Y へと予期せずに拡大したと想像しよう．まさにこのような状況においてこそ，公平規範はその進化のきっかけとなった機能——有害な内紛を起こすことなく小社会を新しい効率的な社会契約 V に移行させること——を果たす機会を得るのである．短期では，X に適合する功利主義的社会指標は固定されているため，新しい社会契約 V は図25に示されるような位置をとる．要するに，

（3）実現可能集合の拡大によって生じる新しい調整問題において，公平な社会契約 V は，古い実現可能集合に適合する社会指標を利用して得られる功利主義解である．

　この高度に理想化された状況で，集合 X の形状はエデンの園の歴史的権力構造を表している．中期的に作用する文化の進化は，最終的にアダムとイヴの社会指標に権力の現実をうまく反映させることになる．2人は依然として習慣的に調整先とする X 内の均衡を議論する際の公平性のレトリックを

第10章　功利主義　241

用いるが，同じ結果は直接交渉によって得られる．伝統的な公平規範は，新しい調整問題に適用される場合にのみ，純粋な道徳内容を持つのである．

規範を特徴づける社会指標が単に過去の社会契約に体現された勢力均衡の所産でしかないなら，その規範は「実質的に」公平ではない，と伝統主義者は不満をもらすであろう．しかし，科学的な問いは，私たちが現実の生活で実際に観察する社会指標が私の説明と一致するかどうかであると思われる．

もちろん，アダムとイヴの直面する典型的な問題が引き続き十分に長い間 Y によって特徴づけられるのであれば，個人間比較を行うための基準は新しい状況に適応するだろうし，そのため社会契約の道徳内容は再び浸食されるだろう．しかし，文化の進化はしばしば非常に緩慢なため，新しい調整問題が出現する速度に追いつくことができない．

10.8 食物共有の例

アリスとボブは 1 匹のウサギを分けようとしている．以前であれば，2 人の交渉問題は図 26 の実現可能集合 X と交渉決裂点 D で特徴づけられた．しかし，いま新たに解決すべき交渉問題では，交渉決裂点 D は同じものの，実現可能集合は新しい集合 Y である．

仮にアリスとボブが今日の狩猟採集社会の一員であれば，前述したように，集団全体が 2 人の間の関係を監視する実効的な強制執行機関の役割を果たすかもしれない．その場合，理論的にアリスとボブは互いのやり取りにおいて功利主義的な公平規範に従うであろう．適切な社会指標を見つけるためには，3 つの段階を経る必要がある．

第一段階はすでに第 8 章でやり遂げた．元の問題のナッシュ交渉解は (75, 60) であり，図 19 に示されている．第二段階では，功利主義的な交渉解 U を (75, 60) に一致させるようなアリスとボブの社会指標を選ぶ．図 26 が示すように，アリスの社会指標を 5，ボブのそれを 4 に選ぶことでこれが可能となる．第三の段階は，これらの社会指標を用いて新しい問題の功利主義解 V を見つけることである．それは (80, 200) となる．

これらの計算に合う話を敷衍すると役に立つかもしれない．以前，アリス

とボブが山分けするウサギを手にした時，異なる分け方に対する2人の選好は図19に示されるものであった．したがって，社会的進化は2人を点 U に，つまりウサギの折半に導いたのである．ところが，新しい状況は2つの点で異なる．新たな動物は子豚であり，各プレーヤーの選好は普段であれば相手に属するものである．伝統的な社会指標を用いて功利主義解を適用すると，豚はボブの取り分がアリスの取り分の2倍となるように分けられることになる[7]．

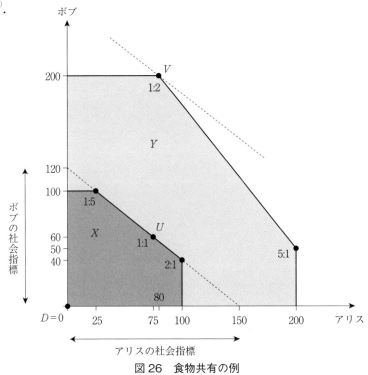

図26 食物共有の例

---

[7] より困難なほうの立場に陥る可能性がアリスとボブで歴史的に等しい場合にも，類似の説明を行うことができる．この場合，基本的状況が対称的なので，社会的進化が生み出す社会指標は両者にとって同じものになる．しかし，豚の公平な分割は依然としてボブに対してアリスの分け前の2倍をもたらす．異なる結果を得るには，歴史的にボブに与えられる社会指標がアリスのものをはるかに上回る必要がある．この時，豚はアリスの取り分がボブの取り分の5倍となるように分けられる．

10.9 相対性

原初状態の分析において，実現可能な社会契約の集合 X は本来アダムとイヴが同じ公平規範を適用する多様な調整問題の代表として理解されるべきである．しかし，アダムとイヴが異なる集合 X を異なる状況で生じるという理由で区別するとしたら，どうなるであろうか．中期的には，これらの異なる状況に対応して個人間比較のための異なる基準が進化するであろう．

したがって，同じプレーヤーが異なる状況では異なる公平基準を用いる可能性がある．エピキュロスが述べたように，「抽象的な正義などというものは存在しない．正義とは人々の間で結ばれる協定にすぎない．……（それは）すべての人にとって同じであり，人間関係を結ぶうえで便利なものとされる．ただし，だからといって，すべての人にとってあらゆる個別の場所および状況において同じであることにはならない」．私の考えでは，すべての人にとって同じなのは原初状態としてモデル化される公平性の深層構造であるが，公平規範が必要とされる場所と状況によってその他が変化する余地は非常に大きいのである．

重要となる可能性が高い状況パラメーターに含まれるのは，外部強制力の利用可能性，集団のさまざまなメンバーの社会的地位，相対的なニーズと能力，血縁関係，そして分配される余剰を生み出すために各人が費やした努力などである．その結果，実地に観察される特定の共有ルールの公平性を評価することはしばしばきわめて難しいかもしれない．例えば，狩猟採集社会で公平に食べ物を分ける時に誰がどれだけを手に入れるかは，親族関係を考慮するだけで大きく変わってくるのである．

今日の狩猟採集民　原初状態は飢えに対する何らかの保険となる社会契約から進化したと私は考えている．前節の食物共有の例はそのような状況の本質を捉えようとするものである．しかし，狩猟採集社会における食べ物の分け合いは，ほとんどが親族の間で起こるという事実によって複雑さを増す．これは公平性のしくみにどのような影響を与えるだろうか[8]．

表 2 は，家族関係が考慮される場合に誰がどれほど豚の分け前を得るかを

示す．記載されている社会指標は，功利主義解としてこれらの分け前を導くために必要なものである．注目して欲しいのは，これらがいかに社会指標の値4および5から離れているかである．仮に誤ってアリスとボブの包括適応度ではなく個人的適応度を用いると，これら4および5という値をいつも使うことになるのである．

きょうだい間の血縁度は1/2である．親子の間でも同じであるが，息子が思春期まで生き延びて彼の母親が年頃を過ぎてしまったら，2人の血縁度を変更し，遺伝子複製の機会が異なることを考慮しなければならない．この例では，子の親に対する実質的な血縁度がゼロで，親の子に対する血縁度が1/2のままという極端な場合を考える．

アリス	ボブ	アリスの取り分	ボブの取り分	アリスの指標	ボブの指標
血縁度ゼロ	血縁度ゼロ	$\frac{1}{2}$	$\frac{1}{2}$	4	5
いとこ	いとこ	$\frac{6}{11}$	$\frac{5}{11}$	3	4
兄弟	姉妹	$\frac{2}{3}$	$\frac{1}{3}$	1	2
娘	父	$\frac{2}{3}$	$\frac{1}{3}$	3	10
母	息子	$\frac{1}{6}$	$\frac{5}{6}$	4	3

表2　今日の狩猟採集集団における分け合い

アリスがボブの母親である場合を除き，2人の関係が近いほど，アリスのほうがニーズが大きいことがより積極的に認められている．相手が自分の父親あるいは兄弟の場合，アリスのニーズは完全に満たされる．このようにアリスのニーズが認められることは，異なる場合に用いられる個人間比較の基準にも明らかに見て取れる．例えば，アリスとボブがきょうだいの場合，アリスの効用1単位はボブのそれの半分の価値しかないとみなされる．2人がいとこどうしの場合，アリスの効用単位の価値はボブのそれの3/4である．アリスがボブの母親である例外的な場合，彼女はボブの厚生を一方的に気遣う結果，ボブのニーズがアリスのニーズよりも完全に優先されることになる．この時，ボブの効用単位はアリスのそれの3/4の価値があるとみなされる．

---

8) 今日の狩猟採集社会を参照すると，個人間の分け合いは功利主義的に行われ，集団全体によって監視されると仮定することができる．

取り分と血縁関係を結ぶ簡単な公式はないが，今日の狩猟採集社会においてニーズの高い人が特別扱いを受けるのはなぜかという問題にとって，親族関係は明らかに重要である．近親交配が血縁度を上昇させるという事実を考慮すると，この現象はいっそう強化される．

10.10　なぜ功利主義ではいけないのか？

ここで少しの間，記述の帽子を脱いで，代わりに規範の帽子をかぶり，ハーサニやロールズと同じ視点で功利主義について語る．私の基本的な論点を述べると，セカンド・ベストの教義であるという理由で功利主義を否定する批判者たちは，正しい決定を間違った理由で下すという反逆罪の犠牲になっている．功利主義をセカンド・ベストとして否定することが誤りである理由は，ハーサニの議論が，それ自体であれ，本章向けに翻案されたものであれ，功利主義をファースト・ベストの教義とみなすべきもっともな理由を挙げているからである．しかし，セカンド・ベストではなくファースト・ベストの教義であるという事実こそ，功利主義が否定されるべき理由となるのである．

この見かけ上のパラドックスを理解するには，経済学者が**ファースト・ベスト**および**セカンド・ベスト**という言葉をどのように用いるかを理解する必要がある．

メカニズム・デザインの問題に対するファースト・ベストの解は，外部強制執行機関の役目を果たす全知全能の「神」によって設計されるであろう．セカンド・ベストの解は設計者に可能な最善のものであるが，この設計者は，自らの監視能力には限度があり，そして自らが創り出すいかなるシステムも，結局は人間が自分の利益になるように利用する運命にあるのだということを受け入れる．ユートピア主義者はファースト・ベストの解を目指すが，これは必然的に失敗し，私たちはサード・ベスト以下の解に落ち着く．経済学者は，人々にプレーさせるために自分たちが作るゲームの**均衡**だけが本当に実現可能であるということを当然視し，セカンド・ベストで手を打つほうが賢いと考える．

簡単な例として，目の見える人から盲目の人への眼球移植は可能であるが，

死んだ人からの眼球は役に立たないとしたらどうなるかを考えてみよう．誰かが片方の眼球を諦めて盲目の人に譲ることを決定する公平なくじ引きを行う，という功利主義的方法はファースト・ベストに見えるだろう．適切な外部強制力の存在が保証されるのであれば，私はもちろん原初状態においてこれに同意するであろう．なぜなら，私が盲目であると判明する可能性は，目の見える人として片方の眼球を諦めることになる可能性と等しいが，盲目であることは片目であるよりも不幸だからである．

しかしながら，このような提案は反感を招き，哲学者たちはそれを強制すべきでない大げさな道徳的理由を捻り出す．しかし，この提案を拒否する真の理由は，外科手術で眼球を摘出する可能性など考えただけでも恐ろしいため，直ちに私たちは同じように考える人々に加わってセカンド・ベストの策を社会に押しつけるしかないのである——それが盲目の人々にどれほど大きな苦痛を与えようとも．

第 11 章
平等主義
Egalitarianism

> 正義にかなうとは……釣り合いがとれているということである．
>
> アリストテレス

11.1　原罪

前章では，アダムとイヴの結婚契約の話を，エデンの園から追放される前という設定で論じたが，ここからはリンゴが食べられてしまった後の世界に移ろう．ミルトンが言うように，

> 知識の悪しき果実ではないか，これが知るということであるとしたら，
> 私たちはこのとおり裸になってしまい，もはや名誉も失われた．

合意を強制執行する「神」や「名誉」が存在しなければ，アダムもイヴも自分の利益にならない限り，いかなる社会契約の条項も遵守することはない．よって，2人がこれから合意する結婚契約は自己完結的――2人がプレーしているゲームの均衡――でなければならない．

私たちはセカンド・ベストの種族であって，根源的な誘因に反するような原則を尊重するものと当てにすることはできない．これを認めると私たちの自尊心は傷つきかねないが，その結果として導かれる形の平等主義は，それほど嫌悪感を催すものだろうか．私はそうは思わない．なぜなら，それこそ日常生活で公平性が問題となる取り引きを実際に左右する信条だからである．

11.2 衡平性

普通の人々は何をもって公平と考えるだろうか．この疑問に答えようとする実験からは，なんら確定的な結論が得られなかった．その理由の一部は，心理学者が実験の制御方法の決定に役立つ理論を持っていなかった一方で，行動経済学者は，人々が公平に振る舞うのは単に偶然そうするのが好きだからである，という素朴な仮定に基づいて私的な効用関数をデータに当てはめ，袋小路に後退してしまったからである．新しい実験を行うたびに被験者がまったく新しい効用関数を必要とするようであれば，私ならやる気を失うであろうが，行動主義者たちは妥協を知らない．

衡平の法則　全体像は当惑と混乱の様相を呈しているが，心理学者のいう「衡平の法則（law of equity）」を支持する確固とした実験結果が存在する．この法則によれば，社会的交換の問題を公平に解決するには，各人にふさわしい価値（worth）と受け取る利得（gain）の比率を個人間で均等化すればよい．これはある種の環境においてのみ当てはまるらしいが，その場合にはかなりうまく機能するようである．

しかし，利得はどのように測定されるのだろうか．いかなる尺度が採用されるにせよ，ゼロはどこに設定されるのか．ふさわしい価値とはどのように解釈されるのか．衡平の法則において価値を測定する係数は，公平判断が下される社会的状況に大きく依存する，ということに心理学者は同意するようであるが，そこで重要な要因は何であろうか．実験研究は努力や投資に焦点を当ててきたが，社会的地位，功績，ニーズはどうだろうか．そもそも人々が衡平の法則を尊重するのはなぜか．ある種の環境でそれが当てはまらないのはなぜだろうか．

平等主義解　こうした疑問のいくつかに答えるためには，まず衡平の法則と第2章で導入した平等主義的交渉解との間の顕著な類似に注目することである．この類似を精確に把握するには，2つの一致操作が必要である．まず，衡平の法則において利得を測定するための基点を，交渉問題における交渉決

裂点と重ね合わさなければならない．さらに，異論もあろうが，衡平の法則における価値係数は図3の社会指標と一致しなければならない．**価値係数**の代わりに中立的な**社会指標**という呼び名を用いることにより，これらの数値の異なる状況での解釈について先入観が形成されることを予防する効果があると期待している．

平等主義的交渉解には堅固な理論的裏づけがあるので，この類似への着目はすでに一歩前進である．効用の**完全**な個人間比較を織り込んだ，公平な交渉解の条件となり得るような公理の集合は，そのほとんどが平等主義的交渉解を特徴づけることが判明するのである[1]．

しかし，このような公理的アプローチでは，そもそも個人間比較の基準がどのように決定されるのかという問題が手つかずのままである．したがって，社会的状況が衡平の法則の価値係数にいかなる影響を与えるのかについて，何も言うことができない．私の現在のアプローチが非常に荒削りであることは自覚しているが，ゆくゆくはこの重要な問題に対する理解のきっかけを提供するものと期待している．

11.3 ロールズの格差原理

ジョン・ロールズの主張によると，原初状態における合理的交渉がもたらす社会契約では，ある種の基本的な権利と自由がまず保障され，その後に残りの分配問題が格差原理を用いて解決される．しかしながら，ロールズにはこの2つの結論のいずれを主張する資格もないと思われる．

最初の結論はどう考えても原初状態の条件のみからは導かれない．アダムとイヴの生のゲームについて詳しく知らなければ，2人が社会契約に書き込みたいと願う権利や自由の内容について，いかなる結論を出す資格もないのである．例えば，生のゲームが情け容赦のない敵に対する絶え間ない闘いであれば，おそらくは生き抜くことが個人的自由よりも優先されるだろう．ホ

---

[1] 功利主義的交渉解は，効用の単位を比較するのみである．平等主義解は単位と水準の双方を比較する．

ッブズ流の社会契約——市民は絶対的支配者の指導を黙諾する——のほうが，各市民が自由に自分の好きなことをできる政体よりも好ましく見えるだろう．

　たとえ生のゲームが私たちの現在の社会に十分近く，ロールズの第一の結論を正当化できる場合でも，前章で示したように，分配問題は功利主義の線に沿って解決されるだろう——ただし，ロールズにならって「自然な義務」が外部強制執行機関の代わりに適切に機能するという仮定のもとではあるが．しかし，ロールズが『正義論』を著した意図は，彼の時代の政治哲学者たちの間で支配的であった功利主義に対して強烈な異議申し立てをすることにあった．

　ロールズ研究者は時にこうした批判に対してむっと怒り，『正義論』からの引用を掲げて，私が彼の理論を理解していないことを示そうとする．しかし，ロールズ自身はもっと度量の大きな人であった．彼は原初状態に関する自らの分析には修正が必要であることを認識していたし，私が弱りかけていた時には，優雅なカッパープレート体の筆跡で幾通か長い手紙をしたためて，私の研究計画を続行するように励ましてくれた．ロールズが考え直していたことを疑う者は，『正義論』と後の『政治的リベラリズム』を比べさえすればよい．

　したがって，ロールズの考え方を再解釈するにあたり，私は彼の研究の精神から逸脱しているという気はしない．これは決して，ロールズが晩年に道徳的自然主義に改宗したと主張するものではないが，だからといって，そのようなアプローチから何かを学べる可能性を彼が自ら除外していたわけでもないのである．

ロールズを修正する　第一の点は，ロールズが「コミットメントの制約」について長々と述べたことを補強するにすぎない．私は彼がこの主題について述べていることを論理的に突き詰めて考えているのである．外部強制執行機関の代わりになるものは，内部には存在しない．自然な義務がその役目を果たすことはないし，他の何にしてもだめである．このことは，社会全体に関わる憲法の問題を議論する時でも，監視の目が届かない狭い廊下で人々がどのようにすれ違うかといったささいな事柄を話し合う時でも，同じように

当てはまる．

外部強制力がない場合，社会契約が存続するにはそれ自身が契約の履行を監視・保証しなければならない．したがって，それはプレーされているゲームの均衡でなくてはならない．その重要な帰結は，繰り返しゲームの理論のフォーク定理によると，実現可能な社会契約の集合 X が凸性を持つということである．

第二の点として，公平な社会ではある種の権利と自由が擁護されるべきであるというロールズの強い主張は，原初状態における交渉の帰結と見るのではなく，権威やリーダーシップに代わって公平性が均衡選択装置としてうまく機能するための前提条件と見るべきである．最も極端な例は，一見したところまったく権威的構造を持たなかった先史時代の狩猟採集社会である．

第三の，そして最後の点は，ロールズの格差原理をしかるべき交渉問題の平等主義解として解釈することができるということである．格差原理は本質的にマキシミン基準であることを思い出してほしい．つまり，最善の社会契約は最も不遇な立場にあるプレーヤー（あるいは階級）の状態を可能な限り改善するものである．しかし，共感尺度の零点を現時点の現状にとったうえでアダムとイヴの利得を測定し，かつ実現可能集合 X が凸であれば，マキシミン基準はまさに平等主義的交渉解を選び出すのである[2]．したがって，格差原理はアダムとイヴの共感型利得を等しくするため，衡平であるといえる．

11.4 幻の硬貨

次節ではロールズの考え方を改めて擁護するため，原初状態における交渉が外部強制力なしで平等主義解を生み出すことを示す．

しかし，マキシミンというウサギを期待効用の帽子から取り出すことはいかにして可能だろうか．ロールズにならって正統派の意思決定理論を窓の外

---

[2] X の境界上の他のいかなる点においても，その点からわずかに動いて不遇な立場のプレーヤーの共感型利得を上昇させても，不遇な立場のプレーヤーが入れ替わることはない．

へ放り出さない限り，私たちはハーサニに同意し，無知のヴェールの背後のプレーヤーはお行儀のよい功利主義者のように利用可能な社会契約を評価するだろうと考える．プレーヤーはアダムとイヴの私的効用の加重和を最大化する社会契約を選ぶのである．しかし，ジョンとオスカーがどちらもそのような功利主義的選好を持っているならば，なぜ平等主義的な結果に同意するだろうか．

その答えを見つけるには，原初状態を去る時に誰がアダムで誰がイヴとなるかを決める（とジョンとオスカーが了解する）仮想のコイン投げに焦点を当てなければならない．この幻の硬貨はいつ投げられるのか．なぜ2人は硬貨の表裏の出方に基づく合意を尊重すべきであると感じるのか．また硬貨の表裏の出方をどのように知るのか．

神が身分の上下を創ったのか　アリスとボブはどちらも心臓移植を必要としているが，移植できる心臓はひとつしかない．両者の命の価値が同等であるとみなされるならば，この心臓をアリスに与えようとボブに与えようと功利主義者にとって違いはない．しかし，仮にボブが男であるという根拠で（または白人ないし裕福であるという理由で）この心臓を受け取るとしたら，アリスはこれを甚だ不公平であるとみなすだろう．あるいは，母親の胎内で卵子が受精した時には彼女にも男に生まれるチャンスが等しくあったのだ，などと言われたところで，彼女の機嫌が直るはずもない．

したがって，アリスにとっての大きな関心事はいつ幻の硬貨が投げられるかである．そのようなランダムな出来事に基づいて，誰がこの心臓を手にするかが決まるならば，本物の硬貨がいまこの時点で投げられるべきだと彼女は主張するだろう．

ボブはもちろんその逆を主張するだろう．彼に有利な面がすでに出ている幻のコイン投げの結果に従うのは公平である，という考え方に彼は惹かれる．保守主義者たちが例外なくするように，彼は喜んで以下のような讃美歌を歌うのである．

　富める者は城を構え

貧しき者は門前払い
　　神は身分の差を設け
　　彼らの運命を定めし

　このプロパガンダは，地主貴族がくつろいでいる間に小作農が畑で働くのは不公平であるという危険な議論を粉砕する意図を持っている．それは，究極の外部強制執行機関としての神への訴えと，正義への新たな訴えはどれも私たちのような農奴の隷属状態を追認するだけであるという示唆とを組み合わせたものである——社会において異なる人々が占める役割を決める仮想のコイン投げの唯一正当かつ適切なモデルは，私たちをそもそも農奴の身分に追いやった原初の「神の業」にほかならないとされる．

　これは特権階級にとっては魅力的な議論であるが，公平規範のしくみに関してこのように直観に訴えることで農民たちが納得したとはとても想像しにくい．あたかも，自分が確実に負けるように円盤に細工が施してあることを知っているばくち打ちに，ルーレットをプレーすることを頼むようなものである．

　グロティウスやプーフェンドルフのような初期の契約論者は，この話の「神」を何らかの古代の民衆会合で置き換え，そこで達せられた合意がどういうわけか現在生きているすべての人々を拘束すると考えた．しかし，これらの「原始契約」説に対するヒュームの辛辣な批判は依然として争う余地のないものである．ヒュームが健在で，ハーサニとロールズの提案したいっそう素晴らしい原初状態という概念にコメントしてくれたら，と私は思う．彼らの考えでは，時空を超えたカント流のリンボ（辺獄）かどこかで交渉された仮説的な合意を尊重する義務が私たちにはあるらしく，そこでは，幻の硬貨は落下の途中で永久に停止したままなのである．マッドハッター〔『不思議の国のアリス』に登場する狂気の帽子屋〕の茶会ですら，これよりはまともである．

　とにかく，このような形而上学的空想は，自然主義的な公平性の理論に占めるべき位置を持たない．原初状態の進化的起源と推定されるものと，実際の公平規範のしくみに関する私たち自身の経験とがどちらも明らかにするよ

第11章　平等主義　　255

うに，有利な立場を享受する人を決めるための硬貨は現時点で投げられる実際の硬貨でなくてはならない，ということが公平性への訴えには必要なのである．

最初にうまくいかない場合　外部強制力が存在すると，公平性への訴えは，それ以前の公平性に関する裁定によって覆される可能性が常にある．例えば，2人のサッカーチームの主将がコインを投げて試合の前半にはどちらのチームがどちらのサイドで戦うかを決める時，コイン投げで負けたほうは，自分のチームが太陽に向かってプレーしなければならないのは公平でないと文句を言うかもしれない．彼は裏と言い，芝の上のコインは表を示しているかもしれないが，だから何だというのだ．彼は不当な扱いを受けたと感じて，新たな裁定を要求するのである．

　これが実際にはあまり起こらない理由は，自分が勝つまでコインを何度も投げ直すというような主将の要求は世間が許さないからである．とても考えられないことではあるが，仮に主将がこのトリックを試したとしたら，メディアで笑い者になるだろう．しかし，もしも外部強制力が不在であったら，そして事が生死に関わる——アリスの心臓移植のような——問題であったらどうだろうか．

　この点を考慮すると，自然主義的な公平概念と形而上学的な公平概念の根本的な違いが浮き彫りになる．公平性は力の釣り合いを取るための道具として進化したと自然主義者が考えるのに対し，形而上学者の考える公平性とは力の行使の代替手段である．私は自然主義の路線を開拓しているので，硬貨の表ないし裏が出たからといって，最終結果に対する影響力をアリスが一部たりとも失うわけではない，という事実を直視しなければならない．よって，彼女は硬貨投げで負けても，持てる力を行使するだろう．何であれ，ひっそりと死んでいくよりはましである．こうして彼女は硬貨投げの結果を尊重する約束を破るかもしれないが，諺にもあるように，恋愛と戦争は手段を選ばないのである．

　当然予想される反論を2つ挙げることができる．第一に，約束を破るのは不道徳である——たとえ原初状態という仮説的状況で交わされた架空の約束

であっても——というものである．しかし，私たちは原初状態を用いて何が道徳的であるかを**決定**しているのだという想定をこの反論は見落としている．あるいは，ヒュームに言わせると，約束を破らないためには，単にそれを守るという口約束以上の理由が必要なのである．

　第二の反論は，仮にアリスが自分の気に入らない硬貨投げの結果をいつでも自由に拒否できるとしたら，原初状態へ訴えることは何の役にも立たないというものである．しかし，これは間違っている．プレーヤーたちがどちらでもかまわないと考えるような役柄を割り当てる合意の調整は，依然として可能なのである．

なぜ平等主義か？　　この最後の点は，外部強制力が不在の場合に原初状態から平等主義が導かれる理由を明らかにする．無知のヴェールの背後のプレーヤーが幻の硬貨を投げた結果について無差別であるのは，割り当てられる共感型効用が**等しい**時のみである——平等主義的交渉解の場合のように．

　哲学的パラドックスをゲーム理論的に解消する多くの例にもれず，批判者たちはこんなつまらない答えではぐらかされたといって激怒することがある．いったい，平等主義と功利主義の違いが，硬貨を投げて決着のつくようなものに依存するというのか．これほど深淵で難解な問いには深淵で難解な答えがあるに決まっていると言いたいところだが，答えが簡単だとしても私に責任はない．通常，問題を単純明快にしたとして憎まれ口をたたかれるにふさわしいのはフォン・ノイマンであるが，ここではすべての非難をハーサニとロールズに浴びせよう．彼らは問いを追究するためのよい方法を見つけ出すという深淵で難解な問題を解いたのであるから．

11.5　公平な社会契約

　本節では，外部強制力が存在せず，よって起こることすべてが自己完結的でなければならない社会について，原初状態の話をもう一度述べる．生のゲームの枠内で選択肢として明示的にモデル化されていないコミットメントは不可能であるため，コミットメントの制約は不在である．他のプレーヤーの

選択を所与として，誰もが自由に自己の誘因に反応する．

こうした条件のもとで，私の理論はロールズの直観が正しいことを裏づける．

> 外部強制力が存在しない場合，新しい調整問題は，社会の過去の歴史が決定する社会指標を利用した平等主義的交渉解によって解決される．

この結論を導くモデルを設定するにあたっては多くの説明が必要であるが，大切なのは，出てくる平等主義的な結果の核となる平凡な洞察を，多言を弄して曖昧にしてしまわないことである——すなわち，自分に不利な硬貨投げの結果を人々が尊重するのは他の選択肢がそれよりも悪い場合だけだ，という洞察である．

道徳ゲーム　私のこれまでの主張では，公平規範が進化した理由は，より効率的な均衡が選択可能になるにつれて公平規範を利用する集団は速やかにこれに調整し，古い均衡にとどまっている集団に対して優位に立てるからである．そのメカニズムの構想の記述にあたっては，拡大する輪という隠喩をピーター・シンガーから借りた．プレーヤーは新しいゲームの輪において均衡に調整する仕方を学ぶため，そのゲームをあたかも慣れ親しんだものであるかのようにプレーすることがある．こうして，時にはより大きな輪のゲームにおける均衡にうまく調整できることもある．もしこの行動が確立されれば，プレーヤーはゲームの均衡選択装置を発見したことになるが，この装置はプレーヤーがより制限的なゲームのルールに拘束されているかのようにプレーすることで機能するものである．

牛のゲームにおける均衡選択のあり方が公平性に関する解釈を許す場合，この種のゲームを**道徳ゲーム**と呼べるかもしれない．ただし，道徳に関して中立的な均衡選択装置もしばしばほとんど同じように機能する．例えば，すべてのプレーヤーが，法律に反して運転ゲームで**左**を選ぶことが不可能であるかのように振る舞うとしたら，全員が**右**を選ぶ均衡にうまく調整できるだろう．第5章で挙げたもう少し複雑な例では，もっぱら利己的な娘たちが，

自分の労働の成果を無力な母親と分け合う気になるのである．この社会契約に伴う道徳ゲームのルールによれば，年老いた両親の世話をすることは道徳的な義務であり，エドマンド・バークは，子供がこれを「逃れることは決して許されない」という．

　なんら独創性のないことを述べるが，生のゲームのルールは物理的拘束力を持つ一方，道徳ゲームのルールの拘束力は，チェスのルールのように慣習に基づくにすぎない．**自然**（physis）対**法**（nomos）の論争は紀元前5世紀にまで遡る．古代のソフィストであるアンティフォンの言葉を借りれば，「法の諸規則には必然性がないのに対し，自然法則は不可避である．そして，法の諸規則は合意によって作られるのであり，自然が生み出したものではない」．ところが，パピルスから紙へ移行する間に，この単純な真実が曖昧になってしまった．今日の学者は決まってこの点を混同し，道徳ゲームのルールを「自然法」と呼ぶのである．しかし，誤解を招きかねないこの言葉を仮に用いるのであれば，ホッブズとヒュームにならって，いわゆる「自然法」は実際には不自然であって，服従を強いるものではないということをはっきりさせるか，あるいはスピノザのように，私たちには「自然」に与えられた力の及ぶ限りにおいて，どんなことでもする生まれながらの権利があると主張する必要があるように思われる．

徳のゲーム　　道徳ゲームのうちひとつだけ，私が「徳のゲーム」と呼ぶものを検討する．生のゲームと道徳ゲームが同時にプレーされるという考え方は，ホモ・サピエンスが社会を営む様式の記述としてかなり妥当性を持つと私は推測するが，簡単な特徴で記述される道徳ゲームが人間の道徳的交流の豊かさをほぼすべて包摂できるなどと主張するのは馬鹿げているだろう．私が提示する特定の徳のゲームのルールは公平性に関する現象だけに対処することになる．

　徳のゲームは生のゲームの双子であるが，ただし現実の世界では利用不可能な追加的手番がプレーヤーに提供される．徳のゲームのルールによると，生のゲームが繰り返されるたびごとに，どのプレーヤーにも原初状態の装置に訴える機会が与えられる――正義へのそうした訴えが過去になされたか否

かにかかわらず，訴えがなされると，プレーヤーたちは無知のヴェールの背後に姿を消し，自分の現在と将来の社会的地位・役割を知らないまま，徳のゲームで将来どのような均衡が選ばれるべきかを交渉する．社会における立場はランダムに入れ替えられ，各プレーヤーがアダムかイヴになる確率は五分五分となる．

　ここで，**公平な社会契約**とは生のゲームにおける均衡であり，そこで要請される戦略は，仮に徳のゲームで用いられても決して原初状態の装置に訴える権利を行使する誘因をプレーヤーに与えないものである．このように，公平な社会契約は徳のゲームにおける均衡であるが，同時にそれが生のゲームの均衡であることも忘れてはならない．でなければ進化によって一掃されるのである．事実，徳のゲームとは，生のゲームにおいて均衡をひとつ選び出すための調整装置にすぎない．

　人々が徳のゲームで不正を行うことができるのは，チェスをプレーする時にビショップをナイトのように動かせるのと同じである．しかし，公平な社会契約においてはそうする誘因が存在しない．なぜなら，徳のゲームのルールがあたかも拘束力を持つかのようにプレーすることで生のゲームの均衡に到達するからである．よって，誰かが自らの最善の利益に反して最初に逸脱しない以上，逸脱して得をする者はいないのである．

交渉問題　外部強制力がない場合には，互恵性に頼らないと高水準の協力を組み込んだ社会契約を維持することができない．しかし，互恵性が機能するのは，プレーヤーの交流が繰り返される時のみである．よって，重要なのは生のゲームが無期限繰り返しゲームとしてモデル化され，その均衡のみが安定的な社会契約となることである．

　第5章のフォーク定理が教えるように，すべての均衡結果からなる集合は図1に見るような凸集合Xであり，X内の各点は利得の組として，均衡で各プレーヤーが受け取る平均的な効用のフローを表す．

　初期設定の社会契約Dは，何であれ現時点で機能している社会契約に重ね合わされる．よって，あたかも社会が歴史を自由に捨て去って将来をまったく新しく計画できるかのように議論している，としてハーサニやロールズ

を攻撃する批判者たちも心配するには及ばない．私の理論は歴史を無視しない．歴史は現行の社会契約を特徴づける文化に組み込まれているのである．

原初状態をモデル化する　　第10章と同様に，私たちはジョンとオスカーが無知のヴェールの背後で直面する交渉問題を確定しなければならない．

　ジョンとオスカーは幻の硬貨を投げた結果を尊重すると見込めるのであれば，彼らの実現可能集合Zは図23に見るような，集合X_{AE}とX_{EA}の平均となるだろう．しかし，本章では彼らに名誉を重んじる心はない．したがって，実行可能な合意は，幻の硬貨投げの結果にかかわらず，ジョンとオスカーが**同じ利得を得るもの**に限られる．正確に言うと，ジョンがアダムでオスカーがイヴであると判明する場合には利得の組Jが実行され，ジョンがイヴでオスカーがアダムであると判明する場合には利得の組Kが実行されることにジョンとオスカーが同意するとしたら，JとKは同じ点でなければならないのである．

　よって，ジョンとオスカーの実現可能集合Zは2つの集合X_{AE}とX_{EA}の共通部分である．つまり，ZはX_{AE}とX_{EA}の**双方**の集合に同時に属するすべての利得の組からなる集合である．ただし，ジョンとオスカーの交渉問題の現状Qは依然としてD_{AE}とD_{EA}の中点である．しかし，ここでも事情は外部強制力がある場合よりは単純であって，筋書きが成り立つためには点D_{AE}は点D_{EA}と一致しなければならないのである．

　すなわち，ジョンとオスカーは，原初状態で合意が得られないため現行の社会契約が初期設定として維持されるとしたら自分は誰の立場に置かれると判明するかについて，気にしてはならないのである．そうでないと，合意しないことに合意することさえできなくなるだろう．アダムとイヴの共感型効用の尺度は現行の社会契約に対して**同じ効用水準**を割り当てなければならないのである．

　したがって，現時点での均衡は公平であると常にみなされる――しかし，誰かが現在たまたま行っていることが何でも公平であるという意味ではない．現在の均衡経路から逸脱する者は不公平に振る舞っていることになり，よって罰せられるのである．言い換えると，全員が現在の基準に従って公平に振

る舞っているならば，各人が自らの価値に応じた正当な利得を得ているとみなされる．社会の外側から内側を，あるいは未来から振り返って現在を観察する人は同意しないかもしれないが，その人たちの基準のほうが批判される社会の基準よりも大事だと主張するのはいったい何様であろうか．

原初状態における合意　図27は図23の再現であるが，外部強制力の不在を考慮するために必要な変更を加えてある．ジョンとオスカーの交渉問題は実現可能集合Z内で合意を探ることであるが，ただし交渉決裂の結果はQとなる．この問題のナッシュ交渉解はPで印されている．それは，状況があまりに非対称的でない限り，Zが角を持つ点である．

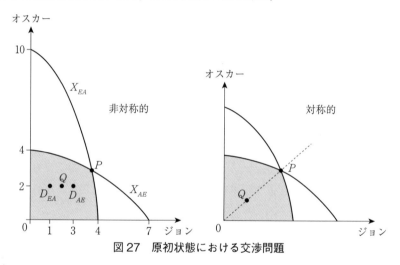

図27　原初状態における交渉問題

図27の右側の図形は，アダムとイヴが同一の共感型選好を伴って原初状態に入る対称的な場合の問題を示す．この時，ナッシュ交渉解Pもやはり対称的となり，ジョンとオスカーに同じ共感型利得を割り当てる．これは，アダムとイヴが無知のヴェールの背後から出てきて実際に遂行する社会契約について，何を含意するだろうか．

功利主義のケースと同様に，図27の対称的な場合からは2つの結論を読み取ることができる．第一は，誰がアダムで誰がイヴと判明しようが，同じ社会契約Sが実行されるということである．しかし，この社会契約はいとこ

分の功利主義とは非常に異なり，どちらのプレーヤーも，誰が誰となるかを決める幻の硬貨を再び投げるために原初状態に戻りたいとは考えない．よって，第10章ではそのように戻ることを防止した外部強制執行機関が，ここでは不要となる．

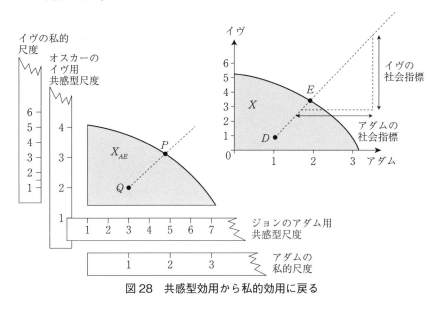

図28　共感型効用から私的効用に戻る

　第二の結論は，偶然ながら P が原初状態での交渉問題に対する平等主義解となっていることである．これが起こるのは，ジョンとオスカーの加重前の共感型効用が等しい時である．アダムとイヴの生のゲームで実行される社会契約 S にとって，これはどんな意味を持つだろうか．

　この疑問に答えるためには，最初の（すべてが私的効用で表現された）交渉問題を原初状態での（すべてが共感型効用で表現された）交渉問題へと転換させた再計測の過程を逆転させなければならない．すると，図28が示すように，社会契約 S はアダムとイヴの私的効用を適切に再計測したうえでそれらを等しくしているにすぎない．すなわち，原初状態での合理的交渉は平等主義的交渉解を生み出すというロールズの直観が正当化されるのである．

第11章　平等主義　　263

11.6 平等主義的正義のしくみ

前章では，自然主義の文脈において功利主義的正義がどのように作用するかを検討した．本節は同じ議論の簡略版に目を通し，違いを指摘してゆく．

社会的進化がアダムとイヴの共感型選好を共感均衡に至らせると，何が起こるだろうか．外部強制力が存在する場合のように，2人の私的効用は無制約の対面交渉を行った場合と同じ水準に終わる．つまり，結果的に結ばれる社会契約は，基本的問題のナッシュ交渉解である．よって，公平規範の道徳内容はすべて取り除かれてしまうのである．

外部強制力が存在する場合との大きな違いは，アダムとイヴが中期的に到達する共感均衡の必然的な対称性である．したがって，個人間比較の基準に関する意見の一致が社会的進化によって**自動的**に生まれるだろうと信じるに足る理由がある．外部強制力が不在の時に，ある集団が同じ調整問題に直面し続けるのであれば，私の理論では，その集団は最終的に平等主義的交渉解を用いることになる．なぜなら，すべての人が同じ個人間比較の基準とともに原初状態に入るからである．

中期的に，社会的進化は平等主義解の社会指標を調整するので，それらは以下の手順で計算することが可能となる．

(1) 調整問題のナッシュ交渉解 N を見つける．
(2) 平等主義解 E を N に一致させるような社会指標を選ぶ．

新たな出来事ないし技術革新の結果として，利用可能な社会契約の集合が図29に示されるような形で集合 X から集合 Y へと拡大すると，公平規範には，それがそもそも進化する発端となった機能を果たす機会が訪れる――すなわち，有害な内紛を引き起こすことなく社会を新しい効率的な社会契約 F へと移行させることである．短期的には，X に適合していた平等主義的な加重の値は固定されているため，新たな社会契約 F は図29に示すような位置をとる．

(3) 実現可能集合の拡大がもたらす新しい調整問題においては，拡大前の古い問題に適合した社会指標を用いて得られる平等主義解が公平な社会契約 F となる．

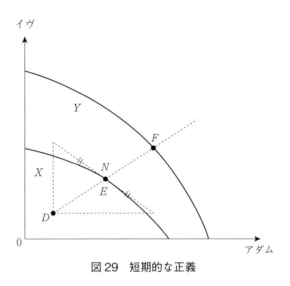

図 29　短期的な正義

　もちろん，アダムとイヴの直面する典型的な問題が引き続き十分に長い間 Y で特徴づけられるのであれば，個人間比較を行うための基準は新しい状況に適応するだろうし，この社会契約の道徳内容は再び浸食される．

11.7　信用できない取り引き

　社会はいかにして，ある社会契約からより効率的な選択肢へと移行するのか．第 4 章の鹿狩りゲームが示すように，これは単に合理的なプレーヤーが全員一致でより好ましい生のゲームの均衡へと移動し，そこでとにかくうまくやっていく，というような話ではない．人々が互いに信頼し合う十分な理由がなければ，ご都合主義の輩が便乗利益を狙って改革の過程を乗っ取るだろうと恐れられるのももっともである．いったい，ある均衡から別の均衡への移行はどのように成し遂げられるのだろうか．

　スウェーデンが左側通行から右側通行へ切り替えた時のように，切り替え

が一晩にしてうまくいくこともある．ソビエト帝国の崩壊後，東欧では中央集権的指令経済から西側スタイルの市場経済に向けて同様に速やかな移行を試みた国もあったが，成功の度合いはさまざまである．そのような迅速な変化の試みは，物事がうまくいかない場合は特に，性急かつ過酷であると批判されることがある．しかしながら，これは批判者たちがほぼ常に見落とすことであるが，システムが均衡外の移行段階にある最中に体制の安定性が完全に損なわれてしまうというリスクは，迅速な変化によって最小限に抑えられるのである．

　もうひとつの可能性は，漸進的な変化により初期の状態から長い時間をかけて近隣の均衡をたどり，計画的に改善することである．合理的な社会が採用すると考えられる改革の経路はこちらである．というのは，改革が実施されている間に制御を失う可能性が排除されるからである．この線に沿ってソビエト連邦を改革しようとしたゴルバチョフの試みが，こうした慎重なアプローチのよき宣伝になっていないことは確かである．反対に，中国はいまのところ混乱に陥ることなく，同種の段階的な移行を切り盛りしているようである．

　第4章のムカデゲームでは，合理的なプレーヤーが互いの間で財を連続的に交換するように手配することで，信用できない取り引きをうまくまとめるしくみを説明した．しかしながら，この例はゲームの最中における交換条件の再交渉は不可能であることを前提としている．それができるとしたら，どうなるだろうか．

再交渉　ある企業の労働者と経営者の間で毎日繰り返されるゲームを想像しよう．図30の左側の図解において，実現可能な社会契約の集合 X 内の各点は，利得のフローの組に対応し，プレーヤーたちが繰り返しゲームの数多くの均衡のひとつに調整する結果として得られるものである．2人は現在，点 D に対応する非効率的な均衡のもとにある．同時に，より効率的な均衡へ向かうことに合意できた場合に発生する余剰をどのように分け合うかについて交渉を行っている．というわけで，D は交渉問題の現状である．

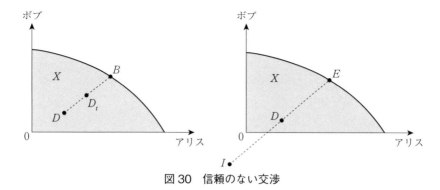

図30 信頼のない交渉

2人の交渉問題の解がBであると仮定しよう．この議論の目的にとって，Bがナッシュ交渉解，平等主義的交渉解，功利主義的交渉解のいずれであるかは重要でない．ここで述べられることはすべて，3つの選択肢のどれにも同じように当てはまる．

労使間に信頼がない時，企業がDからBへ移ることは可能であろうか．このような動きは，経営者と労働者の双方にとって，確立された特権と慣行をしだいに放棄することを意味する．いったん放棄されると，必ずしもそれらを元の形で取り戻すことはできない．仮にどちら側かが再交渉を主張した結果としてBへの移行が中断されるならば，この企業は新しい均衡に陥るだろう．図30の点D_tはそのような均衡に対応する．時間tにおいて再交渉への要求があれば，その後の交渉の最中にはD_tが新しい現状となる．

最初の合意が存続するためには，移行期間中のいかなる再交渉の要求も無意味でなければならない．なぜなら，そうであれば，行われる交渉は単に最初の合意を再現するのみだからである．この幸運な結論は，移行期の一時的現状D_tがいずれもDとBを結ぶ直線上にあるように保証することによって，簡単に導き出すことができる．すなわち，社会契約Dから社会契約Bへと移るには，DとBを結ぶ直線上にある一連の暫定的な社会契約を通じて移行するのである[3]．

罪に見合う罰を与える　ギルバートとサリヴァンのオペレッタ『ミカド』に登場する日本の天皇は，司法行政に多大な関心を寄せる．

朕の目的はすべて崇高なのだ
やがてはこれを成し遂げよう
罪に見合う罰を与えよ
罪の重さに見合う罰を†

　ポケットビリヤードの詐欺師たちは，歪んだ布の上，曲がった突き棒，楕円形のビリヤード・ボールを使ってプレーさせられる．講義に飽きたおしゃべり者たちは，ドイツ人神秘論者のもとに送られ，10時から4時まで説教を聴かねばならない．

　自業自得に陥った人を見て，私たちがいかにも満足してしまうのはなぜだろうか．あるいは，自分の仕掛けた罠に引っかかる人を見る時．しっぺ返しで報復する時．「目には目を，歯には歯を」を実践する時．つまり，正義が詩的であるのは罰の厳しさが罪の重さに見合う場合だけであるのはなぜだろうか〔「詩的正義」とは，詩や小説に見られる，善は報われ悪は罰せられるという因果応報の理念〕．

　懲罰は公平であるべきだと私たちが思う理由はかなり単純なものであると私は考えている．内部の裏切り者を罰する時や損害を被った人に補償を与える時，私たちのとる措置は単に逸脱行為の利益を無に帰すだけであってはならない．それに加え，現状を移動させ，そこから公平性に訴えることにより，逸脱行為が発生する前の社会契約が再現されるようにしなければならないのである．

---

3)　したがって，私は短期的な正義のしくみを議論する時に現状を移転する可能性についてはいちいち大騒ぎをしなかった．現状が図29におけるDとEを結ぶ直線上のいかなる点に移ったとしても，なんら変わることはない．特に，現状がDからEへ動いても事態は変化しない．この議論は，ジョンとオスカーが原初状態で現状に対して同じ共感型効用を割り当てるべき理由を補足的に説明する．彼らがそうしないと，合意された改革が社会契約を移行し始めるや否や，幻の硬貨によって不利な立場に立たされた側が再交渉を求めるだろう．

†　第二幕でミカドが入場する場面におけるミカドの台詞より．

投資　衡平の法則に関する心理学実験が最も成功したのは，以下のような経済問題のシミュレーションにおいてであった．似たような経歴を持つが互いに顔見知りでない人たちが，それぞれある金額を共同事業に出資し，得られた利益を分配する．問題は，いかに分けるべきかであり，被験者はどうするのが公平であるかを答えなければならない．標準的な答えでは，投資家の受け取るべき分け前は投資額に比例すべきであるとされる．

この種の実験がうまくいく理由は，おそらく，衡平の法則をより一般的に検証する時に直面するはずの困難のほとんどを巧みに切り抜けられるからだろう．現状ではどちらのプレーヤーにも利益がまったく生じない．1効用単位を1ドルと設定することができる．さらに，プレーヤーが投じた投資額が社会指標に関するデータを提供する．

なぜかを確認するため，図30の右側の図解を見てみよう．点Dが元々の現状で，アリスとボブはいかなる投資もしていない．公平な最終結果はEである．DとEを結ぶ直線の傾きは，この状況におけるアリスとボブの相対的な社会指標が何であるかを教えてくれる．しかし，DからEに到達するためには，アリスとボブはまずそれぞれ資金を投資して，一時的に自分の状況を悪化させなければならない．これによって現状はDからIへと移る．ところがいまや，いったん投資した資金が回収不能になれば，一方のプレーヤーにとっては原初状態の装置に新たに訴えることが最適となる——ただし，点IがDとEを通る直線上にない場合のみではあるが．

したがって，公平な取り決めにおいてアリスとボブが行う投資は，2人の社会指標に比例すると考えるべきであろう．すなわち，投資の大きさがプレーヤーの社会指標の代わりとなっているのである．

11.8　社会指標と状況

心理学的な衡平の法則によると，公平な結果とはプレーヤーが各自の価値に比例して報われる場合をいう．この法則を擁護する心理学者は，プレーヤーの価値は公平判断が下される状況（context）に大きく依存すると主張する．

心理学者が用いる価値係数の代わりに私たちが手にしているのは，平等主

義的交渉解と功利主義的交渉解の双方においてプレーヤーの私的効用の加重を調節する社会指標である．ただし，それらの値が決定される際に状況がきわめて重要であることに変わりはない．本節で問うのは，ニーズ，努力，能力，地位といった変数とともに状況が変わるにつれて，プレーヤーの社会指標がどのように変化すると考えるべきかである．

Xの形状がプレーヤーの社会指標を中期的に決定するので，この疑問に答えるには，状況変数が動くにつれて実現可能な社会契約の集合Xがどう変化するかを調べればよい．

状況に関して何が重要か？　私は決してカール・マルクスの崇拝者ではないが，いかにして社会が価値ある人々を識別するかを研究するうえで重要だと思われる人間の特徴のすべてをマルクスが指摘していたことは認めなければならない．思い出してほしいが，革命が成就した後の労働者は，労働に応じて報酬を得ることになっていた．マルクス主義の労働価値説が経済思想の白眉でないことは確かであるが，それでもなお，アダムとイヴが共同で生み出した余剰を分配するということになれば，余剰の源を生み出すのに要した相対的**努力**水準が，各自にふさわしい価値を決定する際に注目すべき主要な変数のひとつでなくてはならない．

もちろん，マルクスによれば，労働は価値の暫定的な尺度を提供するにすぎない．国家が最終的に死滅した後の社会主義ユートピアでは，ニーズに応じて分配し，能力に応じて徴収する——これがルールとなる．人間のありのままの本性を考えると，そのような誘因のしくみは，大きな社会の能力ある者たちを一夜にして貧困層に変えるような設計になっていると思われる．それでもなお，価値の評価の際には**能力**と**ニーズ**の両方の変数が考慮されなくてはならない．

最後に，努力，能力，ニーズに**地位**を加える必要がある．マルクスにとって，社会身分は封建遺制のひとつであり，人間の組織化に失敗した他のあらゆる歴史的実験とともに一掃されるべきものであった．しかし，現実的な社会契約論は，今日の権力構造が過去の権力構造から進化したという事実を無視できない．人の社会的地位は，現時点で社会の現状として機能している社

会契約が当人に割り当てる役割によって測定されるだけに，その人の価値がいかに周囲の人々に評価されるかということと大いに関わってくるのである．

基本は権力である　ニーズや地位のようなつかみどころのない概念を議論するにあたっては，実現可能な社会契約の集合 X が社会の基本的な権力構造によって決まるという事実を見失わないことが大切である．公平規範が存在するのは，事情が変わった時に新しい権力の均衡を見つけ出すためである，ということを私たちは認めるのみならず，公平規範を特徴づける社会指標は，現在機能している社会契約の権力構造内に凍結された歴史的偶然を反映するだろうということも認めなければならない．

　この歓迎されざる真実を述べると，価値とは結局のところ暴力に等しいとするトラシュマコスの説を私が支持しているのだとみなす人たちからしばしば多くの反感を招く．しかし，第5章の例が明らかにしたと願っているが，生のゲームを繰り返しプレーする大きな社会では，権力はおそらくはるかに微妙なやり方で行使される．そうでなければどうして，揺りかごを揺らす手がさほど頻繁に世界をも支配するであろうか．

　とにかく，しばらくの間は不信感を棚上げしてもらい，状況変数が権力構造に浸透していく様子は，トラシュマコスが示唆したであろういかなる着想よりもはるかにありふれた考え方に沿うものであることを明らかにしたい．

ニーズに応じて分配する？　道徳問題を論じるための言語は民族心理学からの誤った仮定に満ちているため，何か首尾一貫したことを言えるだけで驚きである．ニーズという概念は特に曖昧である．

　くだけた英語では，アリスはニーズが高い（needy）というのは，彼女が困窮している（in want）ことを常に意味する．ところがそれは，彼女が独力であれ，同じ運命にある他者とともにであれ，自らの困難を緩和する力を持たないことをも示唆する．さらに，彼女の窮状が多くの人の胸のうちの同情心を掻き立てるには及ばず，力のある人たちが彼女のために進んで助力することにもならないのである．私はこの無力感をニーズの定義から切り離す．というのも，それはアリスの私的な好みと彼女を取り巻く社会的条件とを混

第11章　平等主義　271

同してしまうからである．無力な人のニーズが高いのはほぼ確実であろうが，ニーズの高い人が必ずしも無力なわけではない．

　水に対するニーズがよい例となる．近くのバーでビールを飲んでいる時も，砂漠で最期の息を切らしている時も，水が私たちの生存に不可欠であることに変わりはない．唯一の違いは，私たちが前者の状況ではニーズを満たすことができるのに対し，後者ではそれができないことである．

　アリスがあるものをどれくらい欲しているかをもって彼女のニーズとするならば，彼女がそれを手に入れるために冒す覚悟のあるリスクの大きさによってニーズを測定することができる．すると，ニーズがアリスの社会指標に与える影響を確定する問題は取るに足りないものとなる．というのも，ナッシュ交渉解はよりリスク回避的なプレーヤーを罰するために，分配されるもののうちより小さな分け前を与えるからである．直観は単純である．ニーズの高い人がより多くを手にするのは，必死であるため，より積極的に交渉を行うからである．

　この結果の含意を確認するため，ボブの相手となる可能性のあるアリスが2人いると想像してほしい．ニーズの高いアリスと快適に暮らすアリスである．中期的には，誰がどれだけを手にするかはナッシュ交渉解によって決まる．2人のアリスが用いる私的効用の尺度の零点と単位を同じように定めると，ニーズの高いアリスは快適に暮らすアリス以上の利得を得るだろう[4]．したがって，中期的に社会的進化は快適に暮らす人々よりもニーズの高い人々に対してより大きな社会指標を割り当てるのである．

労働者は報酬に値するか？　プレーヤーが分け合う余剰は，いつも天からの贈物のようにどこからともなく現れるわけではない．プレーヤーは一般に協働してそれを生み出すため，費用と便益の双方を分け合うことになる．しか

---

[4] ニーズの高いアリスの取り分は必ずしも快適に暮らすアリスの取り分より厳密に大きいわけではない．第8章の食物共有の例において，アリスがリスクをまったく取らない代わりに甘受する最小の分け前を減らすことで彼女のニーズをしだいに低くしていく場合でも，受け取る最小の分け前がウサギ半分を下回らない限り，彼女はウサギ半分で手を打ち続ける．

し，以下の例においては，アリスの努力のみが余剰を生み出す．ところが，彼女が自らの労働の成果のいくらかを享受するためにはボブの同意が必要で，彼は伝統的な追いはぎ貴族〔領地内を通る旅人の所持品を奪ったり，法外な通行税を徴収したりした中世の領主〕の役割を果たしている．ただし，アリスは一小作人ではあっても，まったく無力というわけではない．相互の同意によって社会契約が結ばれるのでなければ，彼女は何も生産しないのである．

これは「資本」対「労働」というお馴染みの話である．先史時代，資本とは「自然」が男の体に授けた強靭さであった．アダム・スミスの時代の重要な資本は，国家が保障する不労所得生活者の財産権からなり，そのおかげで彼らは，自らが生産にまったく寄与しなかった農業生産物の余剰のかなりの割合を巻き上げることができたのである．現代では一般に，非常に裕福な人々はまったく税金を支払わずに済ませることができるし，同時に，貧しい人々の賃金から直接徴収された税金で賄われる公共財を享受する．この方法で補助金を受ける大型オペラの上演は特に露骨な例である．

図31は，分配される余剰が天からの贈物ではなく，アリスの努力によって生み出されることになった時，事情がいかに変化するかを描写している．実現可能な社会契約の古い集合X内の各点は左方向に一定の距離だけ移動し，実現可能な社会契約の新しい集合Yを形成する．この移動距離は，アリスが自身の努力を何効用単位に相当すると考えているかを表す．

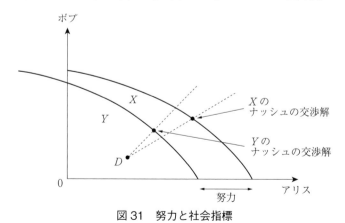

図31　努力と社会指標

図31に示されるように，新しい交渉問題のナッシュ交渉解は常に交渉決裂点Dを通る直線上にあり，その傾きは古い問題のナッシュ交渉解に対応する直線の傾き以上である．したがって，中期的には，アリスが余剰を生み出すために努力しなければならない場合，社会的進化によって彼女に割り当てられる社会指標は，何もせずに余剰が手に入る場合よりも小さいものとなる．

　この結論が直観に反するように見えるとしたら，それは，アリスの努力をすべて無に帰してしまうボブのような権力を一個人が手にする状況に直面することが現在ではまれだからである．もっと普通の状況では，アリスが2人の関係から身を引かないように，ボブは余剰の最大の分け前を彼女に譲らなければならない．先史時代の採集民でさえ，収穫のすべてを家へ持ち帰る必要はなかった．屋外では，どこであれ自然の恵みが得られる場所で自分と子供たちが食するという選択肢が存在したのである．同様に，現代の労働者には，別の職に就くか失業保険を受給するという選択肢がある．アリスは額に汗して2人分の糧を得ているのに，ボブが彼女を卑しいとみなすのは，アリスがボブの権力に屈する以外の選択肢を何も持たない場合だけである．そうなると，彼女は実質的には農奴である．

　今日の民主主義社会に農奴は存在しないが，だからといって，強制労働者の尊厳を踏みにじる一因であった封建的なミームが絶滅したわけではない．今日の西側民主主義で行われている新封建主義の社会契約において，現代の追いはぎ貴族は，無抵抗で無力な人たちから貢物を取り立てるためにもはや傭兵軍を雇うことはない．代わりに国家の装置を媒介として利用し，私たちのポケットから彼らのポケットへと金を注ぎ込むのである．私たち現代の農民には合法的に課税を逃れる選択肢はない．そのため，自分たちの脱税計画を合法化させるほど力のある金持ち連中と比べて，私たちは自ら自分自身を無価値であるとみなすのである．

能力に応じて徴収する？　　能力のある人は，能力の劣る人と同じ物を生産するのに同じだけの努力を傾ける必要がない．よって，能力の変化が価値に及ぼす影響を調べるという問題は取るに足りない．アダムの能力が高まるにつ

れて，一定水準の余剰を生み出すために必要な彼の努力水準は下がる．努力の増加は社会指標を低下させるので，能力の増加は社会指標を上昇させることになる．

努力と能力に関する以上の結果を要約すると，他の条件が等しいならば，平等主義は知恵のない農奴よりも能力のある貴族に対して好意的である．しかし，功利主義者はこの偏りを覆したと自画自賛する前に躊躇すべきである．私たちはもはや経済が停滞する封建時代に生きているわけではないのであって，ユートピア主義者でさえ社会体制が誘因と技術革新の力学に及ぼす影響を考慮しなくてはならないのである．

ノブレス・オブリージュ？ アリストテレスの高貴という概念を社会的地位と解するなら，公平な社会では控えめであることが気高い美徳とみなされる理由は明らかとなる．他の条件が等しければ，社会的地位が上がるにつれて社会指標は低下する．したがって，地位と権力のある者は身分の低い仲間よりも小さな分け前を新しい余剰から受け取るのである．おそらくこのためであろうか，食事を共にした人が費用の一定額ではなく全額を払うと言い張ると，人々は奇妙にも憤りを覚える．この行為によって，勘定書きをつかむ人は自らの社会的地位が高いことを主張しているのである．ただし，彼の振る舞いから，彼は自らの社会的立場がどう見られているかあまり自信がないのだということにいったん気づくと，このような形で恩着せがましくされても悪くは思わないようになる．

アリスの社会的地位の大まかな目安は，彼女が現時点の現状で受け取る利得である．彼女の社会的地位を上昇させるために交渉決裂点 D を右へ動かすと，この問題のナッシュ交渉解におけるアリスの利得も増加する．したがって，アリスの社会的地位の向上は彼女の状況を改善するのである．しかし，彼女の社会指標はどうなるだろうか．これは増加するかもしれないし，減少するかもしれない．というのも，アリスの総利得は現状で受け取る利得と分配される余剰の分け前の合計だからである．

この問題は，努力が価値を減少させることを示した議論を再利用することで容易に解決する．現状の点を右へ動かすことは，まず X を同じ距離だけ

左へ移動し，次に全体図を同じ距離だけ右へ移すことに等しい．よって，現時点の現状においてアリスの社会的地位を上昇させると，彼女の社会指標は低下する．

明らかに適用できるのは，累進課税の問題に対してである．これを批判する者たちは，各納税者は所得の同じ割合を支払うべきだと主張するが，私の理論の予測では，豊かな人が貧しい人よりも所得の大きな割合を納税するほうが公平であると人々はみなすであろう．

11.9 市場

右派の知識人からしばしば耳にすることであるが，社会を効率的な結果へ導くより優れた手段として現在では市場が利用可能であるため，公平性はもはや時代後れであるという．需要と供給の法則が公正価格という中世の概念を最終的には駆逐した時のように，いまや私たちの公正な社会に関する直観は，新しいパラダイムに取って代わられたことを認める時が来たのだろうか．いったん市場のミームが公平性のミームの座を完全に奪ってしまえば，市場が伝統的な意味で不公平であるか否かは問題でなくなる，と話は続く．

本節はこうした劇的な筋書きに反論を加える．進化の作用はいずれ，市場のように機能することのある社会契約を生み出すだろうということには私も同意する——ただしその理由は，市場メカニズムが人目を引く新しい価値観を体現し，先史時代の社会契約を記憶する化石としてのみ生き延びるような時代後れとなった公平規範を打ち負かすからではない．逆に，条件に恵まれれば市場は勝利するように運命づけられている限りにおいて，市場というものはまさに，人々の私的な選好が原初状態の装置を公平規範として用いることに徐々に慣れていく結果として，長期的に出現するものなのであると私は考える．

共感型選好が中期的な調整を終えた後に，原初状態の装置を用いて配分が行われる際に何が起こるか，私たちにはわかっている．アダムとイヴは引き続き2人の社会契約を公平と評するかもしれないが，2人が実際に同意するのは交渉問題に対するナッシュ交渉解である．よって，2人が採用する公平

性に関する手続きの道徳内容はすべて取り除かれてしまっているはずである．というのも，2人の達する妥協は，利用できるあらゆる交渉力を用いて対面交渉を行った場合と同じものだからである．

　この中期の議論は，プレーヤーの私的な選好が固定される一方で共感型選好は変化するということを当然視している．しかし，第10章で導入した時期の分類がこの仮定を維持するのは短期と中期においてのみである．長期的には，利用される配分メカニズムに応じて私的な選好も変化する可能性がある．ここで私たちが問う必要があるのは，アダムとイヴが，自分の表明する選好はナッシュ交渉解への入力という役割のみを果たすという仮定のもとで自らの適応度を最大化しようとする場合，いったい2人はどのような私的選好を意識的に顕示するだろうか，ということである．仮に，市場の言葉でモデル化することのできる状況において，どちらも自らの私的選好を偽って表明したいと思わないのであれば，ナッシュ交渉解を用いる結果は完全競争市場がもたらすはずの結果と同じであることが判明する．

　したがって，市場というものは，まず文化の道徳内容を濾過し，次に市民の私的選好を形成することで人々の自律性を浸食する，という過程の最終段階なのである．完全競争市場メカニズムは腐敗しにくいという事実は喜ばしいが，私が説明した理由はあまり励みになるものではない．穴に落ち込んだ石をそれ以上落下させることが容易ではないように，進化が市場の諸制度をすでに腐敗させているからといって，市場をさらに腐敗させることは困難である．

　しかしながら，一定の生のゲームで作用している文化の道徳的価値が長期的には浸食されてしまうという事実を喜ぶ根拠はどこにもないものの，失望する理由もない．成熟した社会では徳の役割は存在しないなどという結論を導く資格は誰にもないのである．長期的に何が起ころうとも，短期と中期の結論は依然として有効である．よって，生のゲームの短期的な修正は，おそらく技術的・環境的変化によって引き起こされるが，狩猟採集民の集団と同じく，進んだ経済においても，余剰の公平な分配への要求を喚起するのである．

　降雪後のシャベル市場という素朴な例が，この現象の実態を巧みに捉える．

雪が降ると，シャベルへの需要は高まる．供給が需要に一致しなければならず，かつシャベルの供給が一定であるならば，シャベルの価格は上昇を余儀なくされる．しかし，これに対して消費者は価格の上昇を不公平であると非難する．それは，雪が降ったからといって，誰かの社会指標が変わる理由は見当たらないからである．したがって，一般に認められている社会契約を裏切ったとして小売業者を罰するため，購買拒否を行う．

　このような均衡外の現象を無視する保守派の政治家たちは，配慮を託されている社会契約を危険に晒す．すべてが常に均衡状態にあると仮定する典型的な過ちを犯しているのである．しかし，あらゆる社会組織にとって，均衡への道を見つけるには時間がかかる．長期的な均衡への道を見つけるには，**長**い時間がかかるのである．ところが，公平性が進化したのは均衡選択問題に対する**短期**の解決法を提供するためであった．

第 12 章
計画的分権
Planned Decentralization

> あなたはどうやらさもしいホイッグ党員のようですね.
>
> サミュエル・ジョンソン

12.1 第三の道?

　かつて政治が左と右の間の単純な選択に見える時代があったが，ソビエト帝国の崩壊は社会主義の信用を失墜させる一方，リバタリアン右派である自由市場礼賛者たちの勝利を告げたわけではなかった．いわゆる第三の道では，個人の権力や地位の無秩序な奪い合いのなかにあっても社会正義が放棄されないという．しかし，この第三の道というのは新たなユートピアの幻想にすぎず，急務とされる生活のための改革から関心を逸らしているだけではないだろうか．もしくは，顔の見えない官僚の手に過大な権力を委ねることで個人の積極性を抑圧してしまうようなことのない公平な社会を計画する何らかの方法が現実に存在するのだろうか．

　本書で提示した考えは楽観の根拠を提供するだろう．公平な社会契約を生み出すために，自らを権威主義的な拘束服に縛りつける必要はないのである．さらに，個人的自由を擁護するからといって，金持ち連中が機会あるごとに私たちを食い物にするのを見過ごすわけではない．人類が進化の途上で経験した狩猟採集社会は，自由であると同時に公平であった．私たちは生産性を上げる必要から，他の社会契約の採用を余儀なくされたが，いまやポスト工業化時代に差しかかっており，ひょっとすると私たちは受け継いだ遺伝的形質にもっとふさわしいタイプの社会契約に戻ることができるかもしれない．

人間の本性に最も適すると私が考える社会契約は，平等主義的な性格を持っているが，そうした平等主義的な社会契約を提唱する実際上の理由は，現代の平等主義哲学者たちの動機とはかけ離れているので，私はむしろ，自分が擁護しているのは1688年の名誉革命と1776年の独立宣言の起草者たちを突き動かしたような**ホイッグ主義**であると言いたい．ホイッグを自称するなど現代ではいささか古風に聞こえることは承知しているが，少なくともこれには利点があって，ホイッグの大義を声高に主張する者が伝道者と間違われる可能性は低いのである．

いずれにしても伝道は完全に場違いであって，本章では主に，私自身の公平理論のみならず，一般にゲーム理論家が社会問題に取り組む方法に見られる多数の欠陥や不適切な点を指摘する．これはあたかも，クモの巣の土台となる糸が数本以上張られる前に，クモの巣全体がどう見えるかを想像するようなものである．それでも私は本章を断固として続ける．穴を埋めるための第一歩は，埋めるに値する穴を持つ構造が存在するという事実を認識することだからである．

12.2 ホイッグ主義

学問的・政治的立場がその批判者たちによってどのように歪曲されるかを観察すると多くを学べることがある．例えば，貧困層を助けるために税金が投入されることを嫌悪するアメリカの政治家たちは，**リベラル**という言葉を選んで政敵を侮辱する時，自分自身について多くを語っているのである．

同様に，詩人イェイツによる韻律の整わない以下の詩は，初期の反動主義者たちの態度をよく表している．

> ホイッグ主義とは何か
> 平等を目指し，憎悪を煽り，合理を尊ぶ精神
> 決して聖人の眼で物事を見ることはなく
> 酔っ払いの眼で見ることもない

ホイッグ主義者が合理性を尊重するという点でイェイツは正しい．ホイッグ主義者は，より良き社会に至る道は関係者全員の合理的な自己利益に訴えることにある，と信じている．ホイッグ主義者は平等を目指すという点に関してもイェイツは正しく，古い考えを墨守する彼のようなトーリー主義者にとって，より公平な社会への希求が憎悪に満ちたものに映るのは自然である．

　イェイツはまた，ホイッグ主義者は聖人ではないという．この点についても彼は正しい．ホイッグ主義者は聖人でないのみならず，より素朴な左の思想家が私たちを説得しようとするのとは異なり，人々が聖人になる能力を持つとは考えない．一時的には，人々を説得して共同体全体の利益を個々人の私的関心事よりも優先させることは可能である．しかし，市民がいつでも自分の拡大家族以外の人々に対して利他的に振る舞うことを当てにできるという仮定に基づく共同体は，端的に言ってうまくいかない．

　最後に，イェイツがやはり正しく指摘するように，ホイッグ主義者は，酔っ払いのように振る舞って危機から危機へとよろめくのは無分別であると考える．計画と改革を禁句とする必要はない．それらは何か神秘的な「共通善」の存在を必要とするわけではないのである．代わりに，私たちは「共通理解」の制度化を計画することができる．誰ひとりとしてその過程で多大な犠牲を払う必要はないが，そのためには，途中で落伍する弱者を見捨てるのは強者の自己利益にならないということが理解されなければならない．古きものから新しきものへ，私たちは**相互の同意**によって移行することができる．馬鹿馬鹿しく効率の悪いお役所仕事を新たに設ける必要もない．市場がうまく機能する場合にはその利用を予定することに何の支障もないが，市場にもっぱら依存する社会ではその可能性の多くが実現されないのである．

歴史　ホイッグとは元来，英国の政党であり，17世紀のトーリー党に対抗して結成された．現在の保守党はトーリー党の直系子孫である．ホイッグ党は結局，現在の労働党に包囲され，影響力を失ってしまった．ホイッグ党の残存者は自由党として生き残り，それは今日では形を変えて自由民主党として続いている．しかしながら，近年においてはおそらく労働党のほうが自由民主党よりもはるかにホイッグ的となっている．

トーリーとホイッグは何を意味したのであろうか．語源を調べても役には立たないが，トーリーは元々アイルランドの田舎者を，ホイッグはスコットランドの盟約者〔長老主義の支持を表明した人〕を意味した．また，エドマンド・バークがホイッグ主義者でありながら近代保守主義の始祖とされていることを見ても助けにはならない．あるいは，私流のホイッグ主義的発想の源となるヒュームが，首をはねられたチャールズ1世のために涙を流せると告白した周知の事情により，同時代人からはトーリーであると考えられていた事実も役には立たない．より参考になるのは，ホイッグといえば伝統的には1688年の名誉革命を連想するということである．この革命ではカトリックで権威主義的なジェームズ2世が追放され，プロテスタントで立憲主義的なウィリアム3世が擁立された．

アメリカの歴史にも，英国のものに似た性格のホイッグ党が登場する．それは，大統領拒否権の行使というアンドリュー・ジャクソンの権威主義的な新手法に大反対した．新生の共和党に参加する前，アブラハム・リンカーンはホイッグであった．しかし，アメリカでホイッグ主義が真に開花したのは，それ以前の共和国の創立においてであった．ホイッグ主義者たちはこれを，イングランド内戦，名誉革命という闘いに引き続いて行われた，正義と自由のための闘争における勝利とみなしたのである．

ジェームズ・マディソンと同様に，現代のホイッグ主義者は「正義の追求はこれまでずっと，そしてこれからもずっと，それが実現されるまで続けられる．でなければ自由は失われる」ということを信じている．それゆえ，成熟した自由社会は必然的に公平な社会でなければならない．ただし，世界はもはや建国の父祖たちの時代ではない．憲法の構想における彼らの偉大な実験は大成功であったが，それはあらゆる社会的構築物の例にもれず，常に修正を施しながら，正義と自由に対して新たに出現する挑戦に直面する必要がある．したがって，今日の私たちの課題は以下の問いを検討することである．仮にアメリカ共和国の建国の父祖たちがいま生きていたとしたら，彼らの考え方をどのように見直すべしと私たちに語りかけるだろうか．

政治姿勢を分類する　　社会にとっての大きな課題は自由と正義である．よ

って，これらの概念を基軸として政治理論の二次元分類を提案するのは自然である．心理学者アイゼンクの発見によると，そのような分類図は，左右という古典的な一次元の政治的スペクトル（立場の分布図）よりも，人の性格類型と政治姿勢を照合するためのデータをはるかにうまく説明するが，これは決して偶然ではない．

　図32は自由と公平という軸を使って4つの領域を区別しており，偏向を避けるため，無計画の集権，無計画の分権，計画的分権，計画的集権と名づけることができる．ただ，経済学の言葉はあまりに陰鬱かつ退屈なので，これらの用語はそれぞれ，新封建主義，リバタリアニズム，ホイッグ主義，功利主義と翻訳しておいた．伝統的な左右の政治的スペクトルのもとでは，功利主義は左の社会主義に，リバタリアニズムは右の資本主義に張り出すことになる．道徳哲学においては，同じ二分法が「善」を追求する帰結主義者と「正」を優先する義務論者の対立として現れる．

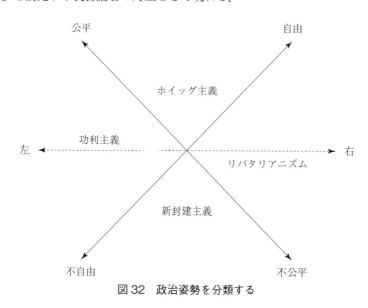

図 32　政治姿勢を分類する

　しかしながら，政治組織の問題を左右の理想の間の闘いとする見方とはまったく異なり，私は功利主義とリバタリアニズムをスキュラとカリュブディスとみなす†．改革者たちはこれらの間をうまく舵取りしながら進まなけれ

ば，封建主義の過去に舞い戻ってしまうのである．功利主義が安全な寄港地となるわけではない．権威主義的な社会のボスたちが貪欲になる歯止めは何もないからである．同様に，リバタリアニズムも安全ではない．無秩序な社会では所有権が保証されないからである．市場以外のあらゆる社会メカニズムの放棄を主張する者たちは，そんなことをしたら市場メカニズムの基礎となる土台を捨て去ることになるのだ，ということに気づいていないのである．

　したがって，功利主義やリバタリアニズムという実現不可能なユートピアは，いずれも真の人間的な関心事とは関係がなく，この点，「善」を崇拝する者と「正」を尊重する者とを分かつ「絶対道徳」の性質に関する形而上学的論争と変わりはない．進化の影響を受けた人間の本性と両立することを何かしら言うためには，帰結主義者と義務論者を悩ます問題点をひとつの「徳」の理論に取り込む必要があるように，私たちは，功利主義とリバタリアニズムが拠って立つ共通の基盤があるという可能性を放棄する前に，両者の野心にあって実現可能なことを実現不可能なことから区別しなければならない．

　旧態依然とした左右の間の不毛な対立に取って代わるべきは，集団的決定が公平性を用いて調整される自由な社会と，そうした決定が個人もしくはエリートに委任される社会との対比である．私は**新封建主義**という名前で後者の類の社会契約を呼ぶ．要するに，左右のスペクトルのどこに社会を位置づけたいと願うか，という時代後れの思考を止める必要がある．功利主義とリバタリアニズムの間の選択は，グリフィン〔ワシの頭と翼，ライオンの胴体を持つ伝説上の怪獣〕と一角獣のどちらがペットとして好ましいかを議論するようなものである．そうではなく，私たちはいかにして直交する方向へ，つまり新封建主義からホイッグ主義へと向かって移動するかを考え始める必要があるのだ．

---

†　ギリシア神話に登場するスキュラは海の怪物に姿を変えられた妖精．カリュブディスはガイアとポセイドンの娘であり，非常な大食で，やはり怪物に姿を変えられ，海の渦巻きとなる．船がカリュブディスの渦巻きを避けてスキュラに近づくと，スキュラは船乗りを捕って食べたという．

12.3 なぜ分権か?

第1章では，社会契約のための3段階の優先事項——安定性，効率性，公平性——を説明した．功利主義がうまくいかないのは，第一の優先事項を認めないからである．

慈悲深い哲人王はあれこれと命令を下すかもしれないが，臣下たちが生のゲームの均衡に調整するように導かれない限り，組織は最終的に崩壊する．仮にこの哲人王が臣下たちの個人的誘因を考慮する必要性を認識し，均衡だけを含む実現可能集合から社会契約を選ぶという制約つきの功利主義を実行する場合でも，次の段階の優先事項において再び困難に直面するであろう．

効率性を実現するには，必要な知識と専門技術が存在する次元まで意思決定を分権化する必要がある．すなわち，効率的な社会契約は必然的に，生産過程の全段階にわたる広範囲の個人に対して大幅な自由を与える．とりわけ，可能性のある起業家たちの自主性に制限を加えるのは愚かである．そうした起業家たちの活動なくしては，そもそも私たちの当初のやり方が非効率的であることさえ決してわからないだろう．

ソビエト帝国の崩壊のおかげで，この点をさらにくどくど説明する必要はなくなった．以前のマルクス主義者でさえ，指令経済がどうしようもなく非効率的であることに今日では同意する．人々は，四六時中命令される状態から解放されれば，より満足するのみならず，はるかに生産的になる可能性がある．これは歴史が教える数少ない明らかな教訓のひとつであろう．ある程度の個人的自由は革新的な社会のための必要条件である．

とはいえ，必ずしも革新的な社会が完全に民主的である必要はない．古代アテネは奴隷制社会であった．ルネッサンス期のイタリアにおいて共和制国家はまれである．さらに，産業革命期のイングランドでは参政権が厳しく制限されていた．アメリカ共和国が列強へと台頭しつつあった時，女性に投票権はなかったのである．ナチス・ドイツは非常に生産的かつ革新的な経済部門を維持した．そして，民主主義が経済的成功の十分条件でないことは，第二次世界大戦後の英国による社会主義の実験を見れば明らかである．

最後に，功利主義者は第三の優先事項においても困難に直面する．効率的

な社会契約は少なくとも一部の市民に対してかなりの程度の自由を認める必要がある，ということを認識している哲人王は，行動を調整する方法について市民たちは自分自身の考えを持っているのだ，という事実にも直面しなければならない．例えば，効率の改善を視野において生産過程を再編成する工場主は，実際には労働者たちが工場内でプレーする生の小ゲームのルールを変えているにすぎないのだ，ということを理解すべきである．工場主は，そのゲームで工場主の好む均衡を労働者たちがプレーしてくれるように望むかもしれないが，労働者たちは，工場主が設けた均衡選択問題を解くにあたっては，自分自身の公平観を用いるのである．

12.4 なぜ計画か？

筋金入りのリバタリアンはいかなる種類の中央計画に対しても断固として反対する．すべてが当然のごとく市場に委ねられるべきだと考えるのである．ハイエクはゲーデルの定理まで引用して，効率的な計画が**不可能**であることを示そうと試みた．社会全体はある種の巨大な計算機と考えることが可能であるから，仮に彼が正しいとすれば，市場もやはり効率的に機能することができないのだということに気づかずに．

私は権威に対するリバタリアンの嫌悪感を共有するが，私たちは近代国家の社会契約がある程度の規制を組み込む必要性を認めなくてはならないと思われる．たとえそれが，富の創造を担う企業家たちの財産権を守るためだけであったとしてもである．

穏健なリバタリアンは，法と秩序を維持し財産権を保護するために社会契約が必要であることを受け入れるが，それ以外には何も認めない．ロナルド・コースの信奉者は，あらゆるものに財産権を割り当てることによってすべての社会問題は解決可能である，という考えにとりわけ熱心である．そして，取引費用を無視できる限りにおいて，財産権の所有者たちによる合理的交渉が効率的な結果をもたらすことをコースの「定理」は保証するという．通常，コース主義者がコースの定理を引用する時にはファースト・ベストの効率性概念を念頭に置いているが，ゲーム理論のより注目すべき結果のひと

つは，コース主義者がかなり的外れであることを示す．あらゆる人が常に真実を語ると信じることができるのであれば，利益の上がる取り決めはすべて実際に実現可能であろうが，手持ちのカードをすべてテーブルに広げて交渉を始める者がいるだろうか．合理的な交渉人は，自分を実際よりも強く相手に思い込ませようとするものである．よって，囚人のジレンマを想起させるような形で，交渉当事者の双方にとって好ましい実現可能な合意が存在する場合でも，交渉はしばしば決裂する．

例えば，ある豪邸の買い手と売り手がいて，それぞれの評価額は100万ドルから500万ドルの間のどこかであるとしよう．2回に1回の割合で買い手の評価額が売り手の評価額を上回り，その2つの値の間の価格で合意すれば双方が利益を得られる．ところが，両者がうまく合意に達するのは，買い手の評価額が売り手の評価額を最低100万ドルは上回る場合だけで，しかも両者は，こうした機会から期待余剰を最大化する交渉手続きを使って取引費用のかからない合理的な交渉を行っているのである．

プレーヤーが私的情報を持っている場合にセカンド・ベストの効率性概念に移ったとしても役には立たない．というのも，その場合すべての交渉モデルに多数の均衡が存在し，そのほとんどが非効率的だからである．コース主義者は時々自らのアプローチにおけるこうした致命的な欠陥を言い逃れるため，いずれかによる秘密の保持を取引費用とみなすべきだと主張するが，そんな画策はせいぜい理論の適用範囲を現実にはめったに起こらないような事例に制限するだけに終わる．

市場は必ず効率的であるというのも正しくはない．リバタリアンの経済学者は，市場が完全競争的であり，よって効率的であるための条件が非常に厳しいことを当然知っている．したがって，そうではないという彼らのレトリックは，故意に誤解を招くものである．非効率の数多くの源泉のうちひとつだけを指摘すると，多くの産業ではわずかな数の生産者のみが生き残り，政府の規制に制約されない限り，競争不在の結果として当然のように市場支配力を活用する．私の推測では，リバタリアンたちが実際の市場の欠点を言い繕うのは，最も不完全な市場でさえ，いかなる中央集権的官僚機構よりも効率的に需要と供給をマッチさせるだろうと考えているからである．それなら

ばなぜ単刀直入にそう言わず，現代社会には権威も規制も必要ないという危険な神話をでっちあげるのだろうか．

　確かに，政府の規制はしばしば弁解の余地がないほどひどいものである．政府の役人がメカニズム・デザインの最新知識の活用の必要性を感じることはめったにない．さらに，新しい規制システムを実験で試して欠点を補う必要性もまるで認識しない．どうりで，役人のナイーブな努力はカリフォルニア電力取引所のような大失敗に終わるのである．

　この手の過失は，ある種，制度化された腐敗とみなすべきだと私は考える．ゲーム理論の発展により，私たちは現在いくつかの産業において現行の市場よりもはるかに効率的な規制を伴う市場を設計する方法を承知しているのに，こうした新しい知識が実践に移されるまで非常に長い時間を待たねばならないのは苛立たしいものである．

　しかし，効率性が唯一の論点ではない．公平性も重要である．リバタリアンの経済学者はさまざまな方法でこの問題を回避する．最も露骨なのは，定義により公平性の問題の存在を消し去ってしまうため，いかなる効率的な結果も「社会的に最適」であると述べるものである．すなわち，ある効率的な結果から別の効率的な結果へ移ることによって社会の状態を改善することは決してできないという．この主張を支えているのは，効用の個人間比較が本質的に無意味であるという不健全な独断である．

　二番目の防衛線はもう少し正直である．というのも，それは実際，効率性が公平性よりも優先されるべきであるという原則に背く公平性の概念に対する有効な反論になっているからである．効率性と公平性の間には避け難いトレードオフがある——公平を期すれば生産性が阻害される——と言われる．確かに，誰がどのくらいケーキの分け前を得るべきかをめぐって小競り合いが生じると，しばしば分けるケーキそのものが小さくなってしまうという結果を招くが，この種の集団的な不合理は，効率性を公平性よりも優先すべしという原則が尊重される場合には生じ得ない．まず社会にとって可能なすべての効率的な結果を見極め，その後初めて公平性の基準を適用してそれらのなかから選択を行うのである．

　最後の防衛線は，完全競争市場は経済的余剰を最大化するので実際に公平

だという主張である．確かに，競争均衡において経済的余剰は最大化されるが，なぜ期待余剰を最大化することが公平であると考えられるべきなのだろうか．1ドルは1ドルとして，空腹の子供のために使われようと，肥満の富豪に支払われようと，その価値は等しいとみなすのが公平であるなどと誰が考えるだろうか．

経済的な例　簡単な例を挙げれば，右派知識人の経済的主張に対していかに答えるべきかについて私の考えを説明するのに役立つかもしれない．

　ある古代の王が宮廷のお気に入りの者に塩の独占権を与えたとしよう．途中で社会契約が進化し，独占者の家族の財産権が損なわれることがない限り，現在の相続人は非常に喜ぶことになろう．

　この相続人が，教科書に出てくる独占者のように，各塩粒を同じ価格で売ったとすると，利潤を最大化する生産量は非効率的な水準となるだろう．しかしながら，彼が巧妙にも自らの市場支配力を最大限活用する方法を見つけ出し，どの買い手に対しても，購入する追加的な塩粒の評価に等しい価格を支払わせることができるならば，**すべての余剰がこの独占者の懐に入ること**になる．こうなると，彼の状況を悪化させずには他の誰の状況を改善することもできず，よってこの結果は効率的であるが，こうした搾取的なしくみが社会的に最適であるというのは奇怪であろう．

　このように不公平だが効率的な結果について，何ができるだろうか．ひとつの答えは，政府が製塩業界を規制するため，独占者に販売価格を強制することである．ある価格のもとで購入需要のある塩の最後の一粒を独占者が生産するのにかかる費用が，塩の価格として設定される．この結果は効率的である――しかもはるかに公平であろう．ただし，政府が一企業の生産費用を割り出すのは，あなたや私が支払うべき所得税の額を割り出すのと同様に困難である．所得の申告書への記入を依頼することはできるが，こうした事柄において完全に正直なのは聖人のみである．これこそ，旧式の指令経済がうまくいかない理由のひとつである．計画立案者が命令して回る人々から必須の経済情報を入手する効果的な方法がないのであれば，包括的な中央計画は効率的たり得ない．

別の選択肢としては，塩の独占の廃止があるだろう．いったいなぜ，私たちによる保護を利用して私たちの費用で私腹を肥やす誰かの財産権を，私たちが一体となって守らなくてはならないのだろうか．改革の後には，多数の小企業によって塩が生産・販売されるため，結果として完全競争市場が創られ，前の段落で検討した規制のある市場と同じ効率的な結果が生み出されるであろう——ただし，製塩過程について役人は何も知る必要がない．

恋する男が恋人に何の欠点も見いだすことができないように，リバタリアンたちはアダム・スミスのこの発見にすっかり心を奪われてしまい，それ以上の検討を拒むのである．しかし，ある産業を組織する際には常に**多数の**効率的な方法が存在する．製塩業の例のように，規制のない市場の運用がその一例となる場合でさえ，ある社会の市民の間で富が再分配される方法が公平であるという特別な理由は存在しないのである．

リバタリアンの立場に対するこうした批判はいずれも，社会契約の優れた設計のための手段として市場が持つ価値を貶めようとするものではない．適切に規制・運用され，賢明な課税政策を伴うのであれば，市場はいかなるホイッグ主義的改革プログラムにおいても主要な役割を果たす．しかし，社会問題を解決するには単に「市場に任せる」だけでよい，という考え方はどうしようもなくうぶである．

12.5　社会メカニズムを設計する

ゲーム理論のなかで，社会契約の立案用のレシピを提供するのに最もふさわしいのはメカニズム・デザインの分野である．

第9章で概要を述べた枠組みが適切なのは，外部強制執行機関が存在して設計者の作ったルールを監視することができる場合のみである．しかし，このように環境が単純化された場合でさえ，最適なメカニズムの設計が順風満帆に進むことはめったにない．メカニズムの構築に含まれる諸段階を以下で再検討する際には困難のいくつかに焦点を当てるが，その主な目的は，設計過程の基礎となる諸原理を提示することにある．というのは，社会契約や憲法の構想というはるかに困難な問題に対しても，同じ原理が適用されるから

である．

第一段階：目的　教科書によれば，最適なメカニズムを設計する目的は，競合するあらゆる希望事項の相対的重要性を完全に数値化する厚生基準の値を最大化することである．

私はさまざまな政府や民間企業の実践課題のためにメカニズム・デザインの原理を適用する仕事を数多くこなしてきたが，そのような厚生基準を提供されるほど幸運であったためしは一度もない．競合する希望事項の間の交換条件を定めるのは技術というより政治の問題なのだ，ということを依頼人に説得することすらしばしば困難である．

したがって，メカニズム・デザインの実践において進歩が必要な側面のひとつは，依頼人による優先順位の決定を助けることである．ちょうど，個人の効用関数を確定するため，さまざまな偶発的条件のもとで人々が行う（であろう）選択を観察するように，私たちは依頼人に対して多岐にわたる筋書きを提示して順序づけをさせるべきである．その順序を利用すれば，依頼人の暗黙の優先順位を特定できるのである．

ただ，関連するすべての変数を現実的に数値化したうえで，十分に広範な筋書きを用意するために必要となる重労働と調査に対して，誰が費用を支払うだろうか．私自身の経験上，依頼人は徹底的に吟味された設計が次の火曜日までに出来上がると期待するものである．社会メカニズムの設計には，建物や橋の設計の場合と同じような金額と努力を費やす必要があるかもしれないという考えは，依頼人にとって馬鹿げていると映るのだろう．

第二段階：規制　効率的な結果を達成するためには意思決定を分権化する必要があるが，分権化される意思決定を担う主体は通常，設計者が達成しようとしている目的を共有するわけではない．なかには，自分の管理下に置かれた資金を使い込もうとする者がいるだろう．あるいは，自分の甥や姪を権威ある地位に就かせ，よりふさわしい候補者を排除する者が現れるかもしれない．企業家たちは結託して価格を操作しようと考え，消費者の利益を損なうだろう．他にもいろいろ考えられる．

ある程度なら，ある種の行為を禁止して別種の行為を義務づける直接的な規制によって，主体の行動を制御することは可能である．ところが，そのような制御が可能なのは，効果的に監視できる行為のみである．その場合，古典的なメカニズム・デザイン論では存在を疑われることのない外部強制執行機関によって，逸脱者は発見され，処罰されるのである．しかし，監視できない，または監視されない行動を禁止したり義務づけたりすることは無意味である．

　エネルギー会社エンロンは不正な会計実務を暴露されて倒産したが，これを見届けたアメリカの監査業界の不名誉は，本書が出版される頃までにはおそらく忘れられているだろう．しかしこれは，共同体において一見立派に見える中心的人物でさえ，適切な監督なしに公務の執行を任されれば何をやらかすかわからない，ということを示す教科書的事例であった．最初から狭く困難な道を踏み外すつもりで事に当たる者はほとんどいないが，他の者たちが見つからずにやりおおせていることがいったん明らかになると，毎回少しずつ規則集からの逸脱を正当化するような小話を自分に言い聞かせるのは容易である．

第三段階：誘因　改革の試みのほとんどが犯す大きな過ちは，人々が行動を新しいシステムに適応させる点を見落とすことである．よって，人々は以前と同じように振る舞い続けるという前提で改革案がまとめられる．しかし，これは経済学者が強調しようとして常に問題を起こす厳しい教訓であるが，誘因に反応するのは人間という動物の本性の一部である．したがって，改革を立案する際には，改革が実施された**後**に人々の誘因がどのようなものとなるかを見越しておく必要がある．

　この理由のため，行動経済学への現在の熱狂は潜在的に危険である．その主唱者たちは，自らが発見したと考える行動の法則を公共政策に適用すべきだとはっきり要請している．しかし，ここで見落とされているのは，公平性や互恵性への嗜好を被験者の属性と考えることによって説明される行動の規則性は，時を超えて安定したものではないということである——これは１回きりの囚人のジレンマのようなゲームから得られる膨大な量のデータが十二

分に立証する．人々は公平性や互恵性への嗜好を持つかのごとく行動することに慣れているのである．なぜなら，慣習となった均衡を維持するためにはそれが必要だからである．ただ，人々がプレーするゲームに変更を加えると，人々の行動はしだいに新しい均衡に合わせて調整され，その後は公平性や互恵性に対する新たな嗜好を持つかのごとく行動することになる．

　プレーヤーが改革後に経験する誘因の計画にこそ，設計者の創意工夫がもっとも要求される．金銭的誘因が全体の一部にすぎないことの認識は重要であろう．人々は確かに金を大切にするが，それはより根源的な欲求を満足させるからでしかない．とりわけ，私たちは社会的動物であって，社会における相対的な地位をひどく気にかける．したがって，一般には仕事における失敗のせいで仲間に軽蔑されるほうが，金銭的ボーナスを失うことよりもはるかに効果的な罰となる．

第四段階：均衡　メカニズム・デザインでは，プレーヤーが新たな誘因に反応した後に何が起こるかを予測するためにゲーム理論が必要とされる．設計されたゲームの適切な均衡を発見することで予測が得られるのである．

　理論の現状において，均衡選択の問題は通常ほとんど注目を浴びない．そこには，設計者が人々にプレーしてほしい均衡を指し示すことで調整装置としてうまく機能できる，という暗黙の前提がある．しかし，実際の工場のボスにとって，事はそう簡単ではない．ボスはより生産性の高い均衡を指し示すかもしれないが，労働者たちはそれが公平であるとは思わない場合でも黙って従い，この新しい均衡に調整するだろうか．

　工場で働いたことのある人なら誰でも知っているように，ボスは工場内で起こることのごく一部を制御できるにすぎない．労働者どうしがプレーする無期限繰り返しゲームのルールを部分的に変更することは可能でも，労働者たちの現場の社会契約を命令によって変えることはできない．なぜなら，ボスの指導に従おうとする労働者たちが仲間から馬鹿にされたり除け者にされたりするのを防ぐ手段がないからである．しかしながら，日本の自動車メーカーが海外の工場で外国人労働者を説得して日本的な労働慣行を採用させたことに示されるように，希望がないわけではない．

第五段階：最適化　単純な状況では，ゲーム理論を使って最適なメカニズムを一から計算することが可能な場合もある．何十億ドルもの金がからむにもかかわらず，電気通信免許の販売はそうした単純な状況とみなせる——それゆえに私ども〔ビンモアたち〕は，販売が実施される市場の条件に合わせて競売を仕立てることに成功したのである．

より複雑な状況では，第一原理から最適なメカニズムを編み出すことはきわめて難しいかもしれない．そうなると，改革の導入は科学というよりも名人芸に近づく——ただし，これは科学を完全に放棄する言い訳にはならない．あまりに単純なため非現実的であることを承知でモデルを組み，改革の基礎となる諸原理を試すために，それらがきわめて単純化された世界に適用された場合に事態を改善するかどうかを確かめることは可能である．また，同じ目的でコンピュータ・シミュレーションを行うこともできる．生身の人間を使って実験室での実験や実地での試行を行い，人々が実際に改革案の想定通りに振る舞うようになるかを見ることもできよう．仮にこうした研究が否定的な結果を出したら，その時は第二段階からやり直せる．

しかしながら，官僚が研究の必要性を理解することはめったにない．研究は時間的にも金銭的にも高くつくだけでなく，誰もわざわざ集めたことのないようなデータを採取しなければならないことが明らかだからである．そのため，何百万もの人々の健康と福祉を左右する改革が，なんら本腰を入れた予備試験もなく当たり前のように実施されるのである．サッチャー女史が英国の国営医療保健制度に，いわゆる「内部市場」を導入したのは特にひどい例である．唯一の試験は2回の役割実体験の練習であり，その結果は，表向きには，「大混乱をかろうじて免れた」と要約された．

独断による無責任なこの種の介入よりは，まったくの無計画のほうがましであると主張するリバタリアンたちはもちろん正しい．しかし，拙い計画に代わるべき合理的な選択肢は，計画の全面的な放棄ではない．それは，巧みな計画である．

12.6　社会契約を改革する?

　フランシス・ベーコンの『ニュー・アトランティス』やプラトンの『国家』のような古典的ユートピアに住みたいなどと考える者はいないだろう．私はユートピアという考えがそもそも成り立つとさえ思わない．というのも，それはさまざまな社会契約を評価するための何らかの絶対的な基準の存在を意味するからである．ただし，ユートピア主義者ではなくても他者とともに改革を目指すことはできる．おそらく，異なる場所，異なる時代に属する異なる社会の市民は，私たちの目指す改革が改善であるとは考えないかもしれないが，私たちはよその文化ではなく私たち自身の文化の所産である．

　また，私は現在の社会の抜本的な見直しを考えることに大きな意味があるとも思わない．革命が口火を切った革命家たちの意図通りに進むことはめったにないということは，歴史が確証しているように見える．私のようなホイッグが信じるのは，小刻みかつ不断の改革を積極的に行うほうがましだということである．たとえその結果，人々の心が革命的感情に捕らえられてしまうのを防ぐことにしかならなかったとしてもである．

　しかし，どのような原理が私たちの改革熱を性格づけるべきだろうか．私はその答えを知っているふりはしない．せいぜい私にできるのは，メカニズムの設計に含まれる諸段階を再び調べ，社会契約の設計に違いが出てくる場を指摘することである．

第一段階：目的　権力の梃子に十分近く，実効性にいくらか望みのある潜在的な改革者の一群は，社会に対する個人的な熱望にある程度のまとまりがなければそもそも団結しなかっただろう．しかし，この集団は典型的なリーダーシップの問題に直面する．不公平とみなされる社会契約に向けて期待を再調整しようとすれば，公平性をかけ声として対抗勢力を結集させてしまうリスクが発生するのである．

　したがって，ある社会的な力学が存在し，現在の公平観からあまり逸脱しない改革案を提示する政党や圧力団体の成功が助長される可能性が高い．どんな均衡選択装置でも，ないよりはましだと考えるのであれば，公平である

とみなされる改革を推進する現実的な理由があることになる．

第二段階：規制　効率的な結果を達成するためには意思決定を分権化する必要がある，ということは依然として正しい．よって，効率的な社会はある程度自由な社会でなければならないが，ボスがまったく不要になるわけではない．また，特定の個人を対象としない法や慣習の利用を通じた制御行動が不要になるわけでもない．

メカニズム・デザインと憲法や社会契約の立案との間に溝ができるのはここである．メカニズム・デザインでは，システムの外側に鎮座する大きなボスが，自らの定める規制を監視し，契約不履行を望む者がいっさい現れないように厳罰を科すことができると仮定される．ところが，社会契約の立案では，システムの外側には誰もいない．よって，これは市民がプレーするためのゲームを作る問題として扱うことはできない．根底にある生のゲームは所与としなければならないのである．問題は，この生のゲームの新しい均衡と，期待を変化させて私たちが現地点からそこへ移るための実行可能な手段とを記述することである．

メカニズム・デザインにおけるような，外部機関によって強制される規制の代わりに，私たちは第6章で定義されたような義務というものを考えなければならない．監視の問題があるため，内部の強制機関——警察や税査察など——を作る必要が頻繁に生じ，社会契約によって割り当てられる具体的な義務を果たさない個人の発見に特化させることになろう．時には自発的に組織される機関に頼ることも可能であろう——私の家族が新しい家に引っ越した当日に，近隣の人々が非公式に連れ立って，芝を定期的に手入れしなければ村八分にする，とあからさまに脅したようなものである．しかし，正式に設置される機関がまったく要らなくなるわけではない．

強制機関を制度化するにあたって，自由な社会がなかなか学ばないと思われる教訓は，システムが均衡として存続するためには監視人が常に監視されなければならない，ということである．誰が監視人を監視するのだろうか．答えは，互いを監視し合うように監視人たちを組織しなければならないのである——全体主義的な国家で秘密警察がスパイし合うように．

自由な社会に秘密警察の存在する余地はないが，組織が結果的に設立目的ではなく役人の便宜のために運営されるようになってしまうような，徐々に進行する腐敗が敵である場合には，自由の代償は内部における警戒に他ならないことを認識する必要がある．例によって，最初にこれを指摘したのはデイヴィッド・ヒュームであった．「したがって，権力がいくつかの異なる部門および地位にある者たちに分散されているような統治の案――現実のものであれ架空のものであれ――を批判し検討する際には，常に各部門および各地位の別々の利害を考慮しなければならない．もしも，権力を巧みに分立させることによって，利害が必ず公衆のそれに一致することがわかれば，その政府は賢明かつ満足のいくものであると言ってよかろう」．

第三段階：誘因　社会契約の立案はメカニズムの設計よりもはるかに難しいが，誘因という主題に限っていえば，社会契約の舞台のほうが概念的に単純である．通常のメカニズム・デザインは金銭のような有形の誘因に焦点を当てるが，周知のように，社会的圧力の浸透によって周囲の人々が私たちの行動に影響を及ぼすことに対し，私たちは少なくとも同じくらい気を遣うのである．

　そうした無形のものをメカニズム・デザインの枠組みに組み込むため，人々は誠実さや忠誠心といったものを直接に気遣うのだと仮定することはできるが，こうした創発的現象を社会契約の枠組み内の均衡という観点でモデル化できるようになるまでは，そのようなアプローチは場当たり的にならざるを得ず，容認し難い．

第四段階：均衡　この見出しのもとで述べる必要があるのは次のことだけである．すなわち，公平性が非公式の均衡選択装置としてすでに利用されているという事実は，公平な社会契約の制度化を目指す立案者にとって明らかに大きな強みである．私たちが均衡を選び出す基準が，現在の社会で認められている公平観であるならば，私たちは社会が何を公平と認めるかを変える必要はないのである．

第五段階:最適化　ホイッグ流の「ユートピア」はどんなふうに見えるだろうか．私の推測では，それは今日私たちが目にするいかなるものよりも，初期のアメリカ共和国の社会契約にはるかに似ているだろう．産業革命はあの独特の陽光を持ち去ってしまったが，ひょっとすると将来のポスト工業化の世界では，私たちの遺伝子により適した生活様式を営む狩猟採集民の社会契約に近いものへと戻っていくことができるのかもしれない．

12.7　残された課題

公平性の科学は誕生したばかりであるが，これを利用して現代の社会契約の改善を図ることについて，私はここに 1 章を費やしている．私の推測事項をはっきりさせておくため，私の理論の主要な欠点に焦点を当てて本章を締めくくる．上記の目的のために私の理論を利用する前に，これらを克服する必要があるだろう．

提携　フォン・ノイマン以来，ゲーム理論家たちは合理的なプレーヤーによる提携の形成を説明しようと数多くのモデルを提示してきたが，いずれも重要な要素のすべてを捉えることに成功したとはいえない．したがって，私は現在の理論が妥当なケースのみを検討した——アダムとイヴの 2 人だけを含む社会である．よって，理論を直接適用する機会はまれな状況に限られ，アダムとイヴをそれぞれ一枚岩の集団の代表とみなすことが現実的に可能な場合だけである．この制約は，大きな社会の社会契約に対してこの理論を適用する際の重大な障害になるだろう．なぜなら，今日の民主主義の性格は，圧力と緊張に応じて提携のパターンが移り変わる様態に大きく規定されるからである．

大きな社会は，人々の行動を多様な次元で調整する組織階層が重なり合う，複雑なシステムにより構成される．チンパンジーやヒヒの社会においてさえ，提携の形成や社会的ネットワークの重要性を裏づける確かな証拠がある．この現実を考慮せずに**現状**を記述する試みは明らかに無駄であり，それは社会が熱望する潜在的な社会契約を記述する同様な試みのいずれにも当てはまる．

社会全体を構成する数々の小社会は，ただ存在するのみならず，社会が効率的に営まれるために不可欠なものである．

小社会の存在は必然的に内部の者と部外者の区別を求める．これはなにも，不運な人々のさまざまな集団を排除するために現在使われている不合理で非人間的な基準が不可避あるいは「妥当」である，と主張するものではない．単に現実的必要性の問題として，私たち全員がすべてにおいて関係者となることはできないと認めているのである．また，部外者を敵と見る必要もない．事実，2個人が，ある小社会では内輪の仲間であると同時に，異なる問題については対立する組織に属するとしても不思議ではない．

そのようないくつかの小社会の間の調整問題を解決するため，十分に状況説明を受けた代理人が各小社会の代表となって，原初状態の装置が用いられることは想像に難くない．そして，各代理人の受ける状況説明は，各個別の小社会——それ自体，通常は派閥や分派集団に分かれる——の内部の調整問題を解決する際に同じく原初状態を用いることにより決定される．しかしながら，異なる次元，異なる状況に応じて個人間比較のための基準も異なってくるのは不可避である．その結果，内輪の仲間とのやりとりではある取り決めを公平とみなし，部外者に対する時にはまったく異なるものを公平とみなすとしても不思議ではない．ただし，そのような複雑な状況は私の手には負えないものである．

不完備情報　本書で扱うモデルはすべて，アダムとイヴの選好がプレーヤーの間の共有知識であることを暗黙の前提としている．この仮説のもとでは，2人の交渉が効率的な結果をもたらすことを前提して差し支えない．しかし，アダムとイヴの選好が共有知識でなかったらどうだろうか．

この問題は概して技術的な性質のものであると思われる．倫理学に関する研究とは別に，ハーサニは「不完備情報ゲーム」の理論を考案した．その助けを求めることはできるが，この理論が交渉問題に適用される場合，モデルは決まって多数の均衡を持ち，そこから選択を行うことは難しい．ただ，原初状態の諸条件はこの均衡選択問題をある程度緩和するため，前進は可能であると私は考えている．

しかし，より差し迫ったはるかに多くの問題が依然として未解決であり，理論をこの方向に進める意義はほとんどないように思われる．

変化する生のゲーム　人間の社会性の主要動機は互恵性メカニズムに求めることができる．これを1回きりのゲームにおいて捉えることは不可能なため，本書は無期限繰り返しゲームの理論に依拠して，互恵性メカニズムがまずまず現実的に機能する，可能な限り単純な生のゲームのモデルを分析した．ただし，繰り返しゲームを用いて分析するという決定により，別の重要な論点に関しては非現実的にならざるを得ない．

公平規範が進化したのは，共同体が内紛によって安定性を損なうことなく新たな余剰の源泉を利用できるようにするためであった，と私は信じている．しかし，新たな余剰の源泉の出現をモデル化するためには，繰り返しゲーム——来る日も来る日もプレーヤーは前日と同じ問題に直面する——の枠組みを離れる必要がある．私はこのモデル化の困難を乗り切るため，プレーヤーは新たな余剰の源泉が利用できるようになる可能性をまったく予期しないと想像する．プレーヤーはある朝起きてみると突然，実現可能集合 X が Y に拡張していることを発見するが，将来再び同じことが起こる可能性を決して考慮しない．ましてや，ある朝起きてみると実現可能集合が一夜にして縮小しており，以前よりも行き渡る量が少ない，などという不快な可能性に思いを巡らすことはない．

こうした荒削りなモデル化のアプローチが許されるのは，より洗練された理論へ向けての第一歩としてのみであり，洗練された理論では生のゲームはゲーム理論家の紛らわしい呼称にいう**確率過程ゲーム**としてモデル化されることになる．この用語が与える印象では，確率過程ゲームとは多数の1回きりゲームのなかから次期にプレーされるものがランダムに選ばれる繰り返しゲームにすぎない．そのような確率過程ゲームはなるほど興味深いが，現世代はどれほど枯渇性資源を消費し環境を汚染して将来世代につけを回す権利を持つのかといった問題が問われるとなると，今日のプレーヤーの選ぶ戦略がプレーヤー自身の利得のみならず，明日のプレーヤーがプレーするゲームにも影響を及ぼすような確率過程ゲームを考慮することが必要となる．

プレーヤーの戦略選択が将来にプレーされるゲームに不可逆的な影響を与える可能性のある確率過程ゲームは，当然，繰り返しゲームよりもはるかに分析が困難である．いまのところ，フォーク定理に類すると認め得るようなものがどのような種類の確率過程ゲームで成立するかさえわかっていないのである．もしも将来のゲームで利用可能な選択肢をプレーヤーが非常に速やかに制限することができるとしたら，そのような類似性は存在しないのかもしれない．仮にこれが現代の生のゲームの本性であるならば，私たちが文明的な社会契約を維持できる見通しは少々暗い．ただし，技術の進歩によって，私たちがさまざまな可能性を閉ざす以上の速さで新しい可能性が開けてくることを期待できるかもしれない．

12.8 完全な共和国？

デイヴィッド・ヒュームは，本章の内容をあまり評価しなかったであろう．社会全体の計画を語るということは，彼にとって傲慢に映ったはずである．確かに，ヒュームは「完全な共和国という考えについて」という小論を書いたが，所々で状況を改善するだろうと考えられた小さな改革案の寄せ集めに対してそのような題名をつけたのは明らかに皮肉であった．社会科学や生物科学はスコットランド啓蒙の時代から大きく進歩したが，私たちが何か実践的に言えることは，デイヴィッド・ヒュームがじっくり考えることをいとわなかったような小さな改革についてのみである，ということに変わりはない．

ならば，そうした小さな改革の立案に際して私たちの見解をまとめるうえで，本書で提示された考えはどんな教訓を残すであろうか．おそらく，考慮すべき最も重要な点は，何が実現可能であるかという問題を何が最適であるかという問題から区別する必要性である．賢明な意思決定のためには，まずどのような選択肢がうまくいくかを見定めてから，実現可能な選択肢のうちで最も好ましいものを選択すべきである．

実践における最大の課題は，改革者たちが実現可能性の制約を無視したがることにある．楽天家たちは，改革後の生のゲームにおいていかなる新しい均衡がプレーされるかを問うことなく，むしろ人々は新しい誘因を無視して

過去と同じように振る舞うか，誘因にまったく影響されない無私無欲の化身と化すと仮定する．ここでこそゲーム理論の出番である．ゲーム理論は，たとえ問題が難しすぎて分析的に解決できないため直接利用することが不可能な場合でも，改革案が予定通りにいきそうかをテストするために必要となるコンピュータ・シミュレーション，実地での試行，実験室での実験を設計するための案内役となるのである．

　最適性は概念としてはるかに難しい．唯一の「善き」ないし「正しき」道を知っていると主張する評論家や指導者は，単なる饒舌かほら吹きである．現実には，私たち自身の好き嫌いのみが案内役となるのである．しかし，他者の好き嫌いとの妥協を嫌がる改革者は，小さな改革の実施にすら必要となるような提携を築くことができないであろう．提携構築の問題は，多数の均衡を伴う複雑な調整ゲームとみなすのが賢明だと私は主張する．公平性とは，こうした調整問題を解くために進化の潮流が人類の浜辺に打ち揚げた社会的道具なのである——ならばこれを使ったらいいではないか．

　仮にデイヴィッド・ヒュームが今日生きていたとしたら，このように公平性を調整装置として用いるための「合理的正当化」を行えないのは，帰納的推理の利用を正当化できないのと同じである，ということを嬉々として説くだろう．ただし，ヒュームが帰納的推理の正当化は不可能であると考えた事実は，彼が帰納的推理によってホイッグ流改革のプログラムを定式化する妨げにはならなかった．ならば，私たちの社会で通用する公平規範を絶対的に正当化する理由を見いだせないという事実があるからといって，公平規範を用いた生活様式の改善を控える必要はなかろう．

解題

早稲田大学　須賀晃一

1. ビンモアの紹介

　ケン・ビンモアは，1940年9月27日，ロンドンに生まれた．イギリス国籍であり，ロンドン大学インペリアル・カレッジで学士号（数学），博士号（数理分析）を取得した．その後，ロンドン大学ロイヤル・ホロウェイ・カレッジの講師（1965）を皮切りに，ロンドン・スクール・オブ・エコノミクスの数学教授（1969），数学部長，同経済学教授（1988），ミシガン大学経済学教授（1988），ユニバーシティ・カレッジ・ロンドン経済学教授（1991）を歴任し，現在，ロンドン大学経済学名誉教授，ブリストル大学経済学客員名誉教授，ロンドン・スクール・オブ・エコノミクスの哲学・論理学・科学方法論学部の客員教授である．

　彼はまた，エコノメトリック・ソサイエティと英国アカデミーのフェローである．2002年にアメリカ芸術科学アカデミーの外国人名誉会員に選出された．さらに，2007年にはブリストル大学の哲学科で名誉研究員，ロンドン・スクール・オブ・エコノミクス哲学センターの名誉フェローに任命された．

　特筆すべきビンモアの活動としては，1995年，創設者の一人として「経済学習と社会進化」研究センター（ELSE）の設立に参加したことが挙げられる．そのセンターは，ロンドン大学を拠点とする経済学者，心理学者，人類学者，数学者が関与する学際的研究センターであった．経済社会研究会議（ESRC）の資金援助を受けて，ELSEはゲーム理論や社会への進化・学習のアプローチに関する基礎研究を進め，政府活動やビジネスにおける実践的な問題にその研究で得られた理論的発見を適用した．

　ELSEセンター長の任期中，ビンモアは「はったり経済学者」として広く知られるようになった．その理由は，2000年に彼が第3世代（3G）通信のオークションを設計したチームを率いて，英国政府に225億ポンドの利益を

もたらしたからである．これにより，2001年に大英帝国勲章コマンダー（CBE）を授与されている．彼はベルギー，デンマーク，ギリシャ，イスラエル，香港でも3Gスペクトラムのオークションを設計し，実施した．

学術研究活動の面では，ビンモアは数学者，ゲーム理論家，経済学者，哲学者であり，交渉理論とその応用，実験経済学の分野で数多くの研究論文を発表している．本解題の最後に示すように15冊の著書，編著書を執筆している．また，120本以上の論文を執筆しており，きわめて生産性の高い研究者である．

2. ビンモアの研究

ビンモアの主要な研究上の貢献は，人々が協力によって得られる成果や利益をどのように分けるかを研究する交渉理論と，ゲーム理論や経済理論が教える結果が実験室で再現できるかを分析する実験経済学が中心となっている．特に，ビンモアは実験経済学のパイオニアであり，ほとんどの経済学者がゲーム理論は実際には機能しないと考えていた1980年代に，実験経済学に関する研究を開始した．ビンモアは共同研究者と，ゲーム理論の中でも交渉理論が予想するような行動を人間が実際の交渉の場において採るかどうかを検討するために実験室実験を設計し，そこで十分に洗練されたプレイヤーの行動が予測可能であることを示した．これによってビンモアは，他者志向的選好あるいは社会的選好を強調する行動経済学の一部のグループと対立することになった．

政治と道徳哲学に関するビンモアの研究は，1980年代に始まった．『正義論』を書いたジョン・ロールズの原初状態の哲学的基礎を確立するという目的を持っていた．ビンモアは原初状態を用いて生物学的および社会的進化における公平性の規範を基礎づけようとするが，そこにはヒュームのアイデアが活かされている．『ゲーム理論と社会契約』と題する2巻本は，ゲーム理論を用いて道徳理論の科学的基礎を築くという野心的な試みである．1994年にジョン・ナッシュ，ラインハルト・ゼルテンとともに非協力ゲーム理論の発展に寄与したことでノーベル経済学賞を受賞したジョン・ハーサニは，功利主義原理の特徴づけで有名だが，ビンモアは『ゲーム理論と社会契約』

の中で，ロールズの平等主義的正義理論とハーサニの功利主義理論を調和さ
せるような，原初状態の自然主義的な再解釈を提案している．本書『正義の
ゲーム理論的基礎』は，『ゲーム理論と社会契約』から数学的な議論を取り
除いて再構成したものである．その意味では，一般読者向けに書き下ろした
主著の解説書といえる．

3. 本書の主張

　本書は，数学，ゲーム理論，経済学を武器に，進化生物学や社会進化論を
背景的知識として，現代の正義論を再構築することが目的とされている．す
なわち，人々の行動を現実に支配する道徳ルールである本能，慣習，因習な
どは，主に進化の力——生物学的のみならず社会的な——によって形作られ
るので，それらがいかに進化したのか，なぜ生き延びるのかを問うために，
道徳を科学的に扱うことが必要であるとして，数理的方法を用いた新しい正
義理論（本書の原題は，進化生物学に基づいて「自然主義的な」正義の理論を展
開しているという意味で『自然主義的正義（*Natural Justice*）』となっている）の
構築を目指している．

　ビンモアの自然主義的正義において中心的役割を果たすのは，社会を構成
している人々が合意し遵守している社会契約である．社会契約論と総称され
る議論の中でも，社会契約の内容やその前提条件を規定する「自然状態」は
論者によって異なるが，ビンモアが前提とするのは，戦争状態として記述さ
れるホッブズ的自然状態でもなければ，平和な社会状態として記述されるロ
ック的自然状態でもない．以下で述べるように，ロールズの「原初状態」が
基礎に据えられている．

　ビンモアの場合，社会契約とは，ある社会の市民が互いの努力を調和させ
ながら生きていくことを可能にする共通理解ないし文化的慣行の集合のこと
である．それらは多種多様であり，法律として成文化されているものもあれ
ば，そうでないものもある．いずれであっても，社会契約にとって重要な慣
行は，現実社会において実際に尊重されているはずである．したがって，社
会契約は安定的でなければならない．ビンモアはデイヴィッド・ヒュームを
持ち出して，社会契約のしくみを，石を積んだだけの壁やレンガ積みのアー

チになぞらえ，隣り合う石が互いを支えあうものだと記述する．これを現代のゲーム理論に照らせば，安定的な社会契約のルールは，ゲームの均衡において人々の行為をうまく調整する，といえる．社会契約はそれ自体で安定していなければ存続できないのである．

　進化論の立場に立つ人々が社会契約に要請するのは，社会契約の安定性だけではない．効率的でなければ他の社会契約との競争に勝てないので，その効率性も要請される．では，社会契約の効率性はどのように担保されるか．それには，家族内の協力の進化によって一般の協力様式が変化して成立した「互恵的利他主義」が必要である．1976年にロバート・トリヴァースが提唱した互恵的利他主義の考え方は，18世紀の哲学者デイヴィッド・ヒュームによってすでに1739年に理解されていた，とビンモアは言う．ヒュームが説明するように，「私は本物の親切心を抱かないまま他人に奉仕することができる．なぜなら，彼が私の奉仕に応えてくれるだろうと見越すからである．彼がそうするのは同様な見返りを期待し，そして私や他の人々との好意的な関係を維持するためである．こうして，私が彼に奉仕し，私の行為の結果として生じた利益を彼が得た後，彼は自らの役割を果たさないことの帰結を見越し，結局はそれを演じる気になるのである」．

　このような合理的な互恵性がうまく働くためには，人々の交流が繰り返され，その関係が無期限に続くという見通しがなければならない．社会契約とは，それぞれの社会においてプレーされる生のゲームの「均衡」に他ならないが，均衡間の選択は，個々人が公共善のために何らかの犠牲を払うことを要求しないはずである．なぜなら，社会契約が安定的である限り，どの個人も自らが属する社会の社会契約に従って自己の適応度を最適化しており，それが継続すると期待されるからである．

　しかも，ある社会の社会契約は遺伝ではなく「文化的」な手段によって他の社会に伝えられる．人間にとって生まれ育った文化から学んだことは，遺伝子に書き込まれている本能と同じくらい重要である．人類は文化をある種の集団的無意識または集団心理として利用して過去の試行錯誤の結果を蓄積し，現在の人々による新発見を組み入れていくようになった．このような文化的資源のおかげで，人間の集団は新しい課題や機会に直面しても柔軟に対

応できるようになり，個々人が自らの経験を通じて知り得ることしか知らない場合に比べてより大きな成果を生み出すことができる，とビンモアは主張する．

　人類の道徳に見られる「普遍的特性」は，さまざまな社会の多様な文化の表面下に横たわっている，社会契約の深層構造に埋め込まれている．安定性の要請により，社会契約は生のゲームの均衡でなければならない．しかし，ほとんどのゲームには多数の均衡が存在するため，人々は均衡選択の問題に直面する．効率性の要請がこの問題の解決をいくらか助けるけれども，協力によって実現可能な利得の組合せは無限繰り返しゲームのナッシュ均衡として達成されることを示すフォーク定理が教えるように，社会契約として利用できる効率的な均衡は複数存在する．社会がうまく機能するためには，調整してこれらのうちの1つを選び出さなければならない．ここに，公平性の問題が生じる余地がある．すなわち，進化の過程で我々の祖先が直面した生のゲームの均衡選択問題を解く鍵が公平性にある．

　均衡選択の問題に対して歴史上に見る多くの適応は，ほぼ間違いなく文化に起源を持っている．生物学的にうまく説明するには時間の間隔が短すぎる．だが，人々が何をもって公平とするかは，文化と遺伝の双方に依存する．文化は多様であるから，正義についての「普遍的」原理――その深層構造――が存在するとしたら，同じ種のメンバーとして人類が共有する遺伝子に書き込まれていなければならない．ビンモアは，人間社会の公平性規範に共通する深層構造が，ジョン・ロールズの「原初状態」に定型化された表現を与えられていると見る．原初状態において個人Aは，仮に自分が仮説的な「無知のヴェール」の背後から個人Bの地位・役割を占めてこの世に登場したとしたらどう思うだろうかを考えなければならない．したがって，個人Aは自らを個人Bの立場に置いて，個人Bの視点で物事を見るため，個人Bに共感する能力を持たねばならない．個人Bも同時に，個人Aの立場に立って，個人Aの視点で物事を見るため，個人Aに共感できなければならない．2人の合理的な人間が共感し合うことは，効用の個人間比較が可能でなければならず，個人間比較の基準は社会の文化・歴史の所産であるといえる．

交渉問題における公平性の役割

　ここで，公平性に関するビンモア理論の検討を続けるため，原初状態を論じる際に生じる交渉問題に注目しよう．ビンモアによれば，待ち合わせ場所の選択やケーキの分け方など日々の調整問題を公平性に基づいて解決するとき，2人の個人は，交渉が終わった後で自分たちの地位・役割は無作為に割り当て直されると仮定し，そのもとで到達する合意の内容を暗黙のうちに計算している．これが原初状態における社会契約だが，ここに直接ナッシュ交渉解を適用することはできない．なぜなら，公平性は対面交渉が不可能であるか，交渉の費用が高いため選択肢としては存在しないような状況で使われるよう進化してきたからであるし，さらにナッシュ交渉解自体が公平性の内容をまったく持たないからである．公平性の基準となるためには最低限，いかなる形式であれ，両個人の効用水準を比較しなければならない．ビンモアはジョン・ハーサニに倣って，効用の個人間比較の基礎を人間が互いに共感する能力に求めている．そこで，原初状態にいる人々は個人Aの効用が個人Bの効用とある一定の比率で交換できると考えているかのように交渉を行う．

　実際，我々は効用の個人間比較の基準を持っており，そしてそれが特定の社会においては広く共有されている，とビンモアは言う．それが「文化」である．しかし，あれこれの状況において誰がどのくらいの価値を持つのかを決めるために必要な複雑な計算を行う無意識の能力が，なぜ進化の過程で私たちの脳に備わるようになったのか．この能力の起源は，拡大された家族のメンバーが互いの血縁関係の近さを認識する必要性にある，と推測できる．しかし，なぜ家族を越えて効用の個人間比較を拡大する必要があるのか．その理由は，効用の個人間比較が原初状態の装置への入力として欠かせないからである．言い換えれば，公平性問題を解くために必要であったから，人類が自己と他者の効用を比較する能力を進化によって授けられたのである．ただし，効用の個人間比較の基準は文化的に決定されるので，何をもって公平とするかが場所，時間，状況によって異なる．

　自然主義者ビンモアは，生物学における自然主義者が生物に関する事実を収集し，それらを超自然的・形而上学的な存在についての思弁的仮説を排除

したがって枠組みの中にまとめようとするのに対し，人間という特定の生物種の道徳的行動を対象とするという限りにおいて異なっている．人間が社会的動物となるうえで「社会的」進化が少なくとも生物学的進化と同じくらい重要であったことは明らかであろう．社会契約を形作るうえで社会的進化は生物学的進化と同程度には重要である．生物学的に普遍的な特性が存在するのに対し，善や正の概念は常に文化的所産である．

　生物学的進化における遺伝子との類推を捉えるため，『利己的な遺伝子』で有名な生物学者のリチャード・ドーキンスは「ミーム (meme)」という用語を使い，模倣や教育を通じて人口全体に行き渡る可能性のある慣習的な行為や思考を語るよう提案した．ミームとは，人々の間で心から心へと伝達される情報のことであり，社会や文化を形成する様々な情報として把握される．例えば，習慣や技能，物語といった人から人へ伝達される情報である．社会的進化が時間をかけて巧みに文化を変えていくのはミームを媒介にしてである．ほとんどの場合，個人が意識的に手を貸したり仕向けたりすることなく文化は変わって行くし，誰も変化の兆しに気づかない場合さえある．

　要約すると，実際に使われている公平性規範はすべてロールズの原初状態という深層構造を共有する．この深層構造は生物学的に決定されるため，人類に共通のものである．しかし，原初状態で入力情報として必要になる個人間比較の基準は，ミームを通じて文化的に決定されるため，時と場所によって変わってくるのである．

　では，ビンモアが導いた正義原理はどのようなものであろうか．実に興味深いことに，状況に応じてベンサム流の功利主義原理と，ロールズ流のマキシミン原理の2つが導かれるという．ここで状況とは，交渉問題の仮説的合意が得られた後，その合意を実現するための強制力を持った執行機関が存在するかどうかを表す．そのような執行機関が存在すれば功利主義原理が選ばれ，存在しなければマキシミン原理が選ばれるというのが，ビンモアの結論である．強制力を持った執行機関が存在しない場合，自己監視とそれに従う慣習が成立しない限り，誰も公平に行動することはないであろう．したがって，自己監視の要求を課すときにどのような原理が導けるかが問題だが，コイン・トスの敗者がトスの結果に従うためには，ロールズ流の平等主義的社

会契約が選ばれるという．

以上のように要約できる本書の議論は，ロールズやハーサニと比較してどのような特徴を持つといえるだろうか．次に，その点を考えてみよう．

4. ロールズ，ハーサニ，ビンモア

ロールズは社会契約論を一般化し高度に抽象化することで正義の構想を提示した．彼は自然状態を再構成した原初状態を社会契約の出発点に取り，平等な基本的自由の原理（第1原理），機会均等の原理および格差原理（2つ合わせて第2原理）と，原理間の辞書式優先度を規定する2つの優先原則から構成される正義の構想を提案する．正義原理の導出に当たって重要な仮説は，正義の構想が無知のヴェールに被われた原初状態において，合理的かつ自己利益追求的個人の合意によって形成されるという公正な条件を想定していることである．正義の諸原理の規範性が原初状態における人々の間の合意によって担保されている．ロールズはこの点を「公正としての正義」という用語を用いて説明している．すなわち，社会の基本構造を規定する正義原理こそが原初的合意の対象であり，道徳的人格として自由かつ合理的な人間が協業の基本的条件（社会契約）を定めるものとして，原初状態において全員一致で合意し承認する原理である．これらの原理はそれ以降のすべての合意を規制し，後に人々が入っていく社会的協力の種類や，設立され得る政府の形態を特定化する．

ロールズの場合，原初状態とは，正義原理の選択に当たって一定の手続的拘束を課す諸条件を統合する観念であり，現実の歴史的状況ではなく，我々の正義感覚に合致した一定の正義原理を導出しうるように構成された純然たる仮説的状況である．原初状態における当事者達は，人間社会の一般的事実しか知り得ず，無知のヴェールの下で正義原理の選択を行わなければならない．原初状態における人間の想定は，具体的には次のようなものである．第1は平等な権利の想定であり，人々は正義原理の選択に当たって平等の権利を持つ．第2は相互に無関心な合理性の想定であり，人々は合理的かつ相互に他人の利益には無関心に自己利益の増進を目指す．これらの想定は，自然的・社会的偶然に左右されずに，公正な状況の下で正義原理を選択しうるた

めの基本的な手続的拘束を形成している．無知のヴェールの下では，当事者達は一定種類の個別的事実は知らないものと想定されている．社会における自分の位置，階級的地位，社会的資格，自然的な資産や能力，自己の知能や体力など，自分の善の概念，合理的人生計画の詳細，楽観主義か悲観主義かなどの自己の心理的傾向，自分達の社会のおかれている経済的・政治的状況，文明・文化のレベル，自分の属する世代，について知らないと想定される．

　極端に情報が限定された無知のヴェールの下で選択を行うためには，何らかの基準が必要である．合理性の想定により，当事者達は正義原理の選択においてできる限り自己利益を増進すべきだが，無知のヴェールの想定により彼らは自己の人生計画の詳細や増進すべき特定の目的・利益を知り得ないので，具体的な人生計画の如何にかかわらず，多く持つことを欲する「社会的基本財」の概念が基準として導入される．これは，権利と自由，機会と権力，収入と富，自尊であり，順位による比較のみから，最も不遇な人々の地位が確定できることになっている．

　一方，ハーサニはロールズの無知のヴェールと類似のヴェールを想定し，期待効用仮説に基づいて功利主義を導こうとした．彼の命題は，「集計定理」と「不偏的観察者定理」に分けられる．

　ハーサニによれば，個人の選好は2つの部分に分けられる．1つは自分の状態を評価する個人的選好であり，その人の効用関数を導くものである．もう1つは倫理的選好をあらわし，その人の社会に対する評価である社会的厚生関数を導く．他者の効用関数について十分な情報が与えられ，個人的選好と倫理的選好の両方が通常課されるいくつかの合理性条件を満たすならば，社会的厚生関数はすべての人の間で一致する．そして，効用の個人間比較可能性を前提として社会的厚生関数は様々な個人の効用関数を同等に扱い，等しいウエイトを与えなければならないという対称性公理を追加すれば，各個人の一致した社会的厚生関数は個人的効用の算術平均となることを示した．これが集計定理である．

　ハーサニは，ベイズ理論で主観確率が果たす役割と効用の個人間比較が功利主義道徳理論で果たす役割との類似性を考えれば，効用の個人間比較に対する誤解は解けるという．効用の個人間比較は，我々の選択行動および感情

的反応がある仮想的状況でどうなるかという予想と，論理的に同値である．全く異なる人格と社会的背景を持った他人が様々な財バスケットから引き出す効用を評価しようとすることは，私の所得，社会的地位，個人的状況，感情などが全く彼と同じであるならば，私自身が様々なバスケットから引き出す効用を評価することと同じである．したがって，効用の個人間比較可能性を前提とすれば，功利主義と同じ形式の正義原理が導出されることになる．

ハーサニは，道徳的選好の概念的分析によって同様の結論を得る．これが不偏的観察者定理である．ある個人が2つの状態での自分の地位について全く無知か全く無関心の下で，その2つの状態の間で選択するとしよう．あるいは，ある社会的地位を占め特定の個人になるのが等確率であるという仮定の下で選択するとしよう．このとき彼の選択は非個人性・公正性の要件を満たし，道徳的価値判断としての資格を持つ．また彼の選択は危険を含む選択だから，期待効用仮説に従えば，より大きな期待効用を与える社会状態を選択しなければならない．これは，社会成員により大きな平均的効用水準を与える状態の選択を意味する．各個人の持つ道徳的選好は，すべての個人的効用の算術平均によって表現された社会的選好と同値になる．

ビンモアは，原初状態における社会を考えることで正義原理を導出するが，ここで用いられる無知のヴェールはロールズのそれより薄く，ハーサニのものと同じである．すなわち，誰になるか分からない状況ではあるが，個別的事実にどのようなものがあるかはすべて知っている．具体的には，どの人がどのような選好を持っているかを知っているが，誰になるかは分からないという状況である．したがって，どの個別的事実が起こるかでいかなる効用が生じるか分かるので，効用の個人間比較が測定単位まで可能であるとき，十分に深い共感を持つなら，功利主義原理が導出される．それに対し，ロールズの無知のヴェールは個人的事実がすべて忘れ去られるほどに厚く，効用の個人間比較を行うことはできない．そこでロールズは，すべての人の善を増進することができる社会的基本財を持ち込むことにより効用の個人間比較の問題を回避しようとしているが，実質的には効用の個人間比較可能性を仮定することと同じである．社会的基本財の量の大小で完全に順位付けすることができるので，社会的基本財の導入は個人間で水準比較可能な効用概念を仮

定し，さらにすべての人に共通の順序を仮定することに等しい．よって，行動原理に対する仮定次第で様々な正義原理の可能性が生じる．ロールズは社会の基本構造を決めるのが正義原理の役割であるから，最も不遇な人に注目するとして，功利主義原理に代わってマキシミン原理を導く．

　最後に，ビンモアがロールズとハーサニの間で別の原理を導く分水嶺とした執行機関の存否という問題に目を向けよう．強制力を持った執行機関が存在すれば功利主義原理が選ばれ，存在しなければマキシミン原理が選ばれるというのが，ビンモアの結論であった．ところが，ロールズ自身は執行機関をどのように確立するのかという問題をかなり自覚的に考えていたと思われる．具体的には，コミットメントが課す試練とか設立された正しい制度に従う義務といった概念を導入しているのがその証左である．これに対して，ハーサニは執行機関を確立するという問題に無自覚的であり，効用和の最大をもたらす契約は常に実現化されると考えているようである．このようにロールズとハーサニそれぞれの対応はビンモアの結論と対照的であり，その理由の探求は興味深い．もちろん，ロールズの言及する義務は必ずしも執行機関に対する義務だけではない．むしろ，人間が自発的に従うべき義務の源泉を尋ねていると言えるところもあり，単純に割り切ることはできない．ビンモアの議論と対照させ，ロールズの議論には制度を適切に運営するための人間像が提示されていると見て，義務感や正義感の発生に関する進化的説明を構成し，その淵源と発展を問うてみるのも興味深い知的営為であろう．

　最後に，2004年1月に早稲田大学で聞いたビンモアのセミナーの印象を述べたい．非常に優しくゆっくりとした口調で，本書の最終章の議論を紹介していた．私自身は，ロールズとハーサニが統合された理論の中で2つのケースとして登場することに驚いたことを記憶している．全く紳士的な人物であるとの印象を持ったが，後に聞いたところでは，相当にアグレッシブな面もあり，セミナーでもしばしば口角泡を飛ばすほどの激論になるとのことであった．セミナーの前に，日本の人たちが自分の議論を理解してくれるか心配で，少しでもわかりやすい語り口を心がけたそうだから，そのときは優しい側面が現れたのであろう．優しさの一面は，心情的には自由民主党支持で

あり，英国の医療制度として有名な国民健康サービス（NHS）の充実などに強く賛同している点にも表れているように思える．3G 通信オークションで多大の利益をイギリス政府にもたらしたときも，NHS の財務状況が改善されると喜んだという話が伝わっている．

文献案内

本書の理解に役に立つということでは，やはり本人の執筆による

　　ビンモア『ゲーム理論』（海野道郎・金澤悠介訳）岩波書店，2010 年

が有益であるが，よく読まれる日本人の書いた教科書とは趣を異にする．ゲーム理論の一般的な内容を知りたいという読者には，以下のテキストが参考になる．

　　岡田章『ゲーム理論・入門』（新版）有斐閣，2014 年
　　渡辺隆裕『ゼミナール　ゲーム理論入門』日本経済新聞社，2008 年

ビンモアの著書，編著書

(1977). *Mathematical Analysis: A Straightforward Approach.* New York: Cambridge University Press.

(1980). *Foundations of Analysis: Book 1: Logic, Sets and Numbers.* Cambridge University Press.

(1980). *Foundations of Analysis: Book 2: Topological Ideas.* Cambridge University Press.

(1986). *Economic Organizations As Games* (co-edited with Partha Dasgupta). Basil Blackwell.

(1987). *The Economics of Bargaining* (co-edited with Partha Dasgupta). Basil Blackwell.

(1990). *Essays on the Foundations of Game Theory.* Basil Blackwell.

(1991). *Fun and Games: A Text on Game Theory.* D. C. Heath and Company.

(1994). *Game Theory and the Social Contract: Volume 1: Playing Fair.* Cambridge: MIT Press.

(1998). *Game Theory and the Social Contract: Volume 2: Just Playing.*

Cambridge: MIT Press.
(2002). *Calculus: Concepts and Methods* (with Joan Davies). Cambridge University Press.
(2005). *Natural Justice.* New York: Oxford University Press.
(2007). *Playing for Real?* A Text on Game Theory. New York: Oxford University Press.
(2007). *Does Game Theory Work? The Bargaining Challenge.* MIT Press.
(2008). *Game Theory: A Very Short Introduction.* Oxford University Press.
(2009). *Rational Decisions.* Princeton University Press.
(2012). *Evolution and Rationality* (with S. Okasha). Cambridge University Press.

注：本解題を作成する過程で，学習院大学大学院法務研究科教授若松良樹氏より有益な示唆を得た．記して感謝したい．

訳者あとがき

　本書は Ken Binmore, *Natural Justice*（Oxford University Press, 2005）の翻訳である．著者の略歴と本書の概要については，須賀晃一教授の「解題」を参照して頂きたい．ゲーム理論の大家が古今の正義論および社会契約論を渉猟し，とりわけヒュームの着想と進化生物学の知見に依拠しながら，人々の公平規範の起源と進化のしくみをゲーム理論的に基礎づけるという野心的な試みである．

　著者は自らの正義論を2巻の研究書（*Playing Fair*, MIT Press, 1994 および *Just Playing*, MIT Press, 1998）にまとめており，本書はその概略をなるべく数学を使わずに紹介する趣旨で書かれている（原書には2巻本の参照箇所を示す傍注があるが，本訳書では割愛した）．ビンモア教授は訳者の質問に丁寧に答えてくださり，訳者としても平明な日本語への翻訳を心がけた．著者のアプローチの切れ味が多少なりとも読者に伝われば幸いである．なお，訳者による註は，本文中のものは〔　〕で，脚註のものは†で示した．

　ビンモア教授によると，正義は自然現象としての側面を持ち，法的正義とは一線を画するという二重の意味が原題 Natural Justice には込められている．直訳ではそうした意味の広がり伝わりにくく，邦題の選択には悩んだが，ゲーム理論を用いて正義論を科学的に基礎づけるという著者の大胆な発想を反映させて，『正義のゲーム理論的基礎』とした．

　本書の翻訳は，訳者が大学院時代からお世話になっていた鈴村興太郎先生が紹介してくださった．折に触れて励ましの言葉を頂いた鈴村先生には心より感謝している．さらに，初期の草稿に目を通して頂いた蓼沼宏一教授，後藤玲子教授，吉原直毅教授，解題の執筆をご快諾くださった須賀晃一教授，訳語の選択について貴重な助言を頂いた若松良樹教授，校正の段階で詳細なコメントを頂いた髙木智史氏には厚くお礼申し上げたい．ただし，最終的な訳文の責任はもちろん訳者にある．最後に，NTT出版の永田透氏は終始，訳者を粘り強くサポートし，訳稿を丹念にチェックして，的確なアドバイス

をくださった．記して感謝の意を表したい．

2015 年 5 月
栗林寛幸

参考文献

Alcock,J. *The Triumph of Sociobiology*. Oxford University Press, New York, 2001. 長谷川眞理子訳『社会生物学の勝利——批判者たちはどこで誤ったか』新曜社, 2004年

Alexander,R. *The Biology of Moral Systems*. Aldine de Gruyter, Hawthorne, New York, 1987.

Aristotle. *Nicomachean Ethics*. Hackett, Indianapolis, 1985. (Translated by T. Irwin). 高田三郎訳『ニコマコス倫理学』全二巻, 岩波文庫, 1971年

Aumann,R. and M. Maschler. *Repeated Games with Incomplete Information*. MIT Press, Cambridge, MA, 1955.

Axelrod,R. *The Evolution of Cooperation*. Basic Books, New York, 1984.

Binmore,K. *Fun and Games: A Text on Game Theory*. Heath, Lexington, MA, 1992. 松田裕之訳『つきあい方の科学——バクテリアから国際関係まで』ミネルヴァ書房, 1998年

Binmore,K. *Playing Fair: Game Theory and the Social Contract I*. MIT Press, Cambridge, MA, 1994.

Binmore,K. *Just Playing: Game Theory and the Social Contract II*. MIT Press, Cambridge, MA, 1998.

Boyd,R. and P. Richerson. *Culture and the Evolutionary Process*. University of Chicago Press, Chicago, 1985.

Broome,J. *Weighing Goods*. Blackwell, Oxford, 1991.

Cavelli-Sforza,L. and M. Feldman. *Cultural Transmission and Evolution*. Princeton University Press, Princeton, 1981.

Cohen,M. *The Food Crisis in Prehistory: Overpopulation and the Origins of Agriculture*. Yale University Press, New Haven, 1977.

Damasio,A. *Descartes' Error: Emotion, Reason, and the Human Brain*. GrossetPutnam, New York, 1994. 田中三彦訳『デカルトの誤り——情動, 理性, 人間の脳』ちくま学芸文庫, 2010年

Darwin,C.　*The Descent of Man and Selection in Relation to Sex*. Murray, London, 1871. 長谷川真理子訳『人間の進化と性淘汰Ⅰ』(『ダーウィン著作集1』) 文一総合出版, 1999年

Darwin,C.　*The Expression of the Emotions in Man and Animals*. University of Chicago Press, Chicago, 1965. 浜中浜太郎訳『人及び動物の表情について』岩波文庫, 1931年

Dawkins,R.　*The Selfish Gene*. Oxford University Press, Oxford, 1976. 日高敏隆・岸由二訳『利己的な遺伝子』<増補新版>紀伊國屋書店, 2006年

Dawkins,R.　*The Blind Watchmaker*. Penguin, London, 1986. 日高敏隆他訳『盲目の時計職人』早川書房, 2004年

Dennett,D.　*Darwin's Dangerous Idea: Evolution and the Meanings of Life*. Allen Lane, London, 1995. 山口泰司他訳『ダーウィンの危険な思想——生命の意味と進化』青土社, 2000年

Diamond,J.　*Guns, Germs, and Steel*. Norton, New York, 1997. 倉骨彰訳『銃・病原菌・鉄——1万3000年にわたる人類史の謎』草思社文庫, 2012年

Dostoyevsky,F.　*House of the Dead*. Penguin, London, 1985. 工藤精一郎訳『死の家の記録』新潮文庫, 1973年

Dunbar,R.　*Grooming, Gossip, and the Evolution of Language*. Faber, London, 1996. 松浦俊輔訳『ことばの起源——猿の毛づくろい, 人のゴシップ』青土社, 1998年

Elster,J.　*Local Justice: How Institutions Allocate Scarce Goods and Necessary Burdens*. Russell Sage Foundation, New York, 1992.

Eysenck,H.　*Sense and Nonsense in Psychology*. Pelican Books, Harmondsworth, UK, 1957.

Farber,P.　*The Temptations of Evolutionary Ethics*. University of California Press, Berkeley, 1994.

Furer-Haimendorf,C.　*Morals and Merit*. Weidenfeld and Nicolson, London, 1967.

Gauthier,D.　*Morals by Agreement*. Clarendon Press, Oxford, 1986. 小林公訳『合意による道徳』木鐸社, 1999年

Gintis,H. et al editors.　*Moral Sentiments and Material Interests*. MIT Press, Canbridge, MA, 2004.

Goodin,R.　*Utilitarianism as a Public Philosophy*. Cambridge University Press, Cambridge, 1995.

Gough,J. W. *The Social Contract*. Clarendon Press, Oxford, 1938.

Hamilton,A. J. Jay, and J. Madison. *The Federalist*. Everyman, London, 1992. (Edited by W. Brock. First published 1787-1788). 斎藤真訳『ザ・フェデラリスト』岩波文庫，1999年

Hamilton,W. *Narrow Roads of Geneland: Collected Papers of W. D. Hamilton, Volume 1: Evolution of Social Behaviour*. Freeman, Oxford, 1996.

Hamilton,W. *Narrow Roads of Geneland: Collected Papers of W. D. Hamilton, Volume 2: Evolution of Sex*. Oxford University Press, Oxford, 2001.

Harsanyi,J. *Rational Behavior and Bargaining Equilibrium in Games and Social Situations*. Cambridge University Press, Cambridge, 1977.

Henrich,J. R. Boyd, S. Bowles, E. Fehr, H. Gintis, and R. McElreath. *Foundations of Human Sociality: Economic Experiments and Ethnographic Evidence from Fifteen Small-Scale Societies*. Oxford University Press, Oxford, 2004.

Hobbes,T. *Leviathan*. Penguin Classics, London, 1986. (Edited by C. B. Macpherson. First published 1651). 水田洋訳『リヴァイアサン』全四巻，岩波文庫，1982〜92年

Homans,G. and C. Curtis. *An Introduction to Pareto: His Sociology*. Knopf, New York, 1934.

Hume,D. *A Treatise of Human Nature (Second Edition)*. Clarendon Press, Oxford, 1978. (Edited by L. A. Selby-Bigge. Revised by P. Nidditch. First published 1739). 木曾好能訳『人間本姓論』法政大学出版会，2011年

Kant,I. *Groundwork of the Metaphysic of Morals*. Harper Torchbooks, New York, 1964. (Translated and analyzed by H. Paton. First published 1785). 宇都宮芳明訳『道徳形而上学の基礎づけ』以文社，2004年

Kant,I. *Critique of Practical Reason*. Macmillan, New York, 1989. (Translated by Beck,L. First published 1788). 波多野精一・宮本和吉訳『実践理性批判』岩波文庫，1979年

Lerner,M. *The Belief in a Just World*. Plenum, New York, 1980.

Levy,N. *Moral Relativism: A Short Introduction*. Oneworld Publications, Oxford, 2002.

Mackie,J. *Ethics, Inventing Right and Wrong*. Penguin, London, 1977. 高

知健太郎他訳『倫理学——道徳を創造する』哲書房，1990 年

Mackie,J. *Hume's Moral Theory*. Routledge and Kegan Paul, London, 1980.

de Mandeville,B. *The Fable of the Bees — or Private Vices, Publick Benefits*. Liberty Classics, Indianapolis, 1988. (Edited by F. Kaye. First published 1714). 泉谷治訳『蜂の寓話——私悪すなわち公益』法政大学出版会，1985 年

Maryanski,A. and J. Turner. *The Social Cage: Human Nature and the Evolution of Society*. Stanford University Press, Stanford, 1992.

Maynard Smith,J. *Evolution and the Theory of Games*. Cambridge University Press, Cambridge, 1982. 寺本英・梯正之訳『進化とゲーム理論——闘争の論理』産業図書，1985 年

Moore,G. E. *Principia Ethica*. Prometheus Books, Buffalo, N.Y., 1988. (First published 1902). 泉谷周三郎・寺中平治訳『倫理学原理』三和書房，2010 年

Pinker,S. *The Language Instinct: The New Science of Language and Mind*. Penguin, London, 1994. 椋田直子訳『言語を生み出す本能』全二巻，NHK ブックス，1995 年

Popper,K. *The Open Society and its Enemies*. Routledge, London, 1945. 内田詔夫・小河原誠訳『開かれた社会とその敵』未来社，1980 年

Power,M. *The Egalitarians: Human and Chimpanzee*. Cambridge University Press, Cambridge, 1991.

Rawls,J. *A Theory of Justice*. Oxford University Press, Oxford, 1972. 川本隆史他訳『正義論』（改訂版）紀伊國屋書店，2010 年

Rawls,J. *Political Liberalism*. Columbia University Press, New York, 1993.

Sachs,O. *An Anthropologist on Mars*. Knopf, New York, 1994. 吉田利子訳『火星の人類学者——脳神経科医と 7 人の奇妙な患者』早川書房，2001 年

Singer,P. *The Expanding Circle: Ethics and Sociobiology*. Farrar, Strauss and Giroux, New York, 1980.

Singer,P. *How Are We to Live: Ethics in an Age of Self-Interest*. Opus: Oxford University Press, Oxford, 1997. 山内友三郎訳『私たちはどう生きるべきか』ちくま学芸文庫，2013 年

Skyrms,B. *Evolution of the Social Contract*. Cambridge University Press, Cambidge, 1996.

Skyrms,B. *The Stag Hunt and the Evolution of Social Structure*. Cambridge University Press, Cambridge, 2003.

Smith,A. *The Theory of Moral Sentiments*. Clarendon Press, Oxford, 1975. (Edited by D. Raphael and A. Macfie. First published 1759). 水田洋訳『道徳感情論』全二巻, 岩波文庫, 2003年

Smith,A. *The Wealth of Nations*. Liberty Classics, Indianopolis, 1976. (First published 1776). 水田洋監訳『国富論』全四巻, 岩波文庫, 2000年

Sugden,R. *The Economics of Rights, Cooperation and Welfare*. Blackwell, Oxford, 1986. 友野典男訳『慣習と秩序の経済学』日本評論社, 2008年

Trivers,R. *Social Evolution*. Benjamin Cummings, Menlo Park, CA, 1985.

Ulmann-Margalit,E. *The Emergence of Norms*. Oxford University Press, New York, 1977.

Von Neumann,J. and O. Morgenstern. *The Theory of Games and Economic Behavior*. Princeton University Press, Princeron, 1944. 武藤滋夫訳『ゲーム理論と経済行動』勁草書房, 2014年

de Waal,F. *Good Natured: The Origins of Right and Wrong in Humans and Other Animals*. Harvard University Press, Cambridge, MA, 1996. 西田利貞・藤井留美訳『利己的なサル, 他人を思いやるサル――モラルはなぜ生まれたのか』草思社, 1998年

Wagstaff,G. *Making Sense of Justice: On the Psychology of Equity and Desert*. Meller, Liverpool, 1998.

Westermarck,E. *The Origin and Development of Moral Ideas, I and II*. MacMillan, London, 1906.

Whitten,A. *Natural Theories of the Mind: Evolution, Development and Simulation of Everyday Mindreading*. Blackwell, Oxford, 1991.

Wilson,E. *Sociobiology: The New Synthesis*. MIT Press, Cambridge, MA, 1975. 坂上昭一他訳『社会生物学』（合本版）新思索社, 1999年

Wynne-Edwards,V. *Animal Dispersion in Relation to Social Behavior*. Oliver and Boyd, Edinburgh, 1962.

Young,P. *Equity*. Princeton Univerity Press, Princeton, 1994.

索引

ア行
アイゼンク，ハンス　Eysenk, Hans　283
アクセルロッド，ロバート　Axelrod, Robert　117, 119
アリストテレス　Aristotle　60, 80, 143, 275
安定性　8
アンティポン　Antiphon　60
イェイツ　Yeats　280
イエス　198
一般意志　135
ヴィックリー，ウィリアム　Vickrey, William　208
ウィルキンソン，ジェラルド　Wilkinson, Gerald　14
ウィルソン，エドワード　Wilson, Edward　2, 10, 20, 70
ウィン゠エドワーズ，ヴェロ・コプナー　Wynne-Edwards, Vero Copner　12, 160
ウェスターマーク，エドワード　Westermark, Edward　89
エピキュロス　Epicurus　60, 143, 244
エルスター，ヤン　Elster, Jon　23, 28
オーマン，ロバート　Aumann, Robert　117
オールマン，ジョン　Allman, John　212
オルコック，ジョン　Alcock, John　10

カ行
格差原理　251
確率過程ゲーム　300
価値係数　251
仮言命法　58
カプラン，ヒラード　Kaplan, Hillard
還元主義　82
完全競争　11
完全均衡　107
カント，イマニュエル　Kant, Immanuel　24, 58, 59, 67, 69, 129
帰結主義　141, 283
義務　144
義務論　141, 283
究極要因　10
共感型選好　156, 173, 177, 193
共感均衡　53, 192, 193
競売　207
共有地の悲劇　11
均衡　7, 225
クセノファネス　Xenophanes　60, 73
クノフト，ブルース　Knauft, Bruce　206
グロティウス　Grotius　255
経験主義　58
血縁選択　157
権威　135
原初状態　24, 261, 262
孔子　198
交渉問題　36
衡平の法則　250, 251
公平性　22
公平な社会契約　260
効用　100, 180
　——の個人間比較　42, 185
合理主義　58
功利主義　36, 223
　規則——　228
　行為——　228
功利主義対平等主義　50
功利主義的交渉解　45

効率性　10
互恵性　117
コースの定理　286
コース，ロナルド　Coase, Ronard　286
互恵的利他主義　13
コスミデス，レダ　Cosmides, Leda　136
ゴティエ，デイヴィッド　Gautier, David　40
混合戦略　94

サ行

サーリンズ，マーシャル　Sahlins, Marshall　219
最後通牒ゲーム　106, 127, 128
最適反応　8, 92
最適反応ダイナミクス　108
サックス，オリヴァー　Sachs, Oliver　175
ジェファーソン，トマス　Jefferson, Thomas　142
シェリング，トマス　Schelling, Thomas　34
鹿狩り　206
鹿狩りゲーム　104
至近要因　10
市場メカニズム　276
自然主義的アプローチ　26
自然主義的誤謬　57, 66
自然対法　259
自然な義務　51, 236, 252
自然法　259
しっぺ返し　117, 131
社会契約　4, 37
社会指標　44, 251
社会資本　17
社会生物学　2
社会ダーウィニズム　2
自由意志　150
囚人のジレンマ　97
囚人のよろこび　100
集団選択の誤謬　12, 160

純粋戦略　95
焦点　34
シンガー，ピーター　Singer, Peter　60, 78, 215
進化的に安定　9
新封建主義　284
スカームズ，ブライアン　Skyms, Brian　60, 104, 113
スミス，アダム　Smith, Adam　11, 60, 78, 162, 191
メイメード-スミス，ジョン　Maynard-Smith, John　9
セカンド・ベスト　209, 246
ゼルテン，ラインハルト　Selten, Reinhard　51, 129
セン，アマルティア　Sen, Amartya　146, 187
先制戦略　118
戦略　8
相対主義　73
創発の現象　84
ソクラテス　73
ゾロアスター　198

タ行

ダーウィン，チャールズ　Darwin Charles　2, 60
ターナー，ジョナサン　Turner, Jonathan　201
ダイアモンド，ジャレド　Diamond, Jared　211
タブラ・ラサ　65, 70
ダマシオ，アントニオ　Damasio, Antonio　71
単数性　163
単数倍数性　162
チョムスキー，ノーム　Chomsky, Noam　70
ディオゲネス　Diogenes　141
定言命法　58, 59, 166
デカルト　18, 20
デネット，ダニエル　Dennett, Daniel　68

伝染　137
ドゥ・ヴァール，フランス　de Waal, Frans　17, 71
トゥービー，ジョン　Tooby, John　136
動学過程　238
同感型選好　156, 177
道徳ゲーム　258
道徳的コミットメント　51
ドーキンス，リチャード　Dawkins, Richard　9, 79, 101
トーリー　282
トーリー党　74, 281
徳のゲーム　259
ドストエフスキー　Dostoyevsky　5, 6
共進化　20
トラシュマコス　Thrasymachus　62, 271
トリヴァース，ロバート　Trivers, Robert　13, 117, 163

ナ行

ナッシュ均衡　8, 92
ナッシュ交渉解　39, 40, 41
ナッシュ，ジョン　Nash, John　8, 39, 51, 95
ナッシュ要求ゲーム　112
ニーチェ，フリードリヒ　Nietzsche, Friedrich　63, 64, 221

ハ行

バーク，エドマンド　Burke, Edmand　50, 282
ハーサニ，ジョン　Harsanyi, John　26, 42, 51, 186, 191, 223, 224, 227, 229
ハイエク，フリードリヒ　Hayek, Friedrich　286
倍数性　163
ハミルトン，ウィリアム　Hamilton, William　101, 157
ハミルトンの法則　157, 158, 159, 165
パレート，ヴィルフレート　Pareto, Vilfreto　10

ヒューム，デイヴィッド　Hume, David　6, 13, 16, 21, 60, 66, 86, 87, 117, 129, 143, 297, 301, 302
平等主義　36, 249
平等主義的交渉解　48, 250
ヒレル　198
ピンカー，スティーブン　Pinker, Steven　70
ファースト・ベスト　246
プーフェンドルフ，ザミエル・フォン　Pufendorf, Samuel von　255
フォーク定理　15, 16, 121, 130, 131
フォン・クラウゼビッツ，カール　von Clausewitz, Carl　63, 64
フォン・ノイマン，ジョン　von Neumann, John　52, 90, 91, 123, 179
不確実性のヴェール　214
不完備情報　299
双子の誤謬　167
仏陀　198
プラトン　Platon　1, 62, 138, 295
ブルーム，ジョン　Broome, John　227
ヘア，ロバート　Here, Robert　27, 214
ペイン，トマス　Paine, Thomas　50
ベーコン，フランシス　Bacon, Francis　295
ベツィヒ，ローラ　Betzig, Laura　20
ヘロドトス　Herodotus　72
ベンサム，ジェレミー　Bentham, Jelemy　68, 100, 179, 223, 225
ホイッグ　280, 281, 282
ホイッグ主義　280
ボイド，ロバート　Boyd, Robert　20
包括適応度　158
ボズウェル，ジェームズ　Boswell, James　86
ポストモダニズム　74
ホッブズ，トマス　Hobbes, Thomas　38, 60, 161
ポパー，カール　Popper, Karl　60

索引　325

マ行

マキアヴェッリ　118
マキシミン　123
真社会性　161
待ち合わせゲーム　34
マッキー，ジョン　Mackie, John　60, 89
マックグルー，ウィリアム　McGrew, William　203
マッチング・ペニー　91
マリヤンスキー，アレクサンドラ　Maryanski, Alexandra　201
マルクス，カール　Marx, Karl　28, 77, 131, 200, 270
マルクス主義　270
マルクス主義的誤謬　160
マルサス，トマス　Malthus, Thomas　60
ミーム　79
見えざる手　11
ミニマックス　123
ミルグラム実験　15
ミル，ジョン・ステュアート　Mill, John Stuart　74, 100, 179, 187
ムーア，G・E　Moore, G. E.　2, 66, 69
無羨望基準　178
無知のヴェール　24, 173
メカニズム・デザイン　206, 207, 208, 209, 210, 290
盲目の時計職人　210
モルゲンシュテルン，オスカー　Morgenstern, Oskar　91, 180

ヤ行

ヤング，ペイトン　Young H. Peyton　23, 28

ラ行

ライト，シーウォル　Sewell-Wright　105
ラッセル，バートランド　Russell, Bertrand　60, 76
利他主義　15, 131

リチャーソン，ピーター・J　Richerson, Peter J.　20
両性の闘い　35
ルービンシュタイン，アリエル　Rubinstein, Ariel　41, 108
ルソー，ジャン＝ジャック　Rousseau, Jean-Jaques　69, 104, 206
レジャード，ジョン　Ledyard, John　102
ロールズ，ジョン　Rawls, John　24, 26, 33, 52, 229, 236, 251, 252
ローレンツ，コンラート　Lorenz, Konrad　25
ロック，ジョン　Locke, John　38, 65, 142

【著者紹介】
ケン・ビンモア（Ken Binmore）
1940年ロンドン生まれ．LSE の数学教授などを経て，現在，ロンドン大学（UCL）名誉教授（経済学）．エコノメトリック・ソサイエティ，英国アカデミーのフェロー．数学者から経済学者に転身，その研究は，ゲーム理論，応用経済学，進化生物学，哲学の分野に及ぶ．著書に『1冊でわかる　ゲーム理論』（岩波書店）がある．

【訳者】
栗林寛幸（くりばやし　ひろゆき）
1971年生まれ．東京大学教養学部教養学科国際関係論卒業．一橋大学大学院経済学研究科修士課程修了．英国ケンブリッジ大学大学院修士課程修了，同博士課程中退（経済学）．訳書にバックハウス＆ベイトマン『資本主義の革命家ケインズ』（作品社）がある．

【解説】
須賀晃一（すが・こういち）
1954年生まれ．一橋大学経済学部卒業．一橋大学博士（経済学）．亜細亜大学経済学部助教授，福岡大学教授を経て，現在，早稲田大学政治経済学術院教授．主著に，『政治経済学の規範理論』（共編著，勁草書房），『公共経済学講義』（編著，有斐閣），アマルティア・セン『合理性と自由』（共監訳，勁草書房）がある．

＊叢書《制度を考える》
正義のゲーム理論的基礎

2015年5月28日　初版第1刷発行

著　者	ケン・ビンモア	
訳　者	栗林寛幸	
発行者	長谷部敏治	
発行所	NTT出版株式会社	
	〒141-8654　東京都品川区上大崎3-1-1　JR東急目黒ビル	
	TEL　03-5434-1010（営業担当）／03-5434-1001（編集担当）	
	FAX　03-5434-1008　http://www.nttpub.co.jp/	
印刷製本	中央精版印刷株式会社	

©KURIBAYASHI Hiroyuki 2015 Printed in Japan　ISBN 978-4-7571-2233-8 C3033
定価はカバーに表示してあります。乱丁・落丁はお取り替えいたします。

叢書《制度を考える》創刊の辞

　20世紀の終わりに中東欧の共産主義政治経済体制が崩壊するにおよんで，久しく続いた資本主義市場経済との優劣論争には実質上幕が下ろされた．とはいえ，このことが直ちに市場制度による摩擦のない世界統合を意味するものではないということが明らかにされるのに時間はかからなかった．市場経済は，政治的，社会的，歴史的，認知的などの諸要因との複雑な相互作用を通じて発展するものであり，またその成果の社会に対する含みの評価も多様でありえよう．また現時点を中半に挿む1世紀間に，世界人口が3倍にも増加するという展望は，エネルギーや地球環境に重い負荷をかけ，世界経済の持続的な成長可能性や国際政治経済体制の安定性にたいする大きなチャレンジとなりつつある．

　こうした状況の下で，人間社会のあり方を規定する制度についての関心がここ十数年程の間に大いに高まってきたことは不思議ではない．その関心は，経済学，政治学，法学，社会学，文化人類学，歴史学，地理学，認知科学，哲学など広い分野に及び，また学問的知見も徐々に蓄積されつつある．しかし，それぞれの分野での研究成果が互いに影響し合うという状況にはほど遠く，また制度とは何か，というような基本的な概念に関してさえ，まだ合意が成り立っていないというのが現状である．しかし，制度とは何か，とは単なるスコラスティックな論争ではなく，現実の世界に大きな影響を持ちうる問題なのである．

　本叢書は，そういう状況を鑑みて，制度に関する進化しつつある学問的な知見を広く社会に伝えるという意図をもって企画された．とはいえ，その収録にあたっては，独創性・創成性，狭い分野境界を越えた潜在的影響力と洞察，鋭敏な分析方法や思考方式，歴史や制度比較にかんする新鮮な記述とその意味の読みとりなど，何らかの点において類書にない特色を持った書物を内外に広く求めて，選択していきたい．それらの書物が広く読まれることによって，日本における制度研究の視野と超学際的なコミュニケーションが拡がり，ひいては進化する学問的成果が，社会におけるよりよい制度の探索と共鳴することを期待したい．

　　　　　　　叢書主宰　青木昌彦
　　　　　　　　協力者　池尾和人　池上英子　岡崎哲二
　　　　　　　　　　　　河野勝　瀧澤弘和　松井彰彦　山岸俊男